本书为教育部人文社会科学重点研究基地苏州大学中国特色城镇化研究中心和苏州大学新型城镇化与社会治理协同创新中心资助项目，同时受江苏省优势学科"政治学"资助。

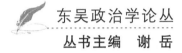

东吴政治学论丛

丛书主编 谢 岳

复合化治理

城市韧性的中国之治

The Synthesized Governance

Sources of Resilience for Chinese Cities

谢 岳 等著

苏州大学出版社

Soochow University Press

图书在版编目(CIP)数据

复合化治理：城市韧性的中国之治／谢岳等著. ——苏州：苏州大学出版社，2021.12
（东吴政治学论丛／谢岳主编）
ISBN 978-7-5672-3851-0

Ⅰ.①复… Ⅱ.①谢… Ⅲ.①城市管理—研究—中国 Ⅳ.①F299.23

中国版本图书馆 CIP 数据核字（2021）第 276085 号

书　　　名：	复合化治理
	——城市韧性的中国之治
	FUHEHUA ZHILI
	——CHENGSHI RENXING DE ZHONGGUO ZHI ZHI
著　　　者：	谢　岳　等
责任编辑：	王　亮
装帧设计：	刘　俊
出版发行：	苏州大学出版社（Soochow University Press）
社　　　址：	苏州市十梓街 1 号　邮编：215006
网　　　址：	www.sudapress.com
邮　　　箱：	sdcbs@suda.edu.cn
印　　　装：	苏州工业园区美柯乐制版印务有限责任公司
邮购热线：	0512-67480030　销售热线：0512-67481020
网店地址：	https://szdxcbs.tmall.com/（天猫旗舰店）
开　　　本：	700 mm×1 000 mm　1/16　印张：18.5　字数：285 千
版　　　次：	2021 年 12 月第 1 版
印　　　次：	2021 年 12 月第 1 次印刷
书　　　号：	ISBN 978-7-5672-3851-0
定　　　价：	72.00 元

凡购本社图书发现印装错误，请与本社联系调换。服务热线：0512-67481020

目录

导　言　"复合化治理"：中国城市的韧性之谜

　　　　　　　　　　　　　　　　　　　　　　谢　岳 / 1

第一章　智慧城市建设能够提升城市韧性吗？

　　　　　　　　　　　　　　　　　　　　　　武永超 / 17

第二章　社区治理中的新媒体

　　　　　　　　　　　　　　　　　　陈福平　李荣誉 / 38

第三章　"结对竞赛"

　　　　　　　　　　　　　　　　　　黄晓春　周黎安 / 64

第四章　空间结构如何塑造街邻关系？

　　　　　　　　　　　　　　　　　　　　　　贺霞旭 / 104

第五章　社区治理中的社会资本培育

　　　　　　　　　　　　　　　　　　方亚琴　夏建中 / 129

第六章　从对抗到合作：城市微观秩序的构建路径

　　　　　　　　　　　　　　　　　　谢　岳　姚雨灵 / 157

第七章　认同性参与：城市公共生活的活力

　　　　　　　　　　　　　　　　　　颜玉凡　叶南客 / 177

第八章　公共文化空间再造的情感之维

曾　莉　周慧慧　龚　政 / 203

第九章　情境嵌入的治理理性

李慧凤 / 221

第十章　"红色管家"何以管用？

张　晨　刘育宛 / 249

第十一章　城市化、基础权力与政治稳定

谢　岳　葛　阳 / 269

导言

"复合化治理"：中国城市的韧性之谜

谢 岳

现代化是一个近代现象，也是一个包罗万象的过程。在现代化的先行国家，城市化是作为工业化的结果而出现的。尽管20世纪50年代以来，这些国家普遍进入了一个逆城市化的后现代过程，但是，城市仍然是这些国家的政治、经济和文化的中心。当国际市场开始将中国纳入世界贸易体系的时候，中国就被动地开启了现代化进程。东部沿海城市既是现代化的窗口，也是城市化的先行者。不过，由于战争、社会动荡等持续不断的冲击，不仅城市化的进程受到阻碍，整个现代化的事业也因此遇到重挫。20世纪70年代之后，中国进入了稳定的发展时期，改革开放的政策迅速地提高了社会的现代化水平，城市化水平也得到了极大的提高。在过去三十年里，城市化甚至成为现代化的一个重要牵引力量。撇开城市化和现代化之间的因果关系，我们可以很轻易地发现，城市化在中国的现代化过程中发挥了举足轻重的作用。现代化的水平决定了城市化的水平，城市化的水平反过来也成为衡量现代化水平的一个指标。

一、中国的城市革命

中国城市化的快速发展主要发生在改革开放之后。在城市数量和城市规模上，改革开放以来的城市发展可以称得上是一场"城市革命"。

表1显示,从2001年到2019年,城市规模的变化呈现人口更加集中的趋势,人口规模在400万以上的城市数量在增加,而人口规模在50万~100万的城市数量在减少。2019年年底,我国的城市化率达到60.6%,这个比例意味着,截止到2019年年底,60.6%的人口在城市就业和生活,而农村人口只有39.4%,城市化率远远地高于1949年的10.64%和1978年的17.92%。[1]

表1 2001—2019年中国不同人口规模城市数量的变化

单位:个

年份	400万以上	200万~400万	100万~200万	50万~100万
2001年	8	17	141	279
2019年	20	44	98	88

数据来源:《国家统计年鉴》(2002年、2020年),http://www.stats.gov.cn/tjsj/ndsj/.

城市革命不仅仅表现在空间的变化和规模的扩张,事实上,还表现在社会结构、观念意识和行动模式更加深刻的变化。结构的、观念的和行动的深刻变革为城市管理带来了严峻的挑战。

在社会结构方面,城市人口的身份从过去单一的结构向多元结构转变。新旧身份的变化首先是由工业生产和第三产业的复杂分工带来的。在计划经济时代,城市的传统工人身份经过短暂而剧烈的所有制转型逐渐地消失了。这些人流入新的职业群体当中,受雇于非公有制企业,或成为自主创业的雇主。在城市原住民身份裂变的同时,农业人口开始大量地迁移到城市,就业于城市多类企业,相当数量的农业人口成为灵活的城市就业者。虽然这些人口只有较少部分获得城市户籍,但是,他们在身份上已经不是传统意义上的农民了,他们和城市人口一同构成复杂而多样化的阶层结构。社会结构的多样化还表现在,由经济转型、职业分工和社会流动而催生的社会组织大量涌现。1952年,全国工会基层组织的数量只有20.7万个,工会会员数为1 002.3万人;2019年,这两个数量分别增加到了261.1万个和28 317.8万人。[2] 1990年,全国登记

---

[1] 国家统计局:《国家统计年鉴》(2020年),http://www.stats.gov.cn/tjsj/ndsj/.
[2] 国家统计局:《国家统计年鉴》(1999年、2020年),http://www.stats.gov.cn/tjsj/ndsj/.

注册的社团组织只有10 836个。[1] 2020年,全国社会组织的数量已经攀升到了89.4万个,由社会团体(374 771个)、基金会(8 432个)和民办非企业单位(510 959个)构成。[2]

城市化同时塑造和改变了人们的观念和意识。国家对住房私人产权的承认与保护,极大地提升了个人的权利意识。围绕着产权问题而上演的众多维权事件,有力地证明了这种意识的强化。[3] 在城市的阶层结构当中,中产阶级是一个新兴的群体。这个群体的独特之处不仅仅在于他们主要由职业人士构成,他们的收入更多、受教育程度更高,而且在于他们容易就公共问题形成集体意识。发生在城市里的环境保护运动以及捍卫弱势群体的集体行动,都离不开这些群体的动员与参与。[4] 不同于农村的环境维权和弱势群体的维权(他们主要是为了争取自己的利益而行动),城市人口围绕着环境等公共问题的讨论与行动,是基于世界观取向的集体意识[5],涉及权利保护的司法实践,也帮助城市人口确立更强的权利意识。进城务工人员受雇于非国有企业,规范雇佣关系的合同成为他们向司法机关申诉、保护劳动权利的凭证。在自身权利受到侵犯时,这些进城务工人员不仅知晓相关的法律知识,而且清楚维权的司法路径。[6]

城市化在改变人们的关系结构与观点的同时,也改变了人们的行动模式。在乡村社会,人们的集体行动常常是基于血缘关系,家庭和家族成为极具互助性的可靠组织。然而,建立在血缘关系之上的集体行动是

---

[1] 中华人民共和国民政部:《1990年民政事业发展统计报告》,http://www.mca.gov.cn/article/sj/tjgb/200801/200801150094309.shtml.

[2] 中华人民共和国民政部:《2020年民政事业发展统计公报》,http://images3.mca.gov.cn/www2017/file/202109/1631265147970.pdf.

[3] Xie, Y. & Xie, S. R. Contentious versus compliant: Diversified patterns of Shanghai homeowners' collective mobilizations. *Journal of Contemporary China*, 2019(115), pp. 81-98.

[4] Mertha, A. C. *China's Water Warriors: Citizen Action and Policy Change*. Ithaca: Cornell University Press, 2010.

[5] Tong, Y. Q. Environmental movements in transitional societies: A comparative study of taiwan and mainland China. *Comparative Politics*, 2005(1), pp. 167-188.

[6] Lee, C. K. *Against the Law: Labor Protests in China's Rustbelt and Sunbelt*. Ewing: University of California Press, 2007.

狭隘的、利己的、不可复制的。[1] 只有超越了集体行动的狭隘基础，人们才能从事更大范围的集体行动。城市无疑为这种行动提供了重要的条件。由"陌生人"组成的城市社会结构，使得人们凭借着非血缘和非地缘的关系，在更大的空间中产生关联性和彼此互动。建立在陌生的关系网络基础上的人际关系，特别是集体性人际关系，为利他的社会信任的产生提供了可能性。一旦形成了社会信任，"陌生人"之间为了共同利益而采取的集体行动才具备了行动的基础条件，即共同意识、互相承诺和彼此保护。[2] 城市诞生了中产阶级，在权利问题和公共问题上，中产阶级成为先锋者，他们凭借着在社会交往中形成的社会信任，为具有风险的集体行动提供了保障。利他的集体行动，只有在城市中才可能发生。

马克思、韦伯、杜尔凯姆等现代社会科学大师都把城市以及由城市引起的政治、经济和文化变革作为中心议题来研究，他们大量的经典作品都是回应当时城市革命带来的天翻地覆的变化。既然以城市为焦点的研究已经成为社会科学一个传统，发生在中国的城市革命当然有理由获得更多的学术关注。基于中国城市和城市化的独特性，以城市为焦点的研究能够帮助我们更好地理解国家与社会的互动关系、精英与大众的互动关系、计划经济向市场经济的转型。[3] 在众多的研究议题中，城市韧性是一个例外主义的、具有重要政治价值的问题。

二、政治不稳定：城市化的代价

比较政治学在现代化问题上有一个经典共识，那就是，现代化过程一定伴随着政治不稳定；由大规模抗议、族群冲突、内战等构成的政治

---

[1] Tilly, C. Rural collective action in modern Europe, in *Forging Nations: A Comparative View of Rural Ferment and Revolt*, ed. by Joseph Spielberg and Scott Whiteford. Lansing: Michigan State University Press, 1976, pp. 9–40.

[2] Tilly, C. Cities, states, and trust networks: chapter 1 of *Cities and States in World History. Theory and Society*, 2010(3/4), pp. 265–280.

[3] Hurst, W. The city as the focus: The analysis of contemporary chinese urban politics. *China Information*, 2006(3), pp. 457–479.

不稳定，也伴随在城市化的过程当中。[1] 在发展中国家，尽管农村社会也常常是政治不稳定的温床，但是，城市的不稳定和城市化的关系更为直接。对于城市化与政治不稳定之间的因果联系，社会学科主要有三种解释。

（一）城市偏向的政策

罗伯特·贝兹对中部非洲的长期研究，为理解发展中国家城市化与政治不稳定的因果关系提供了重要的视角。在非洲，贝兹发现了政府普遍采取"以牺牲农民利益来确保城市利益"的政策，强制干预农业市场。在农村，政府强制压低农产品的价格，低价出售给城市人口；在城市，政府向农业加工企业提供补贴，维持城市人口相对优越的生活条件。[2] 这就是著名的"城市偏向"（urban bias）政策。"城市偏向"具有两个明显的目的：一是通过操纵市场、控制农业，将农民维持在一种贫穷的状态，从而降低他们挑战政权的能力；二是采取收编的办法，实行低物价、高补贴，在城市人口特别是特权阶层中建立政治支持。由于这种政策带有明显的掠夺性，长此以往，农民遭受的经济剥削促使他们联合起来造反。

城市偏向的政策在城市与乡村之间制造了严重的不平等，这种不平等成为诱发城市骚乱的根源：不平等导致了农村人口的经济机会急剧减少，为了生存，农民们大量涌入城市；农村人口的涌入增加了城市人口的密度；城市人口密度的增加又反过来增加了城市不稳定的风险。相对于农村，人口高密度的城市通常通过四个机制带来政治危险：① 城市人口更容易接近权力中心；② 人口聚集、信息流动更容易制造集体抗议；③ 大城市大多存在着居无定所的穷人聚集的贫民窟，这些贫民窟相对于其他社区犯罪率更高，是制造骚乱的重要土壤；④ 城市容易形成诸如环

---

[1] 塞缪尔·P. 亨廷顿：《变化社会中的政治秩序》，王冠华、刘为等译，上海：上海人民出版社，2008年。

[2] Bates, R. H. *Markets and States in Tropical Africa: The Political Basis of Agricultural Policies*. Berkeley: University of California Press, 1981.

境、人权等焦点议题。[1]

(二) 城市主义

城市主义是城市社会学定义城市化的一个重要指标,指的是城市人口之间建立起特定的关系或者特定的生活方式。[2] 城市主义对于发达国家和发展中国家的社会秩序发挥着两种截然不同的作用。

在发达国家,学者们和政府提倡城市主义的生活方式。城市主义意味着人际交往(和互动机制)的密度和多样化,能够形成强社会关系网络;人们的独立性增强,从而有利于创造力的发展。[3] 中心城区的衰落、贫富差距的加剧,以及由居住空间固化而带来的阶级再生产等问题,在发达国家的城市人口中引发了底层边缘化、阶级隔阂、种族冲突以及犯罪率居高不下等问题。不过,由城市带来的社会资本可以成为城市治理的积极资源。

不同于发达国家,发展中国家往往从统治的角度考虑,希望控制与遏制城市主义的发展。尽管城市主义能够培育出有利于城市问题治理的社会资本,但是,在国家精英看来,不论是观念形态、关系形态还是组织形态的城市主义,在一定条件下都会被集体抗议所利用,制造政治不稳定。一旦社会资本演变为一种组织网络,集体行动的能力也会随之提高。正是这些网络关系成为发展中国家抗议动员的重要资源。[4] 社会运动的学者强调资源动员的重要性,反映了城市主义在社会秩序维持方面的另一副面孔。社会运动的周期性爆发离不开人际关系的频繁互动,离不开城市人口拥有的闲暇时间,离不开公共价值观的发酵。[5] 正式或非正式关系网络的发展会降低城市人口从事集体抗议的风险,同时,

---

[1] Wallace, J. Cities, redistribution, and authoritarian regime survival. *The Journal of Politics*, 2013(3), pp. 632-645.

[2] Szelenyi, I. Cities under socialism-and after, in *Cities under Socialism*, ed. by Gregory Andrusz, Michael Harloe and Ivan Szelenyi. New York: Blackwell Publishers Ltd., 1996, pp. 286-317.

[3] Simmel, G. *The Sociology of Georg Simmel*. New York: The Free Press, 1950, pp. 48-51.

[4] Blokland T. & Rae, D. The end of urbanism: How the changing spatial structure of cities affects its social capital potentials, in *Networked Urbanism: Social Capital in the City*, ed. by Talja Blokland and Mike Savage. Hampshire: Ashgate Publishing Limited, 2008, pp. 23-40.

[5] McCarthy, J. D. & Zald, M. Resources mobilization and social movements: A partial theory. *American Journal of Sociology*, 1977(6), pp. 1212-1241.

也会使大规模的社会动员成为可能。

（三）政治排斥

城市冲突的核心动力来自经济与社会的分化，其中，阶级分化对社会秩序和政治结构的影响尤其突出。[1] 由于国家能够决定社会分化的程度与结果，政治对城市冲突的影响更加深远。政治排斥的解释具有悠久的历史。宽泛地讲，马克思对1848年欧洲城市革命的研究就已经开创了这个传统，因为工人革命和暴动正是起因于剥削他们的制度。政治排斥表明，国家运用政治力量，以制度的形式整体或部分剥夺某个群体的权利，同时保护其他群体的特权。政治排斥在不同人群之间划定了某些不平等的边界，定义各自的身份以及彼此之间的社会联系。[2] 美国早期的种族隔离制度就是一个政治排斥的经典案例。这种排斥不仅仅体现在政治权利的剥夺上，还体现在城市空间中某些清晰的界线上，例如，公共汽车上白人与黑人座位的隔离。南非在1996年之前的种族隔离制度也是政治排斥的极端案例。

政治排斥不仅影响到政治权利的行使，更有甚者，某些群体的社会权利被政治权力强制地剥夺了。在非洲的许多国家，政府削减教育经费，减少城市人口受教育的机会，对有色人种实施歧视性的就业政策，等等；[3] 在拉丁美洲，对于聚集在贫民窟的来自农村的穷人，政府不仅不愿意提供基本的公共设施，还采取粗暴的办法驱赶他们。[4] 政治排斥是一种制度性的身份定义，一旦某种身份得以确认，不平等的关系也就随之固定下来。但是，由于政治排斥的目的是制造不平等，反抗总是难以避免的。如果具备一定的条件，那些遭遇不平等的人就有可能团结起来，改造或推翻不平等的制度。

---

[1] Marcuse, P. The forms of power and the forms of cities: building on Charles Tilly, in *Contention and Trust in Cities and States*, ed. by Michael Hanagan and Chris Tilly. New York: Springer, 2011, pp. 339–354.

[2] Tilly, C. *Identities, Boundaries, and Social Ties*. New York: Paradigm Publishers, 2006.

[3] Bratton, M. & van de Walle, N. Popular protest and political reform in Africa. *Comparative Politics*, 1992(4), pp. 419–442.

[4] Eckstein, S. Introduction to *Power and Popular Protest: Latin American Social Movementfs*. Berkeley: University of California Press, 2001.

由政治排斥导致的政治不稳定，一般会涉及范围广泛的政治变革，在某些情况下，还有可能发生政治转型。政治排斥诱发政治不稳定没有一个固定的模式，但是，这类过程大致都具备以下三个要素：第一，人们对政府的不满首先来自经济方面，然后上升到政治诉求，要求政府进行改革；第二，政治排斥同时伤害到了中产阶级的利益，他们从过去政府的支持者转而成为底层民众政治抗议的支持者[1]；第三，政治排斥更容易吸引反对党的兴趣，他们会利用政府在政治上的不正义，在特定人群中间制造道德优势，然后再把这种优势转变为吸引民众、反对现政权的力量[2]。

三、中国的城市韧性

比较政治学狭隘地定义"政治不稳定"，认为只有涉及人口多、范围广、暴力程度强的集体暴力事件，才意味着政治上的不稳定。为了便于将中国的城市政治纳入可比较的范围，我们用"城市韧性"代替"政治不稳定"，取其更加宽泛的含义。"城市韧性"在这里的含义不仅仅包含了"政治不稳定"的狭义内涵，而且包含着城市的犯罪率、城市人口对公共安全的满意度以及城市的经济繁荣程度。对城市韧性的评价，我们不仅仅采取横向的、静态的方法，而且采取纵向的、动态的方法。总体而言，中国城市的韧性水平经历了一个逐渐提高的过程。

在过去40多年的历史中，中国城市的集体暴力事件偶有发生，但是，这些事件波及的范围小，参与的人数少，暴力程度很低，参与者的诉求主要包括下岗再就业、养老金发放、环境保护、拆迁征地补偿等民事诉求。这些民事诉求和行动发生在中国城市经济社会转型过程当中，并且在政府积极回应下得到积极解决。政府以制度化的形式回应这些民事诉求和行动，恰好构成了城市化过程中经济社会改革的基本内容，解决了城市人口在经济社会改革中面临的种种困难，消除了更大规模的、

---

[1] Bratton, M. & van de Walle, N. Popular protest and political reform in Africa. *Comparative Politics*, 1992(4), pp. 419-442.

[2] Goldstone, J. A. *States, Parties, and Social Movements*. Cambridge: Cambridge University Press, 2003.

恶性群体性事件爆发的潜在威胁。因此，这种集体行动从纵向来看在逐渐减少，相应地，城市韧性在逐渐增强。

城市人口的犯罪特别是刑事犯罪是衡量城市韧性的一个重要指标。在其他条件不变的情况下，城市人口越密集，犯罪的可能性越高。国家公布的统计数据显示，1997年，公安机关立案的刑事案件共1 613 629件，2019年，立案案件的数量上升到4 862 443件。[1] 刑事犯罪事件的总体增长离不开城市人口数量的迅速扩张，离不开城市人口规模的绝对增大。不过，从刑事犯罪的类型去分析，我们发现，对公共安全冲击更大的恶性刑事犯罪行为，在全部刑事案件中的年度占比在下降。表2显示的是从1997年开始，公安机关立案的恶性刑事犯罪立案数在当年刑事犯罪立案数中的占比每隔5年的变化情况。除了"伤害"行为在2007年的占比高于2002年，其他数据都呈现明显下降趋势。

表2 公安机关立案的恶性刑事犯罪立案数在当年刑事犯罪立案数中的占比（%）

犯罪类别	1997年	2002年	2007年	2012年	2017年
杀人	1.62	0.61	0.34	0.17	0.15
伤害	4.28	3.27	3.48	2.50	2.03
抢劫	8.77	8.18	6.09	2.75	0.72
强奸	2.52	0.88	0.66	0.52	0.50

数据来源：《国家统计年鉴》（1999年、2003年、2008年、2013年和2018年），http://www.stats.gov.cn/tjsj/ndsj/.

测量城市韧性的第二大指标是城市人口对城市社会治安的满意度。在其他国家，城市化通常伴随着高犯罪率，城市规模越大、人口密度越高，社会治安的状况越差，公众的满意度越低。中国的情况恰好相反。上海交通大学民意与舆情调查研究中心根据公众满意度对2015年和2016年全国大中城市社会治安状况进行了排名。调查者发现，35个被调查的城市均获得50%以上的满意度，杭州获得最高评价（81.6%），获得80%以上满意度的城市共有2个；而且，城市越大、经济越发达的

---

[1] 国家统计局：《国家统计年鉴》（1999年、2020年），http://www.stats.gov.cn/tjsj/ndsj/.

城市，公众对社会治安的满意度越高。[1] 对比 2013 年的调查，我们发现，城市社会治安公众满意度在逐年提高：2013 年，只有排名第一的厦门满意度为 78.6%，而在 2015 年的调查中，4 个城市的满意度在 78.6% 以上。[2]

经济发展水平也是测量城市韧性的一个重要指标。政府的财政收入水平是衡量城市经济发展水平的基础性指标。本书的最后一章"城市化、基础权力与政治稳定"展示了部分城市的土地财政收入情况。城市化给城市政府带来的财政收入是直接的、巨大的。衡量城市经济发展水平的另一个指标则是城市居民的消费水平与收入水平。在 2000 年至 2019 年期间，我国城镇居民的人均消费能力逐年增长（图 1）。城镇居民人均消费能力不仅逐年增长，并且增长的幅度较大。2000 年，人均消费金额仅为 6 808 元；2019 年，这个数字攀升到 35 625 元，增长至 5 倍以上。图 1 还显示，在居民年度平均收入方面，整体趋势也是逐年增长的：非民营企业职工的平均工资从 2000 年的 9 333 元增加到 2019 年的

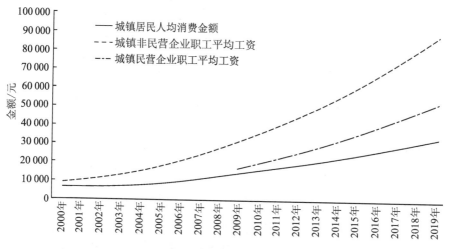

图 1　2000—2019 年我国城镇居民工资、消费水平

数据来源：《国家统计年鉴》（2020 年），http：//www.stats.gov.cn/tjsj/ndsj/.

---

[1] 钟杨：《中国城市公共服务公众满意度调查蓝皮书（2015—2016）》，上海：上海人民出版社，2017 年，第 110-111 页。

[2] 胡伟、吴伟：《中国城市公共服务公众满意度调查蓝皮书》，上海：上海人民出版社，2013 年，第 86 页。

90 501 元，民营企业职工的平均工资从 2009 年的 18 199 元增加到 2019 年的 53 604 元。

四、复合化治理

在已有的研究中，关于城市治理模式的探讨主要借用西方公共行政的理论，诸如"多元治理""整体性治理""网格化治理"等。国内学者在借用这些概念和模式的时候，没有区分我国国情与西方国情的差异。西方学者在提倡这些概念和模式的时候，其出发点是对科层制进行去行政化改革，或者提倡以社会治理去克服行政治理的局限性。虽然这些改革倡议针对的是西方民主制度的弊端，但是，20 世纪 70 年代，它们就受到了本土学者的批评。多元主义理论发现了社会组织和民间精英影响政府决策的能力，但是，20 世纪 80 年代开始，"国家回归学派"则认为，在政府决策过程中，不仅各种社会力量之间参差不齐，而且它们难以与国家之间形成力量均衡的格局。[1] 作为一种传统的组织，相对于社会组织，国家在治理方面无疑具有主导性力量。正是基于国家或政府在治理方面的主导地位，同时它们在治理方面又常常面临治理低效的情境，公共行政学者才提出了诸多公共管理改革方案。这些改革方案对我国的社会治理具有启发意义，但是，我们不能完全照搬照抄。

当试图解释中国城市化的例外现象，也就是"城市韧性"的时候，我们也不能全盘照搬西方的治理理论。我们提出"复合化治理"（synthesized governance）模式，以示区别于将各种治理主体视为力量均等化的"多元治理"模式。"复合化治理"模式类似于"多元治理"模式，存在着多个治理主体：国家、政党、社会组织和个体。但是，不同于"多元治理"模式，在这些主体治理城市的过程中，主导城市治理的力量表现为自上而下、非均衡的关系。国家和政党的力量是绝对的；社会组织的作用是一种补充性的，在政府邀请之下，可以进行某些方面的合作；个体的参与则是依赖于组织的，有的是直接参与政府组建的组织，

---

[1] 彼得·埃文斯、迪特里希·鲁施迈耶、西达·斯考克波：《找回国家》，方力维、莫宜端、黄琪轩等译，北京：生活·读书·新知三联书店，2009 年。

有的是参与社会的组织。既然治理的主导性是自上而下的，那么治理主体之间的依赖性则是自下而上的（图2）。

图2　城市治理主体的关系结构与力量对比

本书集中探讨若干治理主体如何促进了城市韧性的加强，讨论的主体活动依次从个体到社会组织到政府再到国家。

第一章和第二章都是以技术治理为主题的研究，目的是求证新技术（新媒体和大数据）是否以及如何促进了城市韧性的加强。但是，从治理主体来看，城市韧性的产生与维持还是离不开政府的参与。在对"智慧城市"进行定义之后，研究者指出，智慧城市建设能够显著提升城市韧性水平，因为创新驱动产生的技术效应和结构效应都会对城市韧性发挥作用。智慧城市建设与城市韧性之间的因果关系反映了一个基本事实，即智慧城市建设是一个典型的以行政为中心的治理模式。"社区治理中的新媒体"一章讨论的是由居民区居民自主建设的新媒体。研究发现，居民日常的新媒体资源网络提升了社区治理水平，相反，由政府建设与维护的正式平台却收效不佳。正式平台之所以会导致技术功能的"收缩"，是因为层级化的社区治理结构使官方平台的内容生产与居民社区性信息和互动需求分离。对比第一章和第二章，我们发现，两种技术治理的实践都试图以技术赋能的方式产生积极的治理效果，但研究发现，由政府发起的大数据治理，效果是积极的，而由政府发起的媒体带来的治理效果却不及社区自发运作的新媒体带来的治理效果。两个案例表明，尽管都是技术赋能的试验，但是，同一个治理主体未必能够带来相似的结果。

黄晓春和周黎安的研究着重探讨作为治理主体的城市基层政府的治

理行为。研究者似乎回答了上面两个案例为什么存在差异性的问题,即城市基层政府为什么能够成功地实现城市治理。研究者指出,在基层治理场域出现了一种上级"条条"部门与下级"块块""结对竞赛"的新机制。"结对竞赛"有助于条块部门之间紧密合作,携手实现治理创新,克服以前的条块分割问题,以便向上级发送政绩信号。李慧凤的研究从另外的角度探索了地方政府城市治理的经验。以苏州新加坡工业园区的创新发展为案例,研究者指出,地方政府在建构地方治理创新框架的过程中,恰当地将地方发展的客观规律这个情境(context)因素嵌入制度创新当中,探索出园区创新发展的实践逻辑,进而建构了地方创新的治理框架。这种治理逻辑揭示了地方治理的重要性,是城市治理模式创新不可忽视的一个历史资源。

贺霞旭的研究沿着社会学的"空间—行动"范式,侧重分析了城市空间如何塑造个体行为和邻里关系。为了深入地分析社区内部空间结构差异对街邻关系的影响,研究者构建了三类社区空间结构:社区社会空间结构、社区物理空间结构和社区生态空间结构。研究发现,社区社会空间指标中的社区职业异质性水平越高,街邻关系越差;社区中本地人口比例越高,社区居民的平均社会组织活动参与率越高,街邻关系就越好;居民参与成为人口异质性负效应的补偿效应。社区物理空间指标中的隔离性设施(如楼宇门禁)和社区生态空间指标中的失调型生态环境污染均会降低街邻关系水平;绿地覆盖率越高,街邻关系就越好。研究者把城市个体当作治理行动的对象,从城市空间结构的视角探讨基层治理的有效路径,这无疑为我们解释城市韧性提供了一个新的视角。

"社区治理中的社会资本培育"涉及的是社会学的一个经典问题——社会资本。考虑到城市居民对社区公共事务参与的关键作用,以及当前社区所面临的"弱参与"的困境,研究者提出以培育社区社会资本作为一种破解思路。研究者认为,在新的社会结构条件下,居民寻求社区归属感的心理需求、满足互助的生活需求以及维护共同利益的合作需求为社区社会资本的形成提供了内生性动力,而以人为本的社区空间、发育良好的社区社会组织以及完善的社区治理结构则是社区交往需求转变为实际交往行动所需的结构性条件。在这样有利的条件下,社会资本的培育是完全有可能的。研究者建议,在陌生人社区的社会资本形成过程中,国家和政府的合理介入发挥着"引导程序"作用。尽管该项研究是未来取向的,但是,研究者的对策性建议体现了我国"复合化治理"模式的精髓。

"从对抗到合作:城市微观秩序的构建路径"是一项在方法论上有所创新的研究,试图运用"过程—机制"理论和"相关性理论"对微观案例展开分析。[1] 研究者认为,由政府提供的制度设计不会在城市社区自动地产生公共秩序。[2] 社区秩序的产生是在多方(基层政府、开发商、物业公司、业委会、居委会)相互冲突的过程中建立起来的。通过对一个业主维权的典型案例的深度研究,研究者指出了纠纷产生公共秩序的基本逻辑,即治理网络之间的互动激活了四个关键机制:规则意识、竞争、监督与自主。这些机制的共同作用平衡了结构上的非均衡的网络关系,同时纠正了治理网络主体的目标偏离。公共秩序就是在治理网络的争议性互动过程中建立起来的。尽管多方互动对公共秩序的形成贡献了各自的力量,但是,这个案例表明,政府仍然是公共秩序形成的最终决定性力量。

"认同性参与:城市公共生活的活力"与"公共文化空间再造的情感之维"两章具有共同的特性。研究者都强调情感在社区治理当中的功能性作用,通过情感动员或创造,居民们会增强对社区的认同感和凝聚力,从而提高社区的治理效率。这两项研究都坚持了共同的治理逻辑,即社区公共生活的建立有赖于成员的认同感,认同感的培育或提升是通过社区参与实现的。研究者都把居民个体当作城市治理的客体对象,通过治理主体(社会组织或基层政府)的组织动员,在互动中改善居民之间、居民与政府之间的关系。认同感是社区成员互动的基础性资源,也是社会参与甚至政治参与的前提条件。城市韧性的强或弱,归根结蒂取决于社区人群的关系状况,以及在此基础上建立与维持的心理因素。

---

[1] McAdam, D., Tarrow, S. & Tilly, C. *Dynamics of Contention*. Cambridge: Cambridge University Press, 2001.

[2] Pierson, P. *Politics in Time: History, Institutions, and Social Analysis*. Princeton: Princeton University Press, 2004, pp. 205-222.

最后两章将城市韧性的主体溯及国家或执政党,从政治层面解释了城市韧性之谜。这种解释路径符合政治科学的发展趋势。[1] 通过对一个微观案例的观察,"'红色管家'何以管用?"一章的研究者认为,能否规避基层治理创新的"内卷化"倾向,根本在于基层党组织力量能否成功嵌入项目全过程,发挥引领创新的核心主导作用。研究者指出,党建引领下多方创新主体的协同、合作与调试,观念、制度与技术的融合,构成了制度创新突破"内卷化"困境的关键。"城市化、基础权力与政治稳定"这一章从宏观上解释了中国城市化的例外现象。研究者引入了迈克尔·曼的"基础权力"理论,并将此概念细分为国家的治理能力、国家对社会的控制范围和国家统治的微观基础三个维度。具体而言,中国的城市化是提高国家的财政能力的重要手段,而财政能力的提高反过来有助于国家在城市基层社区里有效地推行政策,有助于运用再分配的手段缩小贫富差距;国家基础权力的作用还来自权力在城市空间的制度性拓展,在新的社会群体与国家之间建立起政治联系;国家基础权力的建设着重于在城市底层人口中建立政治支持,在福利上向底层人口倾斜;组织化的建设为弱势群体提供了应对社会冲突的国家救济,能够消除社会不稳定的潜在威胁。国家基础权力在上述四个方面产生的共同作用带来了城市在秩序治理方面的有效性。

本书集中解释城市政治的一个具体方面,即中国的城市韧性,是探究城市政治学的一个初步尝试。本书的贡献主要体现在以下几个方面:第一,对城市韧性进行了重新定义,提出了城市韧性的测量指标;第二,提出了以国家为核心的"复合化治理"模式,区别于"多元治理"或"多中心治理"模式;第三,将国际学术界的前沿理论运用到中国的案例研究中,不仅有结构主义的范式(包括社会资本、情感、政府关系等结构变量),更有"结构—行动主义"范式。以"相关性"和"过程—机制"方法为特征的"结构—行动主义"范式提高了对因果关系的解

---

[1] Slater, D. & Fenner, S. State power and staying power: Infrastructural mechanism and authoritarian durability. *Journal of International Affairs*, 2011(1), pp. 15-29.

释力。[1]

  本书的出版要特别感谢各位作者，是他们出色的研究和无私的奉献，成就了这个专辑的面世，也使得我们有机会对中国城市政治的研究在一个更高层次上进行探索。主编和各位作者同时要感谢相关期刊允许发表过的论文在此结集刊出，部分文章的内容有适当的调整和修改。周义程教授为本书的出版付出了大量的劳动，从文章的选取到文字的编辑，事无巨细，在此谨表谢忱。我还要向本书责任编辑王亮表达敬意，不论是在选题、封面设计还是文字润色方面，她都展示了极高的专业能力，使得书稿以清新、简洁和儒雅的面貌呈现在读者面前。

---

[1] 谢岳、戴康:《超越结构与行动范式》,《复旦学报（社会科学版）》, 2018 年第 3 期, 第 180-188 页。

第一章 智慧城市建设能够提升城市韧性吗？*

武永超

一、问题的提出

随着城镇化进程的加快，城市这个开放复杂的系统已然步入了高风险时代。[1] 在各种突发灾害和新兴风险面前，城市表现出越来越多的脆弱性和无力感，而这正逐渐成为制约城市生存和可持续发展的瓶颈问题，受到越来越多决策者与研究人员的重视。[2] 面对这一治理困境，将韧性理念嵌入城市建设当中成为一个普遍共识。[3] "韧性城市"倡导城市以主动姿态有效适应和应对各种变化或冲击，降低发展过程的不确定性和脆弱性。[4] 作为一种全新的城市可持续发展模式，"韧性城市"被主流观点定义为未来城市的发展方向，获得了国内外城市治理家

---

* 本章内容最初刊于《公共行政评论》，2021年第4期，第25-44+196页。

[1] 朱正威、刘莹莹、杨洋：《韧性治理：中国韧性城市建设的实践与探索》，《公共管理与政策评论》，2021年第3期，第22-31页。

[2] 周利敏：《韧性城市：风险治理及指标建构——兼论国际案例》，《北京行政学院学报》，2016年第2期，第13-20页。

[3] Fragkias, M., Islam, S. & Sprague, C. Modeling teleconnected urban social-ecological systems: Opportunities and challenges for resilience research. *International Journal of Urban Sustainable Development*, 2017(2), pp. 207-225.

[4] 陈玉梅、李康晨：《国外公共管理视角下韧性城市研究进展与实践探析》，《中国行政管理》，2017年第1期，第137-143页。

们的广泛青睐。[1] 2010 年，联合国启动"韧性城市运动"，并在 2016 年第三次联合国住房和城市可持续发展大会通过的《新城市议程》（*New Urban Agenda*）中将"韧性城市"确立为今后 20 年世界城市发展的目标。2017 年，中国国家地震局于"国家地震科技创新工程"规划方案中首次从国家层面提出韧性城市计划。2020 年 10 月，党的十九届五中全会审议通过的《中共中央关于制定国民经济和社会发展第十四个五年规划和二〇三五年远景目标的建议》正式将韧性城市建设升格为国家战略，明确了韧性城市在城市发展中的重要地位。

顶层目标的更新落脚到城市治理实践当中，一个必然的改变就是治理工具的调整。而在一系列方案设计中，2012 年启动的智慧城市建设凭借鲜明的数治优势展露出强劲的发展势头。从定位上来看，智慧城市致力于通过新一代信息技术改善城市社会、生态、工程、组织等单一子系统对复杂和不确定环境的适应能力来实现城市系统整体性能运行的最优化和可持续性。[2] 然而，若以治理绩效来论，在自然灾害、社会事件等各种不确定性因素的影响下，智慧城市到底能否从真正意义上改善城市韧性呢？

回顾已有研究，虽然作为城市韧性治理领域的工具创新，智慧城市建设目前已在全国范围内试点实践，但相关主题的理论研究仍较为欠缺。既有的关联文献多集中于两条叙事主线。一是从学理和规范主义的视角出发，探讨其运行机制和优化路径，如分析智慧城市的数治机制[3]、运行过程中的政府行为[4]以及基于全过程全周期治理导向的路径改进[5]。这一主线的研究大多缺乏现实证据支撑，在解释力上略显苍白。二是从小样本切入，对智慧城市建设中的地方政府大数据治理经

---

[1] 朱正威、刘莹莹：《韧性治理：风险与应急管理的新路径》，《行政论坛》，2020 年第 5 期，第 81-87 页。

[2] 唐斯斯、张延强、单志广等：《我国新型智慧城市发展现状、形势与政策建议》，《电子政务》，2020 年第 4 期，第 70-80 页。

[3] 季珏、汪科、王梓豪等：《赋能智慧城市建设的城市信息模型（CIM）的内涵及关键技术探究》，《城市发展研究》，2021 年第 3 期，第 65-69 页。

[4] 李智超：《政策试点推广的多重逻辑——基于我国智慧城市试点的分析》，《公共管理学报》，2019 年第 3 期，第 145-156+175 页。

[5] 刘淑妍、李斯睿：《智慧城市治理：重塑政府公共服务供给模式》，《社会科学》，2019 年第 1 期，第 26-34 页。

验进行归纳总结,如典型地区的数据平台和载体建设经验[1]、配套体制机制创新[2],而该主线的研究始终面临样本代表性和结果推广效度的质疑。相比而言,对智慧城市与城市韧性之间的直接实证研究则更为有限,仅有的一些碎片化研究也仅是论证智慧城市对某一技术活动的作用,如对技术创新[3]、产业结构升级[4]及节能减排[5]的影响等。

总体而言,现有研究缺乏从大样本角度来对智慧城市与城市韧性之间的关系进行实证性解释。而从学理上来讲,探讨智慧城市建设及其对城市韧性的提升效果无疑具有多维度的理论意义。首先,从城市风险治理的视角来看,城市韧性治理过程具有复杂性和动态性,治理过程存在目标冲突和执行模糊问题,而智慧城市依赖的大数据处理方式能够通过流程优化,切实降低城市韧性治理的过程风险,为城市韧性治理赋能增效。[6] 因此,对其实施效果进行检验,有助于深化我们对大数据治理和城市韧性治理流程的认知。其次,从政策创新的视角来看,智慧城市作为一项极具实用主义色彩的政策试验,有效促进了组织和制度的变革创新。[7] 因此,研究智慧城市这项实验所产生的效果,能够为理解中国式政策试验活动和改进政策设计提供一定的经验启示。最后,从运动式治理视角来看,中国的智慧城市建设浪潮可在某种程度上视为由高层在常规化治理之外发动的一场技术治理运动[8],而既有文献对运动式

---

[1] 胡广伟、赵思雨、姚敏等:《论我国智慧城市群建设:形态、架构与路径——以江苏智慧城市群为例》,《电子政务》,2021年第4期,第2-15页。

[2] 李春佳:《智慧城市内涵、特征与发展途径研究——以北京智慧城市建设为例》,《现代城市研究》,2015年第5期,第79-83页。

[3] Caragliu, A. & Del Bo, C. F. Smart innovative cities: The impact of smart city policies on urban innovation. *Technological Forecasting and Social Change*, 2019(May), pp. 373-383.

[4] 陈云浩:《智慧城市与流通业高质量发展——基于空间DID模型的检验》,《商业经济研究》,2021年第6期,第33-36页。

[5] 石大千、丁海、卫平等:《智慧城市建设能否降低环境污染》,《中国工业经济》,2018年第6期,第117-135页。

[6] 白玮:《韧性城市建设的实践与启示》,《宏观经济管理》,2020年第12期,第77-84页。

[7] 汤嫡璆:《数字经济赋能城市高质量发展——基于智慧城市建设的准自然实验分析》,《价格理论与实践》,2020年第9期,第156-159+180页。

[8] 张小娟、贾海薇、张振刚:《智慧城市背景下城市治理的创新发展模式研究》,《中国科技论坛》,2017年第10期,第105-111页。

治理的有效性尚存争议，分析智慧城市建设的有效性，或可为验证运动式治理相关理论提供一些现实证据。

本研究旨在借助双重差分法（Differences-in-Differences，DID），将2012年首批启动的国家智慧城市试点作为一项"准自然实验"，运用地级市平衡面板数据来检验智慧城市建设对城市韧性的影响效应，从而为中国相关的城市治理者提出一些建设性的建议。研究可能做出的贡献在于：第一，首次利用153个城市16期的大样本，对智慧城市建设与城市韧性之间的关系进行验证，可观的样本规模确保了结论具有较高的可信度；第二，使用准自然实验方法估计了智慧城市政策实施的净效应，并进行了多角度的稳健性检验，能够克服传统研究的估计偏误，提高研究的可靠性；第三，结合智慧城市试点特征，分析了其对城市韧性的影响机制，并就异质性进行了拓展性探讨，有助于打开智慧城市政策作用"黑箱"；第四，关注智慧城市建设这一深入推进的政策创新活动，能够拓展政策试验和运动式治理的研究场域，并为现实城市韧性治理实践提供经验借鉴。

二、政策背景和研究假设

（一）政策背景

所谓智慧城市，就是一种运用物联网、云计算、大数据等新一代信息技术，以全面感应、深度融合、智能协同等方式提升城市规划、建设和服务方面的智慧化水平，并借此促进城市可持续发展的城市治理模式。智慧城市理念源于20世纪90年代西方社会一系列对城市化发展的反思运动。伴随着新一代信息通信技术的飞速发展，世界各地区陆续掀起智慧城市建设的浪潮。2004年，韩国政府推出"U-Korea"智慧型城市发展战略。2005年，欧盟正式实施"i2010"战略，并于次年启动欧洲智慧城市网络建设计划。2006年，新加坡制订为期十年的"智慧2015"计划，以期实现信息驱动下的智能国家蓝图。2008年，国际商业机器公司（IBM）提出"智慧地球"战略，并进一步将智慧城市作为这一战略的突破口和关键点。2008年，爱尔兰提出"智慧港"计划，着重推动海洋经济和环保领域实现智能化。2009年，日本推出"i-Japan战略2015"生态型智慧城市战略，重点实现电子政务等公共领域的智慧化治理。同期，英国发布"数字英国"计划，致力于将英国打造成"世界数字之都"。目前，全球已启动或在建的智慧城市达1000多个。

近年来，中国也加入了这场建设浪潮之中，希望借此能够更好地解决快速城市化带来的城市脆弱性问题。2010年，中央和地方就开始进行先期探索。2012年12月，住房和城乡建设部办公厅印发《关于开展国家智慧城市试点工作的通知》，并在同期制定了管理办法和评价标准，标志着智慧城市建设试点工作正式启动。2014年3月，中共中央、国务院颁布《国家新型城镇化规划（2014—2020年）》，明确要求全力推进智慧城市建设。同年8月，国家发展和改革委员会等八部委联合印发《关于促进智慧城市健康发展的指导意见》，进一步明确了智慧城市的具体实施路径。2015年，国家发展和改革委员会等部门联合发布《关于开展智慧城市标准体系和评价指标体系建设及应用实施的指导意见》，智慧城市标准化建设被正式提上国家议程。同期，智慧城市建设首次被写入当年政府工作报告。2016年4月，习近平总书记在全国网络安全和信息化工作会议上提出新型智慧城市概念，为中国智慧城市未来发展提供了方向指引。截至2020年年底，我国超过700个城市正在规划和建设智慧城市，建设规模超过欧洲、印度和美国之和。可以预见，智慧城市建设将会在中国未来城市治理过程中扮演越来越重要的角色。

（二）理论分析与研究假设

智慧城市建设是一项依托数字技术的整合协同功能，以创新驱动城市整体结构发生变革的综合性系统工程。通过与各类型信息基础设施密切连接，智慧城市能够精准挖掘和掌握城市各子系统间的内在关联，推动城市不同系统间的信息共享和协同作业，进而打破资源流动壁垒，提升城市系统的环境适应能力，并借此吸收和抵御自然与人文灾害的影响和风险，推动城市韧性水平全面提升。[1]

---

[1] 张卫东、丁海、石大千：《智慧城市建设对全要素生产率的影响——基于准自然实验》，《技术经济》，2018年第3期，第107-114页。

从影响路径上来讲，作为一种以创新驱动为重要标志的智能发展模式，智慧城市建设可以借助创新驱动产生的技术效应和结构效应来促进城市韧性的显著改善。具体来看：

一是技术效应。相比于传统城市的治理模式，智慧城市更能实现创新要素的整合与配置，并借此大幅度地促进技术创新。在这一效应下，智慧城市建设对城市韧性的影响主要表现为以新技术进步为依托的城市基础设施防御风险灾害能力的提升。[1] 一方面，技术效应推动了环保技术和应急防灾技术的普遍进步，降低了技术脆弱性。在环境保护和公共安全双重需求的牵引下，智慧城市建设过程中的技术创新会加快环保、应急防灾技术的研发和运用。伴随着将环保、应急防灾等技术创新形成的产品应用于城市生产生活系统和城市生态系统当中，工程韧性得以有效提升，并形成前端预防，进一步增强城市工程设施抵御风险和承受损失的能力。[2] 同时，以人工智能为基础的智能算法是智慧城市实现改善城市韧性目标的核心力量。借助智能算法分析，城市管理者能够进行智能预警和动态监测，从而有效提高城市系统对外部冲击的预测能力，为开展事前韧性治理打下坚实基础。此外，依托技术创新优势，智慧城市能够实现经济、交通、生活、医疗、政务服务等领域的智能化，这有助于提升政府的风险治理能力，为治理主体开展韧性治理活动提供较为完备的条件保障。另一方面，智慧城市技术创新有利于推动新型可持续能源的开发和应用，提高能源利用率和改善使用结构，以替代高污染和高消耗能源对城市生态系统的破坏，提升城市生态韧性。[3]

二是结构效应。智慧城市能够通过调整资源配置、加大新兴要素的投入以及提高新兴产业的占比来提升城市系统的内在韧性。一方面，相比传统产业，基于智慧城市技术要素投入的产业天然具有低成本扩散、

---

[1] 付平、刘德学：《智慧城市技术创新效应研究——基于中国 282 个地级城市面板数据的实证分析》，《经济问题探索》，2019 年第 9 期，第 72—81 页。

[2] Nazarnia, H., Sarmasti, H. & Olivia Wills, W. Application of household disruption data to delineate critical infrastructure resilience characteristics in the aftermath of disaster: A case study of Bhaktapur, Nepal. *Safety Science*, 2020, 121, pp. 573—579.

[3] 赵建军、贾鑫晶：《智慧城市建设能否推动城市产业结构转型升级？——基于中国 285 个地级市的"准自然实验"》，《产经评论》，2019 年第 5 期，第 46—60 页。

规模报酬递增的优势。新兴要素的注入能够有效加快智慧产业与传统产业的融合，改善产品质量和结构，提高行业运行和能源使用效率，继而推动传统产业实现升级。[1] 此外，智慧城市建设需要依托新一代信息技术、新能源、新材料产业，这些产业的发展会带动数据服务、软件开发、商务服务等一系列生产性服务业的兴起，催生出新的经济增长点，提升城市经济竞争力，为城市经济韧性能力的提升提供物质基础。另一方面，从降低城市韧性建设风险和推动城市可持续发展的角度来看，智慧城市建设中大量运用具有高附加值、高技术含量和低能耗、低污染的资源要素，这将在很大程度上降低相关行业和企业对传统高耗能、高污染要素的依赖。[2] 与此同时，地方政府受"政治锦标赛"和"逐项竞争"的影响，在智慧城市建设过程中，会加强对产业结构的规制力度，借助倒逼机制和激励机制，促使市场主体优化要素投入组合，调整生产结构和经营模式，降低生产活动对生态环境的负担，增强城市系统的稳定性。综合上述分析，本研究提出如下假设。

假设 1：智慧城市建设可以显著提升城市韧性，且其可以通过技术效应和结构效应两条传导路径产生影响。

以往文献研究认为，智慧城市对城市韧性的影响会受到城市自身一些特征的调节。一般而言，城市之间的异质性会表现在诸多领域。在这当中，最重要的显性特征体现在人口规模异质性和经济规模异质性两个方面。[3]

第一，城市人口规模的异质性。智慧城市建设对城市韧性的改善效应可能会因城市自身人口规模的不同而产生差异性，这一点可以从供需理论视角进行检视。一方面，相较于人口规模较小的城市，人口规模较大的城市自身行政级别普遍较高，本身能够拥有较为充沛的发展资源，这为智慧城市的软件和硬件建设提供了雄厚的基础条件。与此同时，较

---

[1] 王敏、李亚非、马树才：《智慧城市建设是否促进了产业结构升级》，《财经科学》，2020年第12期，第56-71页。

[2] 石大千、丁海、卫平等：《智慧城市建设能否降低环境污染》，《中国工业经济》，2018年第6期，第117-135页。

[3] Holdren, J. P. & Ehrlich, P. R. Human population and the global environment. *American Scientist*, 1974(3), pp. 282-292.

大的人口规模会形成城市极化效应，持续吸引和集聚人力、科技、生产资料等各种优质建设要素和资源，为智慧城市建设提供源源不断的动力支持，这能够在最大程度上保证智慧城市政策效能释放的稳定性和持久性。而人口规模较小的城市则处在发展资源相对稀缺的位置，这使得智慧城市建设这项具有耗损性的工程在这类城市运行初始阶段就面临发展条件的制约。建设要素资源供给不足，使得智慧城市对城市韧性的驱动作用难以有效发挥出来。另一方面，城市人口规模越大，一定程度上意味着人口对城市韧性的需求也越多。面对规模化的治理需求，当地政府和官员可能会在政绩偏好和治理压力双重动机的驱动下[1]，借助加大专项财政经费投入力度、优化过程管理等手段来保证智慧城市建设对城市韧性的持续作用。而人口规模较小的城市，其较低的需求号召力使得城市管理者缺乏主动作为的动机。缺少了政府的实质性支持，智慧城市建设也就无法从真正意义上促使城市韧性有所提高。

第二，城市经济规模的异质性。除了人口规模，经济规模也是造成智慧城市政策效果差异性的主要影响因素。比较优势理论指出，经济发展水平较高的城市具有较大的经济韧性，经济体系完整，产业优化合理，能够更好地为社会、生态和工程等方面的建设提供更高质量的物质基础。智慧城市建设作为一项专业性强、初期投入大、回报周期慢的项目，需要持续而雄厚的经济实力予以保障。[2] 而东部地区作为中国"先富"地区，在经济规模方面整体领先于中西部地区。这决定了相较于中西部地区，东部地区具有经济集聚优势和比较优势，能够较好地借助市场机制实现各类资源的有效配置和利用，为智慧城市项目提供优良的运营环境。同时，受马太效应的作用，东部地区与中西部地区在智慧城市治理效能方面的这种差异性也会随着建设推进表现得越来越明显。此外，从横向竞争的角度，已有研究表明，经济发展水平越高的城市，其政府官员在晋升方面越有比较优势。在强晋升的激励作用下，经济水

---

[1] 刘张立、吴建南：《中央环保督察改善空气质量了吗？——基于双重差分模型的实证研究》，《公共行政评论》，2019年第2期，第23-42+193-194页。

[2] 何凌云、马青山：《智慧城市试点能否提升城市创新水平？——基于多期DID的经验证据》，《财贸研究》，2021年第3期，第28-40页。

平较为发达的东部地区，其政府和主政官员在进行治理投入时力度就比较大。[1] 所以，在智慧城市建设和运营过程中，东部地区可能更具有竞争优势，智慧城市建设效果也会更好。基于上述分析，我们提出如下假设。

假设2：人口规模大、东部经济发达地区的城市，智慧城市建设对城市韧性的提升效应更强。

三、研究设计

（一）模型设定

考虑到传统政策评估方法可能存在的内生性问题，本研究将智慧城市建设视为一项准自然实验，通过构建双重差分模型来检验智慧城市建设对城市韧性的政策效应。按照模型的基本思想，本研究须构建两个虚拟变量。① 分组虚拟变量：实验组为政策试点城市，设置为1；对照组为非试点城市，设置为0。② 时间虚拟变量：2012年之前设置为0，2012年及以后设置为1。在此基础上，基于Ashenfelter和Card[2]的设计思路，对基准模型做如下设定：

$$Ur_{it} = \beta_0 + \beta_1 DID_{it} + \beta_2 Treat_{it} + \beta_3 Post_{it} + \beta_4 X_{it} + \eta_i + \nu_t + \varepsilon_{it} \quad (1)$$

式（1）中，i 和 t 分别表示城市和时间，Ur_{it} 表示被解释变量，$Treat_{it}$ 和 $Post_{it}$ 分别表示分组虚拟变量和时间虚拟变量，DID_{it} 为核心解释变量，表示 i 城市在 t 年是否被设立为智慧城市试点，X_{it} 表示控制变量集合，η_i 为城市固定效应，ν_t 为时间固定效应，ε_{it} 为随机误差项。在该模型中，我们最为关注的是系数 β_1，它表示智慧城市建设对于城市韧性提升的平均效应。若该系数显著为正，则表示智慧城市建设提升了城市韧性；反之，则表明没有达到应有的政策效果。

---

[1] 杨其静、郑楠：《地方领导晋升竞争是标尺赛、锦标赛还是资格赛》，《世界经济》，2013年第12期，第130—156页。

[2] Ashenfelter, O. & Card, D. Using the longitudinal structure of earnings to estimate the effect of training programs. *The Review of Economics and Statistics*, 1985, 67(4), pp.648—660.

（二）变量说明

1. 被解释变量

本研究采取城市韧性指数来衡量城市韧性水平。所谓城市韧性水平，指的是由城市生态、经济、社会、基础设施等人文和环境系统组成的高度复杂耦合系统在应对各类自然灾害、人为灾害等干扰时所表现出的城市系统的适应能力、恢复能力和学习能力的高低。[1] 目前学界关于城市韧性水平的测算尚未形成统一标准。已有的衡量方法主要包括两种。第一种是借助空间计量方法，采用一个或多个核心变量进行测度。[2] 这类方法在指标选取上标准较为随意且衡量维度单一，导致研究结论可能存在一定片面或偏颇。第二种是建立多指标体系，利用一揽子指标进行全面测度。相比之下，这类方法在衡量时较为系统，能够较好地克服空间计量方法带来的效度不足的问题，因此应用较为广泛。本研究即采取第二种方法。在具体指标的选取上，本研究借鉴张明斗和冯晓青[3]构建的指标体系。这一指标体系基于 Bruneau 等[4]的评估思路，能够较好地反映城市韧性的核心内涵，加之指标选取完备性强和可操作性高等优点，被后续许多学者认可和采纳。[5][6] 在具体指标组成上，该指标体系包含 4 个维度 20 个指标：① 经济韧性，选取规模以上工业总产值等 5 个指标；② 社会韧性，选取社会消费品总额等 5 个指标；③ 生态韧性，选取工业废水排放量等 5 个指标；④ 基础设施韧性，选取城市供气总量等 5 个指标。在此基础上，为了避免因主观因素干扰

---

[1] 赵瑞东、方创琳、刘海猛：《城市韧性研究进展与展望》，《地理科学进展》，2020 年第 10 期，第 1717-1731 页。

[2] Liu, Z. , Xiu, C. & Song, W. Landscape-based assessment of urban resilience and its evolution: A case study of the central city of shenyang. *Sustainability*, 2019(10), pp. 1-20.

[3] 张明斗、冯晓青：《中国城市韧性度综合评价》，《城市问题》，2018 年第 10 期，第 27-36 页。

[4] Bruneau, M. , Chang, S. E. , Eguchi, R. , et al. A framework to quantitatively assess and enhance the seismic resilience of communities. *Earthquake Spectra*, 2003(4), pp. 733-752.

[5] 路兰、周宏伟、许清清：《多维关联网络视角下城市韧性的综合评价应用研究》，《城市问题》，2020 年第 8 期，第 42-55 页。

[6] 王光辉、王雅琦：《基于风险矩阵的中国城市韧性评价——以 284 个城市为例》，《贵州社会科学》，2021 年第 1 期，第 126-134 页。

而产生计算误差，我们通过层次分析法（AHP）对各指标赋权重，最终合成城市韧性指数来作为城市韧性水平的衡量指标。

2. 关键解释变量

本研究将智慧城市建设试点作为政策冲击，把分组和时间虚拟变量的交叉项作为关键解释变量，用以衡量智慧城市建设提升城市韧性的政策效应。

3. 控制变量

考虑到一些城市特征变量可能对城市韧性产生干扰，本研究引入一些控制变量：① 政府支出规模，采用财政支出占地区生产总值的比重测度；② 人力资本水平，采用普通高等学校在校学生数占地区年末人口总数的比重测度；③ 市场开放程度，采用外商直接投资占地区生产总值的比重测度；④ 城镇化水平，采用非农业人口占地区年末总人口的比重测度；⑤ 信息基础设施，采用互联网用户占地区年末总人口的比重测度；⑥ 经济发展水平，采用城市人均 GDP 对数衡量；⑦ 生态环境水平，采用城市建成区绿化率来测度。

4. 中介变量

本研究将技术创新和产业结构升级作为中介变量。其中，技术创新水平采用寇宗来等[1]构建的城市创新指数进行衡量。这一指标基于国家知识产权局和国家市场监督管理总局的专利数据和企业资本数据计算得出，不仅考虑到专利价值，还将创业维度纳入指标体系当中，能够有效弥补使用单一专利数量衡量标准的弊端，更加准确地反映城市的创新能力。产业结构升级程度参照李逢春[2]的观点，采取产业结构升级指数来测度。

（三）数据来源与处理

本研究依据 2012 年国家公布的第一批智慧城市试点名单来确定实验组和对照组，并在选取过程中做了相应处理：① 为确保本研究的估计

---

[1] 寇宗来、杨燕青：《中国城市和产业创新力报告 2017》，复旦大学产业发展研究中心，2017 年，第 214-218 页。

[2] 李逢春：《对外直接投资的母国产业升级效应——来自中国省面板的实证研究》，《国际贸易问题》，2012 年第 6 期，第 124-134 页。

结果为 2012 年政策试点的净效应，剔除 2013 年和 2014 年新增的试点城市；② 剔除撤县设市后新设立的地级市；③ 为避免低估智慧城市建设对城市韧性的影响，剔除仅将市内某个区或县作为试点的地级市；④ 剔除西藏、青海、新疆等数据缺失较为严重的地级市。经过上述处理，最终从中国 279 个地级市（含 4 个直辖市）中筛取了 153 个地级市（其中 33 个为实验组）作为初始样本。本研究中变量的数据均来自 2002—2017 年的《中国城市统计年鉴》及相关地市年度统计公报，对于少量缺失的数据采用插值法进行补齐。表 1 报告了主要研究变量的描述性统计结果。

表 1 主要研究变量的描述性统计结果

变量	均值	标准差	最小值	最大值
城市韧性（Ur）	0.42	0.54	0.25	0.81
智慧城市试点政策（DID）	0.12	0.33	0.00	1.00
政府支出规模（Fiscal）	0.15	0.07	0.01	0.71
人力资本水平（Hci）	0.02	0.02	0.00	0.13
市场开放程度（Open）	0.24	0.35	0.00	5.18
城镇化率（Urban）	0.56	13.38	0.23	0.90
信息基础设施（Ini）	0.12	0.16	0.00	1.98
经济发展水平（Edl）	9.72	0.56	3.41	11.98
生态环境水平（Agr）	34.77	6.68	1.55	89.62
城市创新指数（Inn）	2.25	8.46	0.00	144.61
产业结构升级（Indus）	2.01	0.24	1.88	2.75

四、实证检验

（一）基准回归结果

依据式（1）的估计模型，本研究报告了智慧城市建设与城市韧性的 DID 的估计结果。在这个过程中，通过先后引入控制变量的方式来检验智慧城市政策的净效应，结果如表 2 所示。模型 1 为不加任何控制变量与固定效应的估计结果。DID 的估计系数在 0.01 的置信水平上显著为正（$\beta_1 = 0.1266$，$p<0.01$），表明智慧城市建设能够显著提升城市韧性水平。然而，上述结论可能会受到因相关解释变量遗漏而产生的内生性问题的干扰。因此，我们需要进一步进行验证。在模型2中，加入了控制变量（Control），对固定效应则不进行控制。估计的结果证实，DID的估计系数仍然显著为正（$\beta_1 = 0.1288$，$p<0.01$）。进一步地，模型3和模型4又依次固定了城市效应（City）和时间效应（Year）。回归结果显示，模型3（$\beta_1 = 0.1287$，$p<0.01$）和模型4（$\beta_1 = 0.1166$，$p<0.01$）中的估计系数进一步下降，但与模型2中的估计系数正负和显著性相比，均没有出现根本性变动，这意味着无论是否加入控制变量、城市效应与时间效应，智慧城市建设对城市韧性提升均具有显著的正向影响，且估计结果较为稳健。从估计系数值具体来看，智慧城市政策实施之后，试点城市的城市韧性提升了11.06%，更进一步验证了研究假设。

表2 双重差分估计结果

变量	模型1（Ur）	模型2（Ur）	模型3（Ur）	模型4（Ur）	模型5（Ur）
DID	0.1266*** (0.02)	0.1288*** (0.02)	0.1287*** (0.03)	0.1166*** (0.04)	0.1083* (0.04)
Control	无	有	有	有	有
City	无	无	有	有	有
Year	无	无	无	有	有
R^2	0.8075	0.9227	0.9228	0.9360	0.9673
N	2448	2448	2448	2448	1639

注：回归系数为标准回归系数。括号内数字为标准误。***、**和*分别表示相关系数通过0.01、0.05和0.10水平的显著性检验。下同。

（二）稳健性检验

1. 平行趋势检验

使用双重差分法识别政策效应的前提是满足平行趋势假设。这意味着若不存在智慧城市这一外部政策冲击，未进行试点城市和试点城市的城市韧性发展应当具有相同的时间趋势，否则可能会使得样本组存在系统性差异，引发内生性问题。为此，本研究将智慧城市建设试点前后的虚拟变量交叉项作为解释变量进行回归。从图1的检验结果可以看出，智慧城市建设试点之前的交互项回归系数不显著，表明试点前的实验组和对照组的城市韧性效果变动趋势相似。而试点之后的交互项回归系数均显著为正，表明实验组在智慧城市建设试点前后的城市韧性水平的变化不是纯粹的时间效应，而是由试点建设引起的。

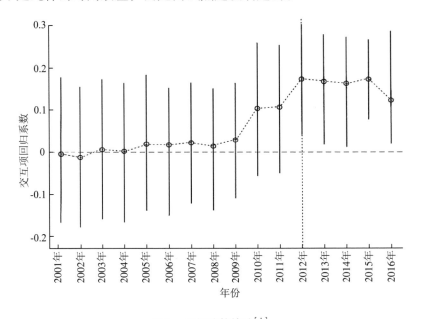

图1　平行趋势检验[1]

2. PSM-DID 检验

在满足平行趋势假设的基础上，本研究采用双重差分倾向得分匹配法（PSM-DID），从控制组中找出与实验组在城市建设环境上相匹配的样本，以降低非随机选择造成的误差。按照检验流程，在进行 PSM-DID 处理之前，需要先验证匹配平衡性假设。检验结果显示（表3），匹配后的协变量均不显著，匹配前后的标准偏差的绝对值小于20%，表明实验组和对照组在匹配之后并未产生系统差异，匹配处理结果有效。在通过匹配平衡性假设之后，本研究进一步进行了 PSM-DID 分析。由表2中模型5的估计结果可以发现，PSM-DID 的估计结果与前文基准回归结果

---

[1]　图1中，纵坐标是估计系数，横坐标是实施相对时间。

不存在显著差异,进一步证明了智慧城市建设对城市韧性的正向影响是显著且稳健的。

表 3 PSM 匹配有效性检验

变量	匹配后 t 值	p 值	标准偏差/%
Fiscal	0.29	0.79	1.91
Hci	0.23	0.82	1.80
Open	1.17	0.87	−1.40
Urban	2.71	0.48	2.10
Ini	0.36	0.74	4.70
Edl	0.13	0.98	3.62
Agr	0.83	0.49	6.81
N	1 639	1 639	2 448

3. 反事实检验

参照何凌云和马青山[1]的做法,本研究将政策实施时间人为地向前移动 3 年,设立一个虚拟的政策时点并对其进行回归,以观察政策效果是否显著。具体而言,我国设立首批智慧城市试点的时间是 2012 年,我们在实施反事实检验时将实施时点推移至 2011 年、2010 年和 2009 年,然后分别进行估计,结果如表 4 中的模型 6、模型 7 和模型 8 所示。从估计结果来看,改变政策发生时间之后的解释变量的显著性与基准回归相差甚远,表明智慧城市试点的设立对城市韧性水平的提升有较大影响,基准回归结果可靠。与此同时,考虑到智慧城市建设对地区城市韧性的影响可能随着时间的推移而逐渐显现,本研究将时间虚拟变量滞后 3 期,替换原时间变量进行估计。从表 4 中的模型 9、模型 10 和模型 11 能够看出,基于政策实施滞后期的检验结果与基准估计结果显著性大体一致,表明研究结果是可信的。

4. 排除其他政策和法规的干扰

为验证智慧城市政策效应是否为净影响,研究需要排除其他政策因

---

[1] 何凌云、马青山:《智慧城市试点能否提升城市创新水平?——基于多期 DID 的经验证据》,《财贸研究》,2021 年第 3 期,第 28-40 页。

素的影响。通过政策梳理发现,与智慧城市试点建设同时期实施的一些类似政策可能会对城市韧性产生影响,其中,最具代表的是海绵城市和创新型城市试点政策及新环保法。

第一,海绵城市试点政策对城市韧性的影响。2015 年,住建部公布 16 个城市作为首批海绵城市试点。已有研究表明,以促进人与自然和谐发展为目的的海绵城市建设能够提升城市系统的风险抵御力。[1] 有鉴于此,我们把海绵城市试点纳入基准回归模型之中,将同是海绵城市与智慧城市试点的样本和 2015—2017 年的样本赋值为 1,分别作为分组虚拟变量和时间虚拟变量。

第二,创新型城市政策对城市韧性的影响。2010 年,国家开始探索创新型城市试点工作。2013 年,科技部正式发文公布了 12 个国家创新型试点城市。我们也将其纳入基准回归模型中,变量处理方式如前。

第三,新环境保护法对城市韧性的影响。与智慧城市试点实施最近的一次环保法修订是在 2014 年。鉴于新环保法的作用对象为全国所有城市,因此分组虚拟变量与智慧城市建设的设定相同。在上述基础上,我们对双重差分模型做出如下设定:

$$Ur_{it}=\beta_0+\beta_1 DID_{it}+\beta_2 Treat_{it}+\beta_3 Post_{it}+\beta_4 L_1+\beta_5 L_2+\beta_6 L_3+\beta_7 X_{it}+\eta_i+\nu_t+\varepsilon_{it}$$

(2)

式(2)中,L_1、L_2、L_3 分别表示海绵城市、创新型城市以及新环保法分组虚拟变量和时间虚拟变量的交叉项,表示对应政策法规对城市韧性的影响,表 4 中的模型 12 汇报了回归结果。由估计结果可知,智慧城市在 0.01 的置信水平上显著为正,表明智慧城市建设确实对提升城市韧性起到了促进作用,基准回归结果得到验证。此外,L_2 在 0.05 的置信水平上也显著为正,说明创新型城市政策也能够改善城市韧性水平。值得注意的是,当我们将上述结果与基准回归结果(表 2 中的模型4)进行对比后发现,在引入政策法规之后,DID 的估计系数大于基准回归结果,表明城市韧性水平的提升会因智慧城市和创新型城市等政策

---

[1] 郑艳、翟建青、武占云等:《基于适应性周期的韧性城市分类评价——以我国海绵城市与气候适应型城市试点为例》,《中国人口·资源与环境》,2018 年第 3 期,第 31-38 页。

的联合实施而得到进一步强化。

表 4　稳健性检验结果

变量	模型 6（提前 1 期）	模型 7（提前 2 期）	模型 8（提前 3 期）	模型 9（滞后 1 期）	模型 10（滞后 2 期）	模型 11（滞后 3 期）	模型 12（排除政策干扰）
DID	0.124 6（0.18）	0.148 1（0.02）	0.131 3（0.03）	0.083 2***（0.02）	0.064 8***（0.03）	0.037 8***（0.03）	0.150 2***（0.03）
L_1							0.032 3（0.03）
L_2							0.061 6**（0.03）
L_3							0.022 6（0.03）
Control	有	有	有	有	有	有	有
City	有	有	有	有	有	有	有
Year	有	有	有	有	有	有	有
R^2	0.938 7	0.956 9	0.933 1	0.923 4	0.917 9	0.911 6	0.940 4
N	2 448	2 448	2 448	2 448	2 448	2 448	2 448

五、影响机制分析

上述验证结果表明，智慧城市建设能够显著提升城市韧性。然而，智慧城市影响城市韧性的具体机制究竟是什么呢？这需要我们进一步分析。正如上述研究假设所阐述的那样，智慧城市建设主要借助技术效应和结构效应对城市韧性形成影响。为验证这两种作用机制，我们借助温忠麟等[1]提出的中介效应检验程序，设定如下检验模型：

$$M_{it} = \omega_0 + \omega_1 DID_{it} + \omega_2 Treat_{it} + \omega_3 Post_{it} + \omega_4 X_{it} + \eta_i + \nu_t + \varepsilon_{it} \quad (3)$$

$$Ur_{it} = \alpha_0 + \alpha_1 DID_{it} + \alpha_2 Treat_{it} + \alpha_3 Post_{it} + \alpha_4 M_{it} + \alpha_5 X_{it} + \eta_i + \nu_t + \varepsilon_{it} \quad (4)$$

式（3）和式（4）中，M_{it} 表示中介变量，其他与前述模型一致。参照检验步骤，我们分别对上述方程进行回归处理，得到表 5 的回归结

---

［1］温忠麟、张雷、侯杰泰等：《中介效应检验程序及其应用》，《心理学报》，2004 年第 5 期，第 614-620 页。

果。模型 13 中，DID 的估计系数显著为正（$\omega_1 = 2.5485$，$p<0.05$）；模型 14 中，Inn 的估计系数在 0.1 水平上显著为正（$\alpha_1 = 0.0006$，$p<0.1$），表明智慧城市建设带来的技术创新是城市韧性提升的影响机制，研究假设得到验证。同理，模型 15 中，DID 的系数显著为正（$\omega_1 = 0.0139$，$p<0.05$）；模型 16 中，Indus 的系数在 0.1 水平上显著为正（$\alpha_1 = 0.1271$，$p<0.1$），表明智慧城市建设也可以借助产业结构升级的途径提升城市韧性水平，研究假设得到进一步验证。

表 5　影响机制检验

变量	技术效应		结构效应	
	模型 13（Inn）	模型 14（Ur）	模型 15（Indus）	模型 16（Ur）
DID	2.5485** (1.63)	0.1181*** (0.02)	0.0139** (0.04)	0.1149* (0.02)
Inn		0.0006* (0.01)		
Indus				0.1271* (0.11)
Control	有	有	有	有
City	有	有	有	有
Year	有	有	有	有
R^2	0.9577	0.9361	0.8239	0.9372
N	2448	2448	2448	2448

六、进一步拓展：异质性分析

（一）人口规模

前文的分析证实了智慧城市能够显著提升城市韧性水平，但是这种影响是否会因城市人口规模不同而存在差异？为了分析这一问题，我们进一步对不同人口规模的智慧城市建设对城市韧性水平的提升效应进行验证。对于城市人口规模的划分，我们依据 2014 年国务院印发的《关于调整城市规模划分标准的通知》中的设定标准。同时考虑到人口规模较小的城市较少，可能会导致估计结果出现较大偏误，故只选取中等及以上规模城市。在此基础上,本研究进行了分组回归,估计结果如表6中的模型17、模型18和模型19所示。

由回归结果可知,特大城市和大型城市的估计系数均显著为正,且前者系数要略大于后者,而中等城市估计系数不显著,表明相较于特大城市和大型城市,中等城市开展智慧城市建设对其城市韧性的提升的边际影响不够明显。原因可能在于,规模小的城市缺乏相应配套基础,即使进行智慧城市建设也并不能有效推动其发挥出应有的效应;而规模较大的城市具有集聚效应,能够吸纳各方优势资源,包括财政支出在内的可支配资源配置和利用效率都较高,能够有效支撑智慧城市建设,最大程度地发挥出价值和功效,并通过技术创新和结构升级提升城市系统应对外在风险冲击的能力,推动城市韧性水平的提高。上述结论支持了前文的研究假设,即智慧城市建设对城市韧性提升程度的高低会因城市人口规模不同而存在显著差异。

(二)经济规模

考虑到我国地区间经济发展不均衡这一实际情形,尤其是东部地区,凭借区位优势集聚了大量的资源,因此其经济发展水平总体远超中西部地区。为进一步检验这种经济规模的异质性,我们按照城市样本所处的地理区位,参照中国国家统计局关于东部、中部、西部的最新划分标准,将研究样本划分为东部、中部、西部地区城市,并依次进行回归,结果如表6中的模型20、模型21和模型22所示。

从回归结果来看,智慧城市建设对东部和中部城市的影响显著为正,且对东部城市的影响要高于中部城市;而对于西部城市而言,其在统计意义上表现为不显著。可以发现,智慧城市建设对城市韧性的影响可能会随经济发展程度由高到低而呈现出较为明显的边际递减效应。原因可能在于:一方面,东部地区凭借其雄厚的经济实力和活跃的市场环境,能够为智慧城市建设注入源源不断的动力,因此试点政策的建设效果相较于中西部地区会更好[1];另一方面,中西部城市整体经济规模

---

[1] 崔立志、陈秋尧:《智慧城市渐进式扩容政策的环境效应研究》,《上海经济研究》,2019年第4期,第62-74页。

较小,受马太效应影响,经济发展基础存在固有短板,在智慧城市试点建设中激励不足,政府重视程度和建设力度不大,其效用发挥也就不够明显。总而言之,以上研究结论使得前述假设得到进一步印证,即智慧城市的政策效应会因经济规模差异而存在异质性。

表6 异质性检验

变量	人口规模异质性			经济规模异质性		
	模型17 (中等城市)	模型18 (大型城市)	模型19 (特大城市)	模型20 (东部)	模型21 (中部)	模型22 (西部)
DID	0.103 4 (0.02)	0.129 8** (0.05)	0.150 3*** (0.03)	0.145 1*** (0.02)	0.106 8** (0.03)	0.111 2 (0.04)
Control	有	有	有	有	有	有
City	有	有	有	有	有	有
Year	有	有	有	有	有	有
R^2	0.973 9	0.805 6	0.976 3	0.931 2	0.951 3	0.993 2
N	80	1 664	704	1 024	848	576

七、结论与建议

本研究基于2001—2016年我国153个地市级城市面板数据,借助双重差分法和双重差分倾向得分匹配法,实证检验了智慧城市建设对城市韧性的净效应,并对其作用机制和异质性进行了深入探讨。研究发现:智慧城市建设能够显著提升城市韧性能力,这一结果在经过了反事实检验和多项稳健性检验后依然成立;机制检验结果表明,智慧城市建设能够通过技术效应和结构效应提升城市韧性水平;异质性检验结果表明,城市间的人口规模和经济规模差异能够对智慧城市政策实施效果的发挥产生影响。在中东部地区、人口规模大的城市,智慧城市建设更能推动城市韧性能力的提升。值得关注的是,尽管智慧城市建设对城市韧性能力的提升效应显著,但同时城市韧性提升效果也会被创新型城市等相关政策法规因素所影响。

本研究的政策含义既非常直接又极其重要。首先,智慧城市建设是一项持久的技术性工程,需要雄厚的技术力量予以支撑保障。因此,加大对新兴技术的投入力度应当成为政府建设智慧城市的关键任务。一方面，政府应当本着适宜性和针对性的原则，做好公共服务的提供者，加强对科技企业、科研院校和机构在环境保护、灾害防治等领域技术研发的支持力度，同时灵活运用专项税收优惠等市场化工具鼓励技术创新活动。除此之外，还应注重技术研发平台建设，营造良好的科研创新氛围，在人才引进、项目支持、创新奖励等方面出台更具竞争力的激励政策，培育和引进一批高素质的专业人才队伍，为智慧城市建设中的技术创新提供强大的人力资源保障。另一方面，从智慧城市提升城市韧性能力的角度而言，政府在全力提升智慧技术水平的基础上，应不断促进智慧城市与可持续发展相融合，注重发挥好国家战略规划的引导作用，进一步完善技术创新市场导向机制，借助产业结构升级和新兴产业的重点扶持，提高资源配置效率，充分释放人、财、物等辅助要素资源的效能。其次，异质性分析表明，智慧城市的建设效果与城市自身特征有较大关联。因此，政府应当做好顶层设计，结合城市发展特征，因地制宜，分步骤、分阶段、有层次地推进智慧城市建设。对于东部发达地区和人口规模较大的城市而言，在建设过程当中，应努力克服"城市病"等一系列问题，大力发展智慧技术，拓展智慧技术的应用领域，发挥规模效应和集聚效应，增强资源配置效率和循环能力。对于中西部偏远地区和规模较小的城市来说，在保持原有优势的基础上，充分利用好智慧城市建设的历史机遇，借鉴先进地区经验，实施一些适应本地区发展特点的智慧项目，积极引导社会和市场力量广泛参与，最大限度提升城市治理效能。最后，探索建立智慧城市试点与海绵城市、创新型城市等其他城市建设试点的对接机制也十分重要。政府应制订相应工作方案和配套措施，对对接的重点内容和过程进行界定和规范，加大统筹协调力度，以确保关联政策协同有序、激励与约束配合得当，以政策试点体系化为建设导向，持续增强城市韧性治理的系统性。

作者简介：武永超，华南理工大学公共管理学院博士研究生。

第二章 社区治理中的新媒体*

陈福平　李荣誉

一、问题的缘起

随着新媒体技术和智能手机的普及，当代中国人在日常生活中通过便捷的方式就可获取海量信息。但研究者也担心一种"传播灰色地带"现象的出现：人们通过相关大众媒介"知晓国际国内大事，但对自我生存周边3公里范围，甚至是本居住社区的事情所知甚少"。[1][2] 换言之，或许人们在席间对国际局势高谈阔论，却不知身处社区的居委会主任姓甚名谁。[3] 然而无论是在农村还是在城市，这种信息"真空"都可能对社区治理产生深远影响。例如，当社区遭遇突发危机，地方信息的匮乏创造了谣言传播的土壤；而社区重建开始时，缺乏地方性生产和组织知识也降低了社区更新的效率。[4] 由于人际传播土壤的萎缩和大

---

* 本章内容最初刊于《社会学研究》，2019年第3期，第170-193+245页。

[1] Jiang, F. & Huang, K. Community media in China: Communication, digitalization, and relocation. *The Journal of International Communication*, 2013(1), pp. 59-68.

[2] 姜飞、黄廓：《"传播灰色地带"与传播研究人文思考路径的探寻》，《南京社会科学》，2014年第4期，第122-130页。

[3] 根据上海大学"数据科学与都市研究中心"完成的2017年上海都市社区调查，近70%的受访上海市民不知道居委会主任姓名。参见《上海市民调查近七成被访居民不认识居委会主任》（http://www.sohu.com/a/222675497_260616）。

[4] 韩鸿：《参与式传播：发展传播学的范式转换及其中国价值——一种基于媒介传播偏向的研究》，《新闻与传播研究》，2010年第1期，第40-49+110页。

众媒体在"社区"环节的缺场,在网络时代,基于地域社区的数字媒介建设便被寄予了厚望。[1]

2017年6月,中共中央、国务院印发了《关于加强和完善城乡社区治理的意见》。意见指出,"实施'互联网+社区'行动计划,加快互联网与社区治理和服务体系的深度融合,运用社区论坛、微博、微信、移动客户端等新媒体,引导社区居民密切日常交往、参与公共事务、开展协商活动、组织邻里互助,探索网络化社区治理和服务新模式"。从技术角度看,社区论坛、微博、微信、移动客户端等新媒体成为社区场景中地方治理者、社区组织和居民通过基于Web 2.0架构下的相关社会媒体应用进行沟通和互动的平台。这种新媒体架构具有用户产生内容(user generated content)、在线身份创造、关系网络可视化以及与移动通信设备紧密结合等特点。[2] 不同于传统的社区网站,社会化特质让社区新媒体具备了信息媒体、社会网络和政务平台等多种功能。

针对新型在线网络对社区治理的影响,国内学者已开展了一些研究。然而值得注意的是,这类网络技术似乎扮演了"冰与火"的双重角色。相关社区的案例表明,以互联网应用为基础的社区新型媒介弥补了主流大众媒体的社区传播缺场,并成为社区参与的重要平台,推动了地方治理者、社区组织和居民的良性互动,促进了社区融合,提升了社区治理水平。[3][4][5][6] 在另一种研究叙事中,同样是业主们的在线

---

[1] 姜飞、黄廓:《"传播灰色地带"与传播研究人文思考路径的探寻》,《南京社会科学》,2014年第4期,第122-130页。

[2] O'Reilly, T. What is Web 2.0: Design patterns and business models for the next generation of software. *Communications & Strategies*, 2007(1), pp.17-37.

[3] 谢静、曾娇丽:《网络论坛:社区治理的媒介——"官民合作"网络运作模式的初步探索》,《新闻大学》,2009年第4期,第91-96页。

[4] 谢静:《虚拟与现实:网络社区与城市社区的互动》,《现代传播(中国传媒大学学报)》,2010年第12期,第107-111页。

[5] 袁靖华:《新型社区媒体:社区传播与公民素养——基于小区业主论坛的田野调查》,《浙江传媒学院学报》,2014年第3期,第46-53页。

[6] 张志安、范华、刘莹:《新媒体的社区融合和公民参与式治理——以深圳市罗湖社区家园网为例》,《社会治理》,2015年第3期,第111-119页。

网络,却成为居民进行社区维权与抗争的重要工具。[1][2][3][4] 更加矛盾的是,例如,在一些社区维权事件中,同样利用新媒体的地方管理者尽管"通过各种大众媒体、官方微博、政府网站等渠道对项目进行了解释和说明,但未能化解事件的愈演愈烈之势"[5]。

社区治理作为国家治理体系和治理能力现代化的最基层却极为重要的环节,其与社区新媒体的关系尚存在不少待厘清的问题。基于此,本研究尝试从新媒体的多维技术特征出发,探索社区场景中新技术发挥功能的关键机制。我们希望能够回答以下问题:首先,被视为可能填补"传播灰色地带"的重要力量的新媒体是否影响了社区治理水平?其次,在社区治理中,促进多方有序互动的新媒体为何突然成为对抗的导火索?这种技术角色转换背后的社区日常实践逻辑是什么?

二、社区新媒体与治理的两种视角:资源网络与平台建设

(一) 新媒体资源网络:治理中的信息与互动

在社会学研究中,互联网对地域社区建设影响的利弊之争由来已久。然而一些研究者则开始关注互联网与邻里社区的结合——社区在线网络(community networking)这种新形态。"互联网+社区"的形式促发了社区居民通过网络空间进行信息分享和沟通的活动。[6][7] 基于地理空间的在线网络显著地减少了沟通成本,增加了邻里间交换观点的机

---

[1] 黄荣贵、桂勇:《互联网与业主集体抗争:一项基于定性比较分析方法的研究》,《社会学研究》,2009年第5期,第29-56+243页。

[2] 黄荣贵、桂勇:《自媒体时代的数字不平等:非政府组织微博影响力是怎么形成的?》,《公共行政评论》,2014年第4期,第133-152+185-186页。

[3] 郑坚:《网络媒介在城市业主维权行动中的作用》,《当代传播》,2011年第3期,第79-80页。

[4] 王斌、王锦屏:《信息获取、邻里交流与社区行动:一项关于社区居民媒介使用的探索性研究》,《新闻与传播研究》,2014年第12期,第90-106+121页。

[5] 王斌:《新媒体与基层社会的传播动员机制——"江门反核行动"个案研究》,《暨南学报(哲学社会科学版)》,2014年第11期,第130-139+163页。

[6] Kavanaugh,A.,Carroll,J.M.,Rosson,M.B.,et al. Community networks: Where offline communities meet online. *Journal of Computer-mediated Communication*, 2005(4), pp.1-25.

[7] Shah,D.V.,Mcleod,J.M. & Yoon,S.H.. Communication, context, and community: An exploration of print, broadcast, and Internet influences. *Communication Research*, 2001(4), pp.464-506.

会，从而促进了社区发展和更新，推动了社区治理。[1]

进入社会化的新媒体时代，这种积极的社区效应也仍未消失。例如，在一项调查中，91%的英国推特（Twitter）受访者表示曾利用其积极参与地方社区的讨论并与当地居民互动。[2] 与此同时，美国的脸书（Facebook）使用者也拥有更多地域社区基础上的社会资本。[3] 这种新媒体与地域社区的结合展现了两方面的优势。一方面，通过新媒体，社区行动或组织能够更便捷地招募地方参与者[4][5]；另一方面，新媒体网络成员拥有相似的交谈背景，这促进了共同话题的形成，提升了社区行动能力，从而推动了地方治理。[6][7][8]

社会学强调了社区新媒体所具互动功能的社会网络特点，而传播学尤其是社区传播方向的研究，则更侧重其信息媒体作用对社区建设的影响。居民通过阅读报纸、与邻里交谈、看电视或使用互联网获取地方信息的行为体现了其与社区结构的连接。[9] 因此，当互联网用于获得地域社区的信息时，能够提高居民的社区参与度和认同感。[10] 例如，一

---

[1] Cleveland, H. The twilight of hierarchy: Speculations on the global information society. *Public Administration Review*, 1985(1), pp.185-195.

[2] Williams, A., Harte, D. & Turner, J. The value of UK hyper local community news: Findings from a content analysis, an online survey and interviews with producers. *Digital Journalism*, 2015(5), pp.680-703.

[3] Hargittai, E. & Shaw, A. Digitally savvy citizenship: The role of Internet skills and engagement in young adults' political participation around the 2008 presidential election. *Journal of Broadcasting & Electronic Media*, 2013(2), pp.115-134.

[4] Finn, J. Collaborative knowledge construction in digital environments: Politics, policy, and communities. *Government Information Quarterly*, 2011(3), pp.409-415.

[5] Johnson, B.J. & Halegoua, G.R. Potential and challenges for social media in the neighborhood context. *Journal of Urban Technology*, 2014(4), pp.51-75.

[6] Yardi, S. & Boyd, D. Tweeting from the town square: Measuring geographic local networks. *Proceedings of the Furth International AAAI Conference on Weblogs and Social Media*. Available at https://www.aaai.org/ocs/index.php/ICWSM/ICWSM10/paper/view/1490/1853.

[7] Takhteyev, Y., Gruzd, A. & Wellman, B. Geography of Twitter networks. *Social Networks*, 2012(1), pp.73-81.

[8] 陈华珊：《虚拟社区是否增进社区在线参与？一个基于日常观测数据的社会网络分析案例》，《社会》，2015年第5期，第101-121页。

[9] Matei, S. & Ball-Rokeach, S.J. The Internet in the communication infrastructure of urban residential communities: Macro or meso linkage? *Journal of Communication*, 2003(4), pp.642-657.

[10] Dutta-Bergman, M.J. Community participation and Internet use after September 11: Complementarity in channel consumption. *Journal of Computer-mediated Communication*, 2006(2), pp.99-121.

项对地方社区推特使用的研究表明,这种网络或许不能让居民有共同体般的紧密联系,然而信息的共同性创造了无形的社区共同感以及社区关注与分享行为。因此,基于社会媒体的在线共同体虽有非互惠性和不稳定性的缺点,但依然能够提高社区感。[1]

传播基础结构理论(communication infrastructure theory)则试图整合社区媒体的两种功能。美国南加州大学学者鲍尔-洛基奇提出,在社区中存在不同水平的叙事资源网络(storytelling resource network)和叙事者,其中包括微观水平的居民日常互动、中观水平的社区组织和相关机构以及宏观水平的大众媒介和国家。不同的社区叙事者通过各类互动分享社区故事,促进想象共同体的产生,形成了人们可用于提供社区认同的基础结构。[2] 因此,鲍尔-洛基奇及其合作者通过多项调查研究表明,多水平的社区叙事网络彼此间互相刺激,推动了社区参与,提升了社区归属感和效能感。[3][4][5][6][7] 机构、大众媒体、居民交往网络和互联网共同提供了关于地方的故事,这些故事激活了邻里叙事,搭建了宏观社会制度、社区网络和居民之间的桥梁。[8]

综合社会学与传播学的讨论可以发现,一方面,作为大众传播媒介,新媒体的信息供给角色构筑了从国家到地方的叙事系统,传播了地方性知识,激发出基于空间的各类治理话题,增进了居民对社区公共事

---

[1] Bingham-Hall,J.,& Law,S. Connected or informed?: Local Twitter networking in a London neighborhood. *Big Data & Society*,2015(2),pp.1-17.

[2] Ball-Rokeach,S.J.,Kim,Y.C. & Matei,S.Storytelling neighborhood:Paths to belonging in diverse urban environments. *Communication Research*,2001(4),pp.392-428.

[3] Kim,Y.C. & Ball-Rokeach, S.J.Community storytelling network,neighborhood context,and civic engagement:A multilevel approach. *Human Communication Research*,2006(4),pp.411-439.

[4] Katz,V.S. How children of immigrants use media to connect their families to the community. *Journal of Children and Media*,2010(3),pp.298-315.

[5] Lin,W.Y., Cheong P.H., Kim,Y.C., et al. Becoming citizens:Youths' civic uses of new media in five digital cities in East Asia.*Journal of Adolescent Research*, 2010(6),pp.839-857.

[6] Kang,S. The elderly population and community engagement in the Republic of Korea:The role of community storytelling network. *Asian Journal of Communication*,2013(3),pp.302-321.

[7] Jung,J.Y.,Toriumi,K. & Mizukoshi, S. Neighborhood storytelling networks,Internet connectedness,and civic participation after the Great East Japan Earthquake. *Asian Journal of Communication*, 2013(6),pp.637-657.

[8] Mesch,G. S. & Talmud, I. Internet connectivity,community participation,and place attachment: A longitudinal study. *American Behavioral Scientist*,2010(8),pp.1095-1110.

务的感知和理解;另一方面,作为社会网络平台,新媒体凭借其社会化优势,改进了居民间接触的机会结构,搭建了新型的邻里关系网络,这有利于集体行动的形成,从而增强社区的问题解决能力。因此,新媒体的信息和互动两种功能彼此交融,共筑居民日常话题和交往的社区属性,构建出一种居民的新媒体资源网络。这种资源网络兼具信息供给和行动动员的优势,从而可能提升社区的治理水平。

(二)平台建设:作为基层政务的新媒体

源于新媒体具有的信息和互动功能,当基层管理机构作为网络中的特定用户时,它可能在三个方面对社区治理发挥独特的作用。第一,社会化形态的互联网技术提升了基层政务的透明度。与需要用户主动去搜寻信息的政务网站相比,使用社会媒体的内容发布平台可以让公共部门的议程和活动更加贴近公众。政务机构也可以用一种公众喜闻乐见的模式提供新闻和信息,提高相关信息的传播性。[1] 较之传统的"专家"解读方式,这种信息提供模式更有利于管理透明度的提升和获得公众信任。第二,新媒体也能提高基层政务的回应性。一方面,基于 Web 2.0 的新媒体与可移动通信设备的高度融合使公共部门能更高效地传播政务信息,与公众互动也更加便捷。[2] 另一方面,社会媒体比传统政务网站更加要求公共部门直面每个使用者的沟通需求,其平台也更具沟通的深度和广度优势。[3][4] 这有利于管理者更精准地把握公众需求,提供相应服务。第三,新媒体能够促进基层部门问题解决能力的提升。由于不同级层、类型的部门都可以开设社会媒体账号进行协作,这突破了科

---

[1] Bertot, J. C., Jaeger, P. T. & Grimes, J. M. Using ICTs to create a culture of transparency: E-government and social media as openness and anti-corruption tools for societies. *Government Information Quarterly*, 2010(3), pp. 264-271.

[2] Golbeck, J., Grimes, J. M. & Rogers, A. Twitter use by the U. S. Congress. *Journal of the Association for Information Science & Technology*, 2010(8), pp. 1612-1621.

[3] Kim, S. K., Park, M. J. & Rho, J. J. Effect of the government's use of social media on the reliability of the government: Focus on Twitter. *Public Management Review*, 2015(3), pp. 328-355.

[4] Choi, S. M., Kim, Y., Sung, Y., et al. Bridging or bonding? *Information, Communication & Society*, 2011(1), pp. 107-129.

层管理的桎梏，提高了部门的协同能力。[1] 因此，新媒体提升了政府快速而有效地与大众沟通的能力，尤其在紧急状况下，能够及时地收集公共信息并向居民提供反馈。[2][3][4] 总体而言，新媒体的媒体特征提升了政务的透明度，而社会网络特征则让政务机构作为特定成员融合在居民日常的新媒体资源网络中，提高了政务的回应性，从而实现信息时代的"从群众中来，到群众中去"。

技术社会学的研究表明，技术和社会往往是一种互构的关系。建构中的技术会因为组织结构的技术刚性而被修订或改造[5][6]，在特定的社会结构下，技术可能展现出不同的功能弹性。信息时代的新媒体技术的功能发挥也同样受到外部社会结构等因素的塑造。[7] 例如，奥利维拉和韦尔奇对美国791个地方政府使用社会媒体情况的研究表明，公共部门的治理结构差异影响了其使用社会媒体的偏好。[8] 因此，在信息技术发展背景下，一些研究者也开始呼吁我国基层治理结构需要从传统的层级化治理转向网络化治理。[9][10] 网络化治理表现为以政府、社会组织和公众的关系网络为基础，通过多元参与追求公共价值，以协商的

---

[1] Bonsón, E., Torres, L., Royo, S., et al. Local e-government 2.0: Social media and corporate transparency in municipalities. *Government Information Quarterly*, 2012(2), pp. 123-132.

[2] Yates, D. & Paquette, S. Emergency knowledge management and social media technology: A case study of the 2010 Haitian earthquake. *International Journal of Information Management*, 2011(1), pp. 6-13.

[3] Kim, S. & Liu, B. F. Are all crises opportunities? A comparison of how corporate and government organizations responded to the 2009 flu pandemic. *Journal of Public Relations Research*, 2012(1), pp. 69-85.

[4] Graham, M. W., Avery, E. J. & Park, S. The role of social media in local government crisis communications. *Public Relations Review*, 2015(3), pp. 386-394.

[5] 邱泽奇：《技术与组织的互构——以信息技术在制造企业的应用为例》，《社会学研究》，2005年第2期，第32-54+243页。

[6] 张燕、邱泽奇：《技术与组织关系的三个视角》，《社会学研究》，2009年第2期，第200-215+246页。

[7] 陈福平：《社交网络：技术 vs. 社会——社交网络使用的跨国数据分析》，《社会学研究》，2013年第6期，第72-94+243-244页。

[8] Oliveira, G. H. M. & Welch, E. W. Social media use in local government: Linkage of technology, task, and organizational context. *Government Information Quarterly*, 2013(4), pp. 397-405.

[9] 王颖：《扁平化社会治理：社区自治组织与社会协同服务》，《河北学刊》，2014年第5期，第100-105页。

[10] 刘少杰：《网络化时代的社会治理创新》，《中共中央党校学报》，2015年第3期，第36-40页。

方式调节利益,实现自我管理和风险与利益的共享。[1] 由于互联网的特性之一就是"去中心化","其包含的仅仅是节点",[2] 因此,如表1所示,社区网络化治理结构的特点是其合法性来源于社区性而非行政性,在追求社区公共价值的过程中,多方行动者都可以成为治理的核心力量,而每个社区行动者也都处于网络节点的位置。

表1 信息化时代的社区治理结构

社区治理结构	合法性来源	价值取向	核心力量	行动者逻辑
层级化治理	行政性	部门价值	政府	管理者逻辑
网络化治理	社区性	公共价值	多中心	节点逻辑

当前我国社区实践同时包括行政性和社区性,因此可能兼具层级化和网络化的社区治理结构会如何与新媒体技术相互影响呢?综合上述讨论,本研究的基本分析框架如图1所示。

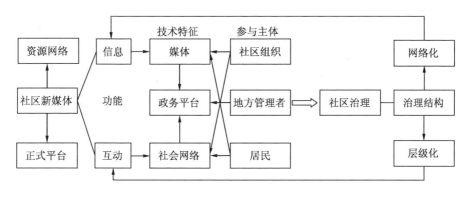

图1 社区新媒体与社区治理的互构路径

基于形成路径的差异,社区新媒体包括内生于社区的资源网络和官方推动的正式平台两种形态。前者反映了居民日常新媒体信息获取和社区互动的交织作用,而后者则在地方管理者的推动下形成。新媒体的信息和互动的功能使其具备了媒体和社会网络的技术特征,而地方管理者

---

[1] 孙健、张智瀛:《网络化治理:研究视角及进路》,《中国行政管理》,2014年第8期,第72-75页。

[2] 曼纽尔·卡斯特:《网络社会:跨文化的视角》,周凯译,北京:社会科学文献出版社,2009年,第3页。

参与的内容生产则给予了新媒体政务平台的新属性。相应的技术特征就可能彰显于多主体如何运用信息和互动功能影响社区治理的过程之中。例如，治理主体之间的互动体现了新媒体的社会网络特征，而新媒体的媒体特质则在不同使用者阅读相互间推送的信息、互动中的评论和留言时发挥作用。当地方管理者发布政务信息、回应居民意见时，社区新媒体则成为基层政务平台。作为治理主体的地方管理者、社区组织及居民兼具技术内容的生产者和消费者的双重身份。因此，新媒体技术功能的弹性就依赖于不同治理结构所塑造的多主体之间的关系。一方面，不同形式的社区新媒体凭借信息和互动能力，让居民对社区管理、参与和认同等治理要素产生了不同评价，影响了社区治理水平。另一方面，技术所嵌入的社区治理结构（如当前社区中并行的层级化和网络化的治理结构）塑造了多主体之间的行动逻辑，可能让技术发挥出不同功能。对这种互构关系的探索和解析，有助于理解当前"互联网+社区"行动的实践效果和日常逻辑，从而回答本研究提出的问题。

三、数据、方法与变量情况

（一）调研方法与数据

根据研究目的，我们采用混合研究方法的一致性平行设计方案进行了定量和质性数据的收集。该方案适用于在研究过程中同时收集定量和定性资料，而在分析中两类研究不分优先级并保持各自独立性，最后在整体解释过程中混合两种研究结果。[1] 本研究收集了三类数据资料。第一，针对社区居民进行抽样调查。我们于2016年在A市抽取了22个社区，通过居民人口信息系统，在每个社区系统抽取了50位居民进行问卷调查。调查最终获取971个有效样本，完成率为88.3%。根据社区规模，本研究对样本进行了人口加权。第二，收集质性资料。我们通过与社区居委会的主要负责人和信息化平台相关运营人员的深度访谈、座谈会等形式，收集了社区新媒体建设的质性资料。第三，抓取线上数

---

[1] 约翰·W. 克雷斯维尔、薇姬·L. 查克：《混合方法研究：设计与实施（原书第2版）》，游宇、陈福平译，重庆：重庆大学出版社，2017年，第50页。

据。我们利用网络爬虫程序抓取了这些社区的微博账号和微信公众号自开通到 2016 年年底的微博、微信文章等相关在线信息，获取了微博账号的关注数、粉丝数、16 536 条微博博文内容及其转评赞情况和 1 176 个微信公众号文章数量、发布周期等信息。本研究通过人工交叉编码对微博博文内容进行了分类整理。[1]

（二）定量分析中的变量情况

1. 因变量：社区治理水平

目前尚未有衡量社区治理水平的统一指标。一方面，相关研究多采用居民评价的主观绩效评价方法[2][3]；另一方面，《关于加强和完善城乡社区治理的意见》也指出要逐步建立以社区居民满意度为主要衡量标准的社区治理评价体系。因此，本研究采用了以居民主观感知为主的治理绩效评价指标。

具体指标包括：① 社区管理，即测量居民对地方社区管理者和相关管理部门的评价。研究基于量表设计考察了居民对社区管理工作在"及时性""透明性""问题解决效果"上的评价。通过因子分析，得到对社区管理的评价变量。[4] ② 社区参与，即测量居民对各类社区公共议题或活动的参与情况。居民的社区参与是社区自治的核心元素。我们将"从不参与"到"经常参与"转换为 1—4 分的测度。③ 社区感，这一指标是衡量社区共同体建设的重要指标，根据以往研究，我们利用量表测量了社区感的两个维度——功能性和情感性。[5] 前者是居民对社区硬件环境和外部管理形成的认同，而后者则是从居民自身认同出发形成的社区感。我们将"完全不同意"到"完全同意"转换为 1—4 分的测

---

[1] 由于机器学习较难处理涉及图片和视频信息的博文分类，因此研究仍利用人工方式编码。具体将内容编码为原创/转发，转发自哪一机构（政府/公办新闻媒体/民间博主等）、内容类型（工作动态/居民反映问题等），以及博文内容关注于特定空间中的活动（社区/街道/区/市等）。

[2] 陈捷、呼和·那日松、卢春龙：《社会信任与基层社区治理效应的因果机制》，《社会》，2011 年第 6 期，第 22-40 页。

[3] 石发勇：《准公民社区——国家、关系网络与城市基层治理》，北京：社会科学文献出版社，2013 年。

[4] 由于篇幅关系，在此省略了"社区管理"的因子分析结果。

[5] 辛自强、凌喜欢：《城市居民的社区认同：概念、测量及相关因素》，《心理研究》，2015 年第 5 期，第 64-72 页。

度。根据表2的主成分因子分析结果,我们得到了综合性的社区参与和社区感变量。

表2 社区参与和社区感的因子分析

社区参与	负荷值	共同度	社区感	负荷值	共同度
活动信息	0.745	0.555	居住在这个社区,生活很便利	0.634	0.404
便民信息	0.790	0.624	我很认可这个社区的管理水平	0.784	0.614
生活经验	0.773	0.597	这里的社区环境令人满意	0.780	0.608
邻里互助	0.711	0.506	居住在这个社区符合家庭的需求	0.818	0.669
空间议题	0.738	0.545	我觉得这个社区已经成为我生命的一部分	0.823	0.678
设施议题	0.798	0.637			
环境议题	0.801	0.647	社区让我有家一样的感觉	0.852	0.726
服务议题	0.804	0.647	我会在意别人对自己社区的看法	0.607	0.369
选举议题	0.691	0.478	我愿意为社区事务做点力所能及的事情	0.540	0.292
维权抗争	0.585	0.343			
特征值	5.571		特征值	4.359	
解释方差比例	55.71%		解释方差比例	54.49%	

2. 自变量

(1) 社区新媒体资源网络。

根据传播基础结构理论,金永灿和鲍尔-洛基奇提出社区叙事网络的测量公式为:

$$LCSN = \sqrt{LC \times INS} + \sqrt{OC \times INS} + \sqrt{OC \times LC}$$

其中,$LCSN$ 为居民对社区叙事资源网络的接入程度,LC 为地方媒体连接程度,INS 为邻里交往强度,OC 为社区组织参与程度。该公式表达了由社区媒体、居民日常网络和社区组织交织而成的媒介资源网络。[1] 因此，借鉴传播基础结构理论对社区媒体和邻里社会网络的融合，我们设计了以下测算方法来衡量居民对社区新媒体资源网络的接入程度：

$$新媒体资源网络 = \sqrt{CNC \times INS} + \sqrt{CNP \times INS} + \sqrt{CNC \times CNP}$$

其中，社区新媒体接入度（CNC）的测量项目为居民阅读社区微博、微信公众号等发布信息的频率，这体现了新媒体的信息功能，也反映了居民对新媒体正式平台的接触程度；社区新媒体网络参与（CNP）为居民利用新媒体相关平台（微信、微博、QQ群等）参与社区活动的程度，该指标体现了新媒体的互动功能；邻里交往（INS）强度为受访者与其他居民、社区组织和相关服务人员的日常往来程度。如表3所示，通过对社区新媒体网络参与和邻里交往的两个量表的因子分析，我们得到了新媒体网络参与和邻里交往变量。最后，本研究将三个变量标准化并通过公式计算得到社区新媒体资源网络变量。[2]

表3 社区新媒体网络参与程度和邻里交往强度的因子分析

社区新媒体网络参与	负荷值	共同度	邻里交往	负荷值	共同度
兴趣小组讨论	0.810	0.657	邻居	0.7378	0.600
健康、亲子教育等信息分享	0.813	0.661	居委会	0.8719	0.760
民主选举	0.773	0.599	业委会	0.6537	0.427
社区团购、便民信息分享	0.846	0.716	社区服务人员	0.8542	0.730

---

[1] Kim, Y. C & Ball-Rokeach, S. J. Community storytelling network, neighborhood context, and civic engagement: A multilevel approach. *Human Communication Research*, 2006(4), pp. 411-439.

[2] 从媒体的信息与社区社会网络的交互刺激的理论背景和我国的社区实践出发，我们设计该指标时对原公式进行了一些修正。一方面，新媒体的信息获取既可能来自阅读新媒体平台内容，也可能来自新媒体平台上的用户互动。因此，我们从新媒体接入和参与两个方面进行了测量。另一方面，金永灿和鲍尔-洛基奇的测量突出了组织化社区网络的作用。然而在我国社区实践中，居民未必是社区组织成员，但也可以通过参与社区组织的活动以及与组织人员接触来构建社区网络。由此，我们在"邻里交往"的测量中也纳入了组织化网络的因素。

续表

社区新媒体网络参与	负荷值	共同度	邻里交往	负荷值	共同度
社区环境建设讨论	0.866	0.750			
社区矛盾化解	0.823	0.680			
特征值	4.061		特征值	2.206	
解释方差比例	67.68%		解释方差比例	55.16%	

(2) 社区新媒体正式平台。

地方社区的信息化建设实践通常包括社区网站、微博和微信公众号三种类型。本研究分析的重点是基于 Web 2.0 和移动终端系统的媒体形态，因此主要关注了社区官方微博和微信的平台建设情况。正如前文所述，当地方管理者参与到社区新媒体的建设中，就可能让相关平台成为基层政务信息和互动的独特供给者，因此从新媒体的两种核心功能出发，我们利用相关指标来衡量新媒体正式平台的建设水平。

一方面，是正式平台的信息功能。具体包括以下 4 个测量指标：A. 日均微博数量，即微博总数/天数，反映了平台运作的活跃程度；B. 微博关注程度，即微博粉丝数/社区人口数，反映了潜在受众的关注程度；C. 微信文章数，即公众号发布的文章总数；D. 微信周均文章数，即微信文章数/第一篇文章到 2016 年年末最后一篇文章的间隔周数。上述指标反映了正式平台作为信息媒体时在信息生产和用户覆盖上能力的差异。

另一方面，我们也利用若干指标衡量了正式平台的互动情况。具体包括以下 3 个指标：A. 微博互动程度，即微博评论数/微博粉丝数，反映了粉丝与平台的互动程度；B. 微博认同程度，即微博点赞数/微博粉丝数，该指标表达了粉丝对博主博文的认同；C. 微信平均阅读量，即微信公众号发布文章的总阅读量/文章数。[1]

3. 控制变量

研究的控制变量包括受访者的性别、年龄、受教育年限、收入水

---

[1] 微信文章的阅读量潜在反映了文章被转发的程度。一般而言，文章被越多微信用户转发，阅读量会越大。

平、婚姻状况、政治面貌、居住稳定性（在该社区居住多少年）以及受访者对社区其他相关软硬件条件的满意程度。其中社区满意度项目包括对居住环境、公共设施、周边配套和邻里关系的满意度，通过对这些项目评价的控制，可以更好地评估新媒体对社区治理的净效用。此外，由于中国社区资源投入和居民参与能力等往往与社区人口规模、社区类型紧密相关，这两者可能是影响社区治理水平的重要变量。[1][2] 因此，我们对社区人口规模、社区类型进行了控制。表4为分析中将使用的变量的描述性统计情况。

表4 回归模型中解释变量的描述性统计

自变量	均值	标准差	控制变量	均值	标准差
新媒体资源网络	5.77	2.12	性别（女=0）	0.46	0.50
日均微博数	0.51	0.53	年龄	44.23	14.61
微博关注程度	0.11	0.14	受教育程度	13.23	3.25
微博互动程度	0.70	0.74	收入水平	4.72	2.66
微博认同程度	0.26	0.24	婚姻状况（未婚=0）	0.81	0.40
微信文章数	53.45	104.23	政治面貌（非党员=0）	0.22	0.41
微信周均文章数	0.98	1.49	居住稳定性	14.77	12.21
微信平均阅读量	19.73	29.24	居住环境	2.90	0.70
			公共设施	2.62	0.74
			周边配套	2.78	0.73
			邻里关系	3.10	0.59
			社区人口规模/万	0.73	0.27
			社区类型（老城区社区=0）		
			商品房社区	0.41	0.50
			村改居社区	0.10	0.29

注：样本数为971，社区数为22。

---

[1] 黎熙元、陈福平：《社区论辩：转型期中国城市社区的形态转变》，《社会学研究》，2008年第2期，第192-217+246页。

[2] 陈鹏：《城市社区治理：基本模式及其治理绩效——以四个商品房社区为例》，《社会学研究》，2016年第3期，第125-151+244-245页。

四、社区新媒体对治理绩效的影响

如表5所示，由于微博和微信的平台差异，我们通过微博用户和微信用户两组子样本，建立了6个分析模型。[1] 由于模型中既包括个体水平的人口学特征和新媒体资源接入等变量，也包括社区层次的新媒体平台建设水平、社区规模变量，因此我们采用了多层次线性回归对模型进行估计。

表5　影响社区治理绩效的多层次回归模型（HLM）

变量	社区管理（模型1）	社区参与（模型2）	社区感（模型3）	社区管理（模型4）	社区参与（模型5）	社区感（模型6）
性别[a]	0.043	0.191**	-0.201**	-0.044	0.077	-0.150**
年龄	0.003	0.003	0.007*	0.002	0.003	0.001
受教育年限	0.003	0.049***	0.054***	-0.010	0.005	0.016
收入水平	-0.023	0.000	-0.001	-0.025*	-0.003	0.006
婚姻状况[b]	-0.208*	-0.181*	-0.088	-0.101	-0.050	-0.066
政治面貌[c]	0.056	0.106	0.009	0.068	0.080	-0.024
居住稳定性	-0.002	-0.001	0.013***	-0.004	0.001	0.012***
社区满意度						
居住环境	0.310***	0.111	0.472***	0.238***	0.139***	0.388***
硬件设施	0.158**	-0.022	0.363***	0.174***	-0.039	0.305***
周边配套	0.024	0.043	0.156**	0.100	0.022	0.238***
邻里关系	0.227*	0.159*	0.157*	0.072	0.106*	0.191**
新媒体形态						
资源网络	0.055**	0.168***	0.085*	0.083*	0.183***	0.082***
平台建设						
日均微博数	-0.208***	0.186	-0.213***			

[1] 由于篇幅关系，表5没有报告回归系数的标准误，如有需要，可联系出版社向作者索取。

续表

变量	社区管理（模型1）	社区参与（模型2）	社区感（模型3）	社区管理（模型4）	社区参与（模型5）	社区感（模型6）
微博关注程度	0.188	0.271***	0.336***			
微博互动程度	-0.001	0.081	0.084			
微博认同程度	0.625***	-0.295	0.259			
微信文章数				0.000	0.000	-0.000
微信周均文章数				0.054	-0.001	0.073**
微信平均阅读量				0.001	0.004	-0.002
人口规模/万	0.315**	-0.010	0.500***	0.019	-0.066	0.343***
社区类型[d]						
商品房社区	0.005	0.043	0.291**	-0.165**	0.031	0.148**
村改居社区	0.023	-0.354***	0.160	-0.262***	-0.073	0.005
常数项	-2.704***	-2.819***	-5.403***	-1.870***	-1.916***	-4.380***
组内相关系数	0.039	0.107	0.068	0.032	0.053	0.034
样本数	423	423	423	773	773	773
社区数	22	22	22	22	22	22

注：① 参照组：a 女性，b 未婚，c 非党员，d 老城区社区；② 个体样本进行了人口加权；③ $*p<0.1$，$**p<0.05$，$***p<0.01$。

首先，根据模型1至模型6的结果，社区新媒体的资源网络变量对评估社区治理绩效的三个维度都产生了积极作用。社区新媒体资源网络的作用符合社会学和传播学的理论预期。居民之间的日常接触、从新媒体获得社区信息及在线参与所交织构成的社区媒介系统，促进了居民参与公共事务,提升了社区管理水平,并有利于共同体感知的形成。

其次,第一组针对微博用户的模型(模型1、模型2、模型3)显示出以下特点:① 在模型2和模型3中,社区微博被关注程度越高,居民的社区参与和社区感程度也越高。② 除了模型1中微博认同程度对社区管理有积极作用外,微博互动程度和认同程度对社区治理各项指标的影响并不显著。从社区新媒体平台兼具的信息功能和互动功能上看,平台的信息发布情况、受众对平台的关注反映了前者功能的发挥,而使用者在平台上的发言、转发、点赞等互动和认同行为则表现了后者。根据统计结果,微博平台更多地发挥了信息功能,而其作为社会网络的互动属性对社区治理的影响甚微。在第二组针对微信用户的模型(模型4、模型5、模型6)中,根据模型6,社区微信公众号周均文章数越多,居民的社区感程度越高。但在模型4和模型5中,社区微信平台对居民的社区管理评价和社区参与都没有显著性影响。因此,微信平台也只在文章发布频率这样的信息功能指标上对社区治理产生作用,而间接反映互动的阅读量指标对社区治理评价的影响也不显著。综合以上结果,当前社区新媒体的正式平台更多体现了媒体特征,通过信息机制影响了社区治理,但并未显示出参与和互动的社会网络平台优势。

最后,社区微博的日常活跃程度(日均微博数)对社区管理和社区感都具有负向效应(模型1和模型3)。有研究也发现微博用户的日均微博数对其线上影响力具有负面影响的现象,原因则可能是虽然博文数量增加,但博文的有效信息量下降,从而形成信息过载。[1] 那么什么样的信息可能导致信息过载呢?或许通过对社区微博博文内容和结构的分析,才可能准确回答这个问题。

五、嵌入社区治理的新媒体:技术弹性与内容生产

(一)新技术的应用与功能"收缩":内容生产的"行政化"

根据对调查数据的分析,居民日常生活中的新媒体资源网络提高了

---

[1] 黄荣贵、桂勇:《自媒体时代的数字不平等:非政府组织微博影响力是怎么形成的?》,《公共行政评论》,2014年第4期,第133—152+185—186页。

社区治理水平。然而研究也发现，虽然新媒体兼具信息媒体和社会互动网络等的优点，但社区微博、微信公众号这样的官方平台实际只起到了信息媒体的作用，甚至其信息供给对社区治理起到了负面影响。为何正式平台没有起到应有的作用？对平台内容的分析可能有助于我们找到问题的关键，因为平台内容反映了平台信息的质量，同时特定的内容偏好也折射出生产主体所遵循的行动逻辑。

当代中国的基层街道办承担了本应由上级政府承担的部分管理职能。街道办受限于人力、物力，只能再将大量行政任务摊派给所辖社区的居委会，由此形成了城市社区的"两级政府、三级管理"体制，进而塑造了"条块分割"的社区行政特征。直接面向居民并且同时接受地方部门管理的社区居委会实际承担了大量的行政性任务。这些任务中也包括了社区信息化。"社区设有微博，是区 X 局、区 Y 委要求建立的，微博建立的初衷是主打监督功能。"（T-13 社区访谈）[1] 因此，调查中的 22 个社区都设立了社区官方的微博账号，并由居委会相关人员运营这些新媒体平台。[2] 可以说社区微博从诞生起便带有行政任务的色彩。[3]

对 16 536 条社区微博博文的分析反映了这类平台建设的特点。如图 2 所示，我们分别从博文内容类型、所涉空间范围和被转发博文所属机构类型进行了分析。首先，在社区微博的内容分类上，主要类型集中于生活资讯、时事新闻和工作动态三项，占总博文量的近 80%，而与社区公共事务更紧密，也更符合"主打监督"本意的"居民反映问题"（1.1%）、"公益慈善"（6.2%）等项目占比却非常低。这显示了社区微博更多体现出信息媒体而非互动平台的特质。其次，从博文信息所涉及的空间范围看，社区范围的信息只有 30%，实际与涉及全国范围的信息

---

[1] 根据研究惯例，我们对研究所涉社区和相关机构进行了化名处理，其中社区根据微博账号设立的时间排序，以字母 A-Z 和设立年份命名，如 A-11 社区表示首个于 2011 年设立微博的社区。

[2] 2013 年，上级机关正式要求社区居委会推动新媒体平台的建设，原则上每个社区都要有自身的微博账号，并以此作为绩效考核目标。但有部分社区在全面考核前已开通了自己的官方微博，其中 2011 年有 4 个社区，2012 年有 7 个社区，至 2013 年年末，被调查社区实现了社区微博全覆盖。

[3] 由于无法获得社区微信公众号的互动信息，基于研究需要，我们主要利用社区微博的运营情况进行分析。

相当。有研究表明,居民对社区新闻的重视程度与社区意识正相关,而通过提高获取社区信息的便捷性有助于提升居民的社区意识。[1] 因此,作为社区媒介的微博未表现很强的"社区性",并不利于提升社区感。最后,社区微博中有9 206条博文转发自其他社会机构的微博账号,对这些机构类型的分析结果也显示出官方平台的"行政"特性。在所有被转发的博文中,社区大量转发了来自政府相关机构和公办新闻媒体的博文,两者占转发博文总量的69.4%。而通常被视为与社区具有天然"亲和性"的社会组织的博文被转发量只有2.8%,社区对民间博主的博文的转发量也只占12.2%。因此,社区微博实际无异于一般的宣传媒体,并没有体现出鲜明的"社区性"。

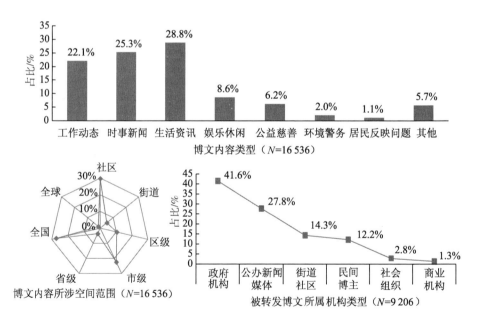

图2 社区微博博文内容类型、博文内容所涉空间范围和被转发博文所属机构类型分析

然而,这不仅仅是上级行政要求的结果,也受制于居委会本身的组织资源。社区居委会的组织资源是指其工作正常运转所依赖的各方面条件,主要包括人力资源、权力资源、财力资源、时间资源等,由于上述

---

[1] 王斌、王锦屏:《信息获取、邻里交流与社区行动:一项关于社区居民媒介使用的探索性研究》,《新闻与传播研究》,2014年第12期,第90-106+121页。

资源在居委会内部短缺严重，因而导致了社区工作中的"选择性应付"现象。[1] 在社区新媒体平台的实际运营中也存在同样的问题。对于人力资源的不足，社区新媒体运营人员指出，"社区工作人员只会基本的平台日常维护，很难充分利用网络平台的优势，网络平台运营亟待专业化"（C-11社区访谈）。同时，社区也存在财力资源和权力资源的不足，例如，我们在对S-13社区相关负责人的访谈中了解到，该社区曾有意向居民推广社区新媒体，想要制作纸质宣传材料并向街道申请相关经费，而街道通常要看到宣传册的实际效果才会批准特别有限的款项申请，行政流程也需要花费较长时间，但制作前期样本的广告公司不愿意承担赊账风险，需要签订预付合同。矛盾的是，在没有上级批准的情况下，居委会既不能签合同，也无法垫付费用。小小宣传册的制作过程困难重重。在此背景下，新媒体平台的运营人员坦言，"相对于其他工作来说，（社区微博）更新还是比较次要的，社区最重要的还是综治、计生和民生这些工作"（H-12社区访谈）。

因此，在行政任务多、组织资源不足等社区治理环境中，新媒体平台的内容生产表现出"行政化"特征。技术的功能弹性塑造了一种嵌入性的功能"收缩"现象，即具有多元功能优势的新技术，由于受到所处治理结构的约束，发生特定功能的萎缩。对正式平台生产的博文内容进行历时性分析，会更清楚地观察到这种变化。如图3所示，本研究分析了在2011—2016年间社区微博转发博文的机构类型变化趋势。从调查中了解到，虽然上级机构要求社区设立新媒体平台的时间是2013年，但实际上有半数社区在此之前就尝试了开通微博以推动社区建设。因此，2013年成为行政考核的窗口期。在社区微博开通的初期（2011年），微博转发博文超过60%来自公办新闻媒体和民间博主，此时社区微博具有新闻媒介和民间互动的特点。随着时间的推移，社区微博与民间博主的互动逐渐减少，与上级政府机构的博文互动开始增加，特别是在2014年，近50%的转发博文转自政府机构。2014年后，由于窗口期

---

[1] 杨爱平、余雁鸿：《选择性应付：社区居委会行动逻辑的组织分析——以G市L社区为例》，《社会学研究》，2012年第4期，第105-126+243-244页。

已过,社区微博对政府机构的博文转发也略有减少,开始增加对公办新闻媒体发布内容的转发,成为主要传递各类官方信息的媒介平台。然而这导致的结果是居民实际可以直接关注上述被转发的官方信息机构账号,社区微博的信息则显然"冗余"。因此,这也解释了调查数据分析中日均微博数量对治理水平产生负向效应的内在原因。综合以上发现,社区新媒体正式平台的运作嵌入治理结构,其内容生产也随着政府机构、社区居委会和居民等治理主体间博弈的变化而变化,最终发生了"行政化"。

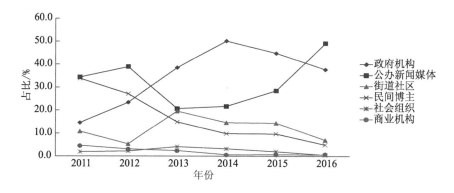

图3 社区微博被转发博文所属机构类型的变化(2011—2016年)

(二) 技术的社区分化:内容生产和需求的分离

在调查中,虽然作为正式新媒体平台的社区微博呈现出新媒体技术功能的"收缩"和内容生产的"行政化"特点,然而社区相关负责人则认为,对整体的社区工作来说,社区新媒体平台其实并不重要,因为"关注微信和微博的人群主要是年轻人,但是年轻人对社区事务的关心并不如老年人"(N-13社区访谈)。相关研究也将这种"社区参与鸿沟"作为基层新媒体运营不佳的解释。[1] 然而社区中的年轻居民实际上正以自己的方式关注社区,"社区居民对自己组织和建立的网络交流平台有更高的参与热情,使用频率更高,这导致社区政务网站没有起到其应有的作用"(N-13社区访谈)。例如,在R-13社区,居民利用自己的微

---

[1] 黎军、王倩:《微信:智慧城市社区传播新宠儿——以南昌首个社区微信公众号的运营为例》,《青年记者》,2015年第9期,第60-61页。

信群，建立了社区的新媒体网络。

（社区群）是居民监督居住环境的空间改造进度、物业公司问题等方面的重要平台，居民在其中不仅谈论关于物业、居委会、业主方面的消息，也会聊聊日常生活，在交流中促进邻里感情。比如微信群里有一位居民是长跑爱好者，会经常在朋友圈里发布一些与跑步相关的信息，有相同兴趣的就会相互联系；有些居民经常会在微信群里发送一些日常生活的照片、出去游玩的照片，微信群也成为居民之间相互熟悉、交流的平台。（R-13 社区访谈）。

这里存在着矛盾：居委会工作人员认为作为新媒体用户主体的年轻居民不关心社区事务，而这些年轻人却在自己搭建的网络平台中热衷于讨论社区事务。或许居民只是对社区正式平台不感兴趣，而更在意自发的新媒体网络。不过，对社区微博的分析透露出另一种事实。

微博的转发、评论和点赞功能代表了关注者对博文内容的兴趣程度和互动意愿。如若人们不关注社区事务，就意味着不同类型博文不会有明显的转、评、赞差异。如图 4 所示，本研究比较了不同类型博文的转、评、赞情况。一方面，原创博文反映了平台运营者对微博的用心程度，可以看到原创博文获得的积极互动明显高于转发博文。另一方面，从博文内容来比较，获得转、评、赞最多的博文类型主要为公益慈善、居民反映问题，之后是工作动态。从这些互动情况可以看出，博文越是与社区相关，越贴近居民所关心的问题，越能获得积极互动。实际上，这种贴近社区的互动反应，也表现在被转发博文的差异上。我们进一步比较了来自不同机构的被转发博文的转、评、赞情况。在得到较多关注者互动的被转发博文的机构中，排在前三位的是街道社区、社会组织和民间博主。这恰恰与社区微博的"行政化"内容生产趋势相反。虽然社区管理者认为新媒体正式平台似乎没有那么强的社区效应，但实际上居民间接地通过互动表达出了与官方大相径庭的社区关注点。

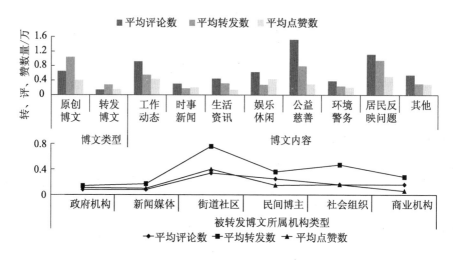

图4 社区微博博文的转、评、赞情况

因此，通过以上分析可知，社区微博这种新媒体平台能否得到积极互动，取决于其内容生产是否能更接近社区的真实需求，而居民的真实需求则是信息和互动的"社区性"。然而，当技术平台嵌入层级化的治理结构，内容生产远离居民需求时，平台关注者会对这种趋势做出回应。如图5所示，我们从时间和空间的变化比较了居民对这种内容生产的回应。可以看到，如前文所分析，社区微博在从早期运营者的主动创新到逐步成为行政评估指标的过程中，获得的互动越来越少。而从所有博文所涉事件、活动等空间范围看，越是贴近地方社区的博文，越能得到来自关注者的积极互动。基于此，社区新媒体平台的技术功能"收缩"，其根本原因不在于运营者所言的居民的社区"冷漠"，而是内容生产的"行政化"导致了其与居民需求的分离。

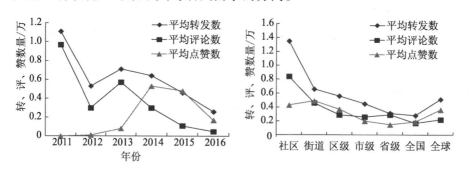

图5 社区微博博文转、评、赞的时空变化趋势

六、结论与讨论

综上所述，本研究表明居民日常新媒体资源网络能够提高社区治理水平，然而具有网络互动优势的社区新媒体正式平台只发挥了信息媒介的有限作用。通过线下访谈和基于社区微博的内容分析，本研究也发现社区新媒体平台存在技术功能的"收缩"现象，根源在于其嵌入的层级化社区治理结构造成了内容生产和居民"社区性"需求的分离，使新媒体平台的信息质量和互动的回应性都不尽如人意。上述分析结果可以给予我们以下理论和实践的启示。

首先，微博、微信等社会媒体与邻里关系网络交织而成的新媒体资源网络对社区管理、参与和认同感等治理元素都起到了积极作用。行政意义上的社区是当前社区建设项目落地的场域，"构建城市熟人社区和地域共同体"也常见于各类政府机构的文本话语。然而我们要面对的一个客观现实则是城市化进程中的社区规模问题。统计数据表明，我国社区的平均人口规模已近万人。[1] 几乎所有讨论中国社区建设方向的著述都会谈及滕尼斯的"共同体"概念，但这种社区人口结构可能更接近其笔下的"社会"，而非"共同体"。因此，大众传播媒介在塑造社区共同体感知中就可能发挥重要作用。帕克早年在论述报纸之于城市的意义时就指出，若缺乏大众媒体，城市"不过像镶嵌马赛克似的邻里拼在一起"[2]，而"报纸作为新闻的采集者和诠释者，它的作用就是社区功能的某种发展，这种功能原来是由社区内部的人际交流及街谈巷议来完成的"[3]。对多数居民来说，亲身参与和了解每一项社区活动，既难以实现，也没有必要。社区新媒体由于兼具媒体和邻里网络的优势，就可能让微博、微信群等各类互联网微应用成为居民参与和感知社区的窗

---

[1] 利用城镇常住人口数/社区居委会单位数测算，2016 年社区平均人口规模为 7 677 人。如果包括不纳入统计，但又需要社区进行日常管理和服务的流动人口，则可能远远超过本文计算的人数。

[2] 帕克·R.E.、伯吉斯·E.N.、麦肯齐·R.D.：《城市社会学——芝加哥学派城市研究文集》，宋俊岭、吴建华、王登斌译，北京：华夏出版社，1987 年，第 91 页。

[3] 帕克·R.E.、伯吉斯·E.N.、麦肯齐·R.D.：《城市社会学——芝加哥学派城市研究文集》，宋俊岭、吴建华、王登斌译，北京：华夏出版社，1987 年，第 87-88 页。

口，起到"见微知著"的作用，从而让居民了解社区公共事务，实现认同。因此，无论是居民新媒体资源网络还是社区新媒体平台，能否满足"社区性"需求都是其活力的核心来源。

其次，对社区官方新媒体平台的内容特点和生产机制的分析，也提供了观察新技术与其嵌入的宏观治理环境之间关系的"微型"窗口。以社区微博为例，社区工作的行政化和组织资源不足等问题使其遵循了层级化的内容生产逻辑。在这种纵向结构中，新媒体技术的多元功能逐渐"收缩"为信息的单一功能，而且信息质量也非常有限。此外，在社区新媒体平台运作者的话语中，这类平台处于社区工作的边缘地带，目标群体也并不以此关心社区事务。然而浮现的问题则是被视为不关心社区的这些居民却有自发的新媒体网络。因此，社区新媒体实际形成了居民资源网络和社区正式平台两个中心，延续了社区行政中居民和居委会的两个中心格局。[1] 在此格局中，本该起到联结地方管理者、社区组织和居民，弥补大众媒体缺场作用的社区新媒体出现了分化。这或许解释了当政府和居民发生利益冲突时，新媒体为何会呈现矛盾性的角色。居民通过日常互动形成的新媒体资源网络由于具有信息和互动的复合性，当冲突发生时，甚至能够产生技术的"扩张"，扮演以居民为中心的"政务平台"的角色。例如，在社区维权事件中，居民在自组织的新媒体平台上进行环境问题科普、解读维权相关政策法规、组织拜访专家学者和邀请人大代表等公共行动。[2][3] 本来只具有媒体和社会网络特质的新媒体资源网络扩展出"政务平台"属性，可能更强化了以居民为中心的资源网络和以管理者为中心的正式平台之间的隔离，带来政治信任危机。

最后，"信息化改变社区"[4]，而社区也影响了信息化进程。虽然

---

[1] 闵学勤：《社区自治主体的二元区隔及其演化》，《社会学研究》，2009年第1期，第162-183+245页。

[2] 尹瑛：《冲突性环境事件中公众参与的新媒体实践——对北京六里屯和广州番禺居民反建垃圾焚烧厂事件的比较分析》，《浙江传媒学院学报》，2011年第3期，第28-32页。

[3] 王斌：《新媒体与基层社会的传播动员机制——"江门反核行动"个案研究》，《暨南学报（哲学社会科学版）》，2014年第11期，第130-139+163页。

[4] 王颖等：《信息化改变社区》，北京：社会科学文献出版社，2012年。

理论界倡导社区治理需要向网络化治理转向，但缺乏对信息技术之于社区微观实践过程的关注。因此，本研究尝试将线上和线下、量化和质性数据结合，希冀深入探讨当前新媒体如何从不同功能与社区治理结构产生联系的关键性问题。智慧社区和智慧城市建设已进入城市管理的日常实践话语，十九大报告也指出了社会治理"重心下移"和"智能化"的发展方向。然而这种以信息技术为核心架构的"智慧"建设，不仅仅是以硬件和平台为主体的"智商"提高，同时也包括了以舆情、民情和感情为核心的"情商"建设。舆情在于了解居民关注的话题，民情则是建设中融合居民日常的交往关系，而感情的目标是立足于从居民的心理和认同展开项目。其根本在于网络时代的国家治理能力和治理体系的现代化能否与技术的现代化协同发展。这也意味着思考如何从技术特点、管理体制、组织架构、人才培养等方面让新型信息技术发挥更积极有效的社会动能，既是我们的机遇，也是未来的挑战。

作者简介：陈福平，厦门大学社会与人类学院教授；
　　　　　李荣誉，香港中文大学社会学系博士生。

第三章 "结对竞赛"[*]

黄晓春　周黎安

一、研究背景与问题意识

近年来，中国城市基层[1]治理领域出现了一些令人瞩目的制度性改革，在许多层面正在深刻改变传统的基层政府运行模式。改革之一是基层政府的职能结构开始深度调整，从注重经济职能向追求更为均衡的多目标任务体系转变。这项改革作为回应党的十八大以来中央关于"五位一体"发展战略的要求[2]，最初仅在一些治理转型前沿城市进行局部探索[3]，随着国家对创新社会治理的要求不断提高，近年来在上海、

---

[*] 本章内容最初刊于《社会》，2019年第5期，第1-38页。

[1] 这里说的"城市基层"对应的是街道办事处和镇级政府治理的区域。严格来说，街道办事处并不是一级政府，只是市辖区和不设区的市人民政府的派出机关，但近年来随着治理压力增大，街道办事处的职能不断扩充，已具备一级政府之实。

[2] 党的十八大报告指出，"必须更加自觉地把全面协调可持续作为深入贯彻落实科学发展观的基本要求，全面落实经济建设、政治建设、文化建设、社会建设、生态文明建设五位一体总体布局，促进现代化建设各方面相协调"。党的十九大报告进一步明确中国特色社会主义事业的总体布局是"五位一体"。这意味着宏观政策日趋注重多目标任务间的均衡协调发展。

[3] 上海从2007年开始在静安区、浦东新区推行这项改革，上收了街道办事处的经济职能；成都的温江区、锦江区也曾于多年前探索这项改革。此外，贵阳市探索取消街道办事处的区管社区模式，新组建的基层管理和服务单元"社区服务中心"不承担经济职能。

北京等地区开始整体推进,并得到中央的确认与支持。[1] 在基层政府中,改革力度最大的首推街道办事处。一些改革前沿城市的政府上收了街道办事处的招商引资权和经济职能,将其职能重心调整为公共管理与公共服务。相比之下,城市镇级政府的改革力度稍弱,但职能结构中公共服务与社会治理的比重也迅速上升至前所未有的程度。这种职能结构的调整意味着改革以来围绕经济指标而竞赛的基层政府竞争格局逐步淡化,围绕治理创新和服务创新的新型竞争格局则日益凸显。[2][3] 值得注意的是,由于公共服务和社会治理的产出不易测度,缺乏像国内生产总值(GDP)这样清晰客观的量化指标,中国政府体系内部经常使用的"锦标赛"激励模式难以在这一轮基层政府治理中沿用。[4][5][6]

如果说上述改革主要是在基层"块块"领域推进的,那么同样具有重要意义但较少引人关注的第二条变革线索就是"条条"领域出现的职能"下沉"和队伍"下沉"。[7] 这项改革的原意是为了保障城市基层政府更好地履行治理与公共服务功能,使其在城市治理中"有职""有权",克服条块分割导致的"看得见,管不着"的局面。高层政府推动"条"上职能部门将组织资源和授权重心下移至街镇派出部门层次,推动城市管理重心全面下移。这项改革近五年来在全国范围内都得到了深

---

[1] 2019年5月8日,中共中央办公厅印发《关于加强和改进城市基层党的建设工作的意见》,明确指出:"推动街道党(工)委聚焦主责主业,集中精力抓党建、抓治理、抓服务。直辖市、副省级城市、省会城市及经济社会发展水平较高的城市,应当全面取消街道承担的招商引资、协税护税等工作任务,暂不具备条件的可先在中心城区实行,再逐步推开。"

[2] 李友梅:《我国特大城市基层社会治理创新分析》,《中共中央党校学报》,2016年第2期,第5-12页。

[3] 何艳玲、李妮:《为创新而竞争:一种新的地方政府竞争机制》,《武汉大学学报(哲学社会科学版)》,2017年第1期,第87-96页。

[4] 周黎安:《晋升博弈中政府官员的激励与合作——兼论我国地方保护主义和重复建设问题长期存在的原因》,《经济研究》,2004年第6期,第33-40页。

[5] 周黎安:《中国地方官员的晋升锦标赛模式研究》,《经济研究》,2007年第7期,第36-50页。

[6] 黄晓春、嵇欣:《当代中国政府治理模式转型的深层挑战——一个组织学视角的分析》,《社会科学》,2018年第11期,第49-61页。

[7] 关于"条条"和"块块"的形象描述来自毛泽东,其所称"条条"指的是中央部委;"块块"指的是地方政府。后来,学术界将"条条"的范畴扩大至地方政府的职能部门,"条块关系"也扩大为上级职能部门与地方政府的关系。

度探索，如上海从 2015 年开始将基层的城管中队、绿化办、房管办等"条"上派出机构变为"区属、街管、街用"，在强化这些机构授权的同时将部分"条"上机构的管理权划给了街道办事处，推动"条"上资源配置和管理服务的重心向基层下沉。北京从 2018 年开始全面探索相似的改革，并强化"街乡吹哨，部门报到"的下沉理念。2019 年 1 月，中共中央办公厅、国务院办公厅正式印发《关于推进基层整合审批服务执法力量的实施意见》，明确要求大力推动资源服务和管理向基层下沉。这些改革在调整传统基层条块关系的同时，也使"条"上大量资源向基层集聚，"条"上机构亦成为基层治理创新的重要参与者。

这两项改革的同步推行在很大程度上改变了传统基层治理的结构性特征。

首先，基层政府的经济职能弱化甚至被取消后，引发了基层财力灵活性不足的问题。在传统治理格局中，基层政府在完成招商引资等经济指标后，可以获得上级的税收分成等财力资源，因而具备相当的财政自主性和灵活性。面对自身队伍不足、授权不足或"条"上部门配合度不高等问题时，基层政府可以充分发挥财政灵活性的制度优势，通过雇佣编外人员、资助"条"上部门运行等方式获得制度外的支持。[1] 但经济职能弱化后，基层政府尤其是街道办事处的财力主要由上级预算保障，财政灵活性空间大为收缩，基层政府"自力更生"的能力大幅降低，凡事都须寻求上级"条"上部门的支持与帮助。我们注意到，在这一轮改革中，虽然上级政府也向基层"块块"政府下放了一些制约"条"上部门的权力，如将公安等垂直化管理水平较高的"条"上部门干部任命的"征得同意权"下放至街道[2]，但由于基层条块关系受到更高层级政府

---

[1] 这一点在财力强大的发达地区普遍存在，但在经济发展水平较低尤其是主要依靠财政转移支付的欠发达地区则不太显著。

[2] 北京、上海的改革都强调建立类似制度。

结构的制约[1][2]，基层政府实际上难以使用这些授权。[3] 换言之，最近在经济发达地区出现的这些治理改革，从初衷来看试图强化"块"对"条"的整合能力，但由于上级赋予"块"的权力难以落实，而"块"上已有的财政灵活性又被取消，实际上导致"块"对"条"影响力的明升暗降。在新的制度环境下，如何寻求"条"上部门的支持在地方治理竞赛中变得日益重要。学术界对基层治理的"块块"竞赛的假设之一是"块块"具有决定其考核绩效的重要影响力[4]，而这个假设在上述治理改革中被严重削弱了。

其次，基层政府的公共服务与公共管理等社会治理职能凸显后，该领域缺乏像GDP增长率、招商引资金额、公共财政收入等客观可测的政绩指标。上级政府考核和激励基层政府缺乏关键"抓手"，基层政府之间的政绩竞赛也缺乏清晰可比的标准。在现有的政绩评估体系下，这意味着上级"块块"政府很难直接对基层政府进行评估与激励，不得不更多地借助于熟悉基层政府具体业务工作的"条条"汇报等更具主观性的考核过程，形成一种"印象政绩"。换言之，传统的基于关键经济指标的"块对块"考核，在社会治理领域正转变为日趋分散的"条对块"考核。[5] 这种印象政绩的形成高度依赖于"条条"的汇报、建构和演绎[6]，已有研究几乎从未关注过"条条"行为的"黑箱"，因此，要

---

［1］ 马力宏：《论政府管理中的条块关系》，《政治学研究》，1998年第4期，第68-74页。

［2］ 朱光磊、张志红：《"职责同构"批判》，《北京大学学报（哲学社会科学版）》，2005年第1期，第101-112页。

［3］ 据笔者在一些改革前沿城市的调研，街道主要负责人普遍表示这些上级赋权实际上较难落实。以"条"上派驻干部的"征得同意权"为例，公安等"条"上干部的任命和调动都是在该系统内完成的，若街道要行使这项权力，必须得到"条"的上级部门同意并形成可操作化的细则，但在实际情形中细则往往难以落实。

［4］ 周黎安：《中国地方官员的晋升锦标赛模式研究》，《经济研究》，2007年第7期，第36-50页。

［5］ 笔者注意到，在一些治理改革前沿城市，出于为基层"块块"减负的考虑，市有关部门在文件中提到要弱化"条"对"块"的考核，有些地区甚至专门成立了对区委负责的"考核办"之类的新职能机构。但在治理实践中，考核办这类机构实际上还是把考核权"分包"给了各职能部门，因为，若没有职能部门的参与，具体工作效能无人能说清。因此，治理转型中"条对块"的考核日趋重要。

［6］ 在此过程中，专家论证等专业知识系统的建构与阐释也颇为重要，但若没有"条条"部门以职能与合法性作为基础进行背书，印象政绩的构建就比较困难。

理解这种印象政绩之下基层政府的政绩竞赛机制及其社会后果，需要构建一种新的理论框架。

最后，随着与民生和社会治理相关的"条条"职能重心下沉，这些"条条"间围绕基层治理的关键问题也形成了相互竞争的态势。已有研究在讨论地方政府或地方官员竞争时，隐含着一种"块块"整体竞争的思路，很少关注到一级政府下属的不同"条条"间也存在相互竞争关系。实际上，在那些非垂直领导、同属于一级政府的"条条"之间，这种横向竞争不仅由来已久，有时还比较激烈，因为不同"条条"间同样面临着稀缺资源配置的相互竞争和考核评优等维度的晋升竞争。[1] 不过，由于不同"条条"的职能与工作任务不同，这种竞争不可能简单采取标尺竞争的形式，常常是模糊且充满不确定性的。在"条条"重心下沉后，如何服务好基层、如何推动基层治理创新、如何以基层为着力点推进体制机制改革等问题逐渐成为各个"条条"面对的核心问题，其应对方式也成为上级重视的政绩指标，是"条条"部门政绩竞争的重要着力点。于是，"条条"部门也深度参与到基层治理创新实践中，并试图得到基层政府的积极配合。考虑到基层政府的注意力是一种稀缺资源，"条条"部门拉拢基层政府的行为实际上也是一种吸引基层政府注意力的竞争活动。这意味着基层治理的竞争既涉及"块块"，也涉及"条条"，从而呈现复杂有趣的条块政治。

上述治理结构与机制层次的变化对传统的政府行为理论及其研究预设提出了有力挑战。其一，目前主流的关于地方竞争的理论，无论是财

---

[1] "条条"之间的这种竞争突出表现在三个方面。首先，最直接的竞争来自考核与评优。每到年底考核时，"块块"部门通常分在一组，而"条条"部门则分在另一组，它们之间存在着某种意义上的绩效竞争。其次，"条条"部门间存在着吸引本级党委、政府注意力分配的激烈竞争，因为这是"条条"部门相应工作能有效推进的重要基础。最后，在分管领导机制下，相应"条条"间存在着一定的竞争压力。政府内普遍采用主要领导分管多个"条条"工作的协调管理机制，在同一位分管领导之下，工作领域相近的"条条"间存在着更强的竞争压力。

税竞争理论[1]，还是地方官员的晋升锦标赛理论[2][3][4]，均隐含地假设了一个整体性政府的概念，且"块块"政府在属地范围内有完全的治理权，其努力水平足以影响治理绩效。[3]但在治理转型的新形势下，基层政间的治理竞争结果并不是由一个作为整体的上级政府裁定的，而是高度依赖于上级"条条"的考察、汇报与总结过程。此外，基层政府要提升属地的治理绩效，也高度依赖"条条"的支持与合作，尤其是在财政灵活性下降的情况下，其以自身组织资源绕过"条条"部门、以变通手段解决问题的能力也快速下降，这意味着基层政府在属地范围内具有完全治理权的假设也不再成立。其二，上述地方竞争理论均建立在一系列客观可衡量的经济指标的基础上，尤其是官员晋升锦标赛理论，依赖于清晰、可量化的关键经济指标。但在当前城市基层治理转型的新背景下，基层政府在社会治理领域的竞赛缺乏类似的关键指标，导致清晰而客观的横向比较难以实现，该领域政绩的呈现更依赖于印象管理，相应工作亮点主要表现为体制机制的创新过程及其呈现。这样一来，锦标赛理论适用的条件和边界被突破，我们需要建立新的理论以有效勾勒社会治理领域的政府竞争行为及其激励。

为了突破上述理论局限，笔者近年来一直致力于跟踪基层社会治理创新的复杂实践，试图从中提炼出一般化的理论概念。随着研究素材的不断积累，我们发现，当前社会治理领域日益盛行的政府创新活动在化解基层治理瓶颈问题的同时，还产生了一些引人深思的特征：创新经验容易成为"盆景"[5]，即在一定范围内创新缺乏横向学习机制，由此

---

[1] Qian, Y.Y. & Weingast, B. R. Federalism as a commitment to preserving market incentives. *Journal of Economic Perspectives*, 1997(4), pp. 83-92.

[2] 周黎安：《晋升博弈中政府官员的激励与合作——兼论我国地方保护主义和重复建设问题长期存在的原因》，《经济研究》，2004年第6期，第33-40页。

[3] 周黎安：《中国地方官员的晋升锦标赛模式研究》，《经济研究》，2007年第7期，第36-50页。

[4] Xu, C. G. The fundamental institutions of China's reforms and development. *Journal of Economic Literature*, 2011(4), pp. 1076-1151.

[5] 陈家喜、汪永成：《政绩驱动：地方政府创新的动力分析》，《政治学研究》，2013年第4期，第50-56页。

导致创新经验难以扩散；创新强调形式上的差异化战术[1][2]，时常导致竞争中政府创新的"层层加码"现象；创新经验的稳定性不足，难以长期延续并朝着纵深方向发展。[3][4] 如何解释这种创新行为及其背后的运行机制成为一个值得研究者深思的重要议题。此外，若进一步细究，我们还会对这种基层政府的治理创新行为产生更深层的疑惑：现有研究常用政绩竞赛作为基层治理创新的动力[5]，但考虑到创新的标准是模糊且难以横向比较的，"竞赛"实际是如何展开的？"胜负"又由何机制来定义？"竞赛"这个暗喻实际上假设了某种激励模式在运转，但基层的公共服务与治理通常不会产生税收分成等经济激励，创新与晋升之间的关系通常也是模糊不定的，那么除了财政与政治晋升以外，是否还存在其他激励模式鼓励基层不断创新？这种激励模式如何运行？其在多大程度上决定和影响着当前基层创新的特征与后果？

关于上述问题，学界尚未形成一种内在一致的理论解释。如何结合基层治理领域的情势转变形成更具解释力的政府创新竞争理论显然是一个新难题。本研究试图突破传统的"整体政府"的理论想象，在条块互动的视角下分析当前基层治理领域各类政府创新与竞争行为背后的机理及其后果。与既有研究普遍强调基层治理领域条块分割的研究进路不同，本研究更关注"条"与"块"在基层治理场域中面临政绩压力时形成的既合作又竞争的"结对竞赛"模式。我们认为，在城市基层治理领域，这种模式正逐步替代传统的"锦标赛"模式成为一种重要的政府运行机制，为理解基层治理中的各类现象提供了重要的理论视角。

下文将分三个层次展开论述。首先，我们回到当前城市基层治理改

---

[1] Zhu, X. F. Mandate versus championship: Vertical government intervention and diffusion of innovation in public services in authoritarian China. *Public Management Review*, 2014(1), pp. 117-139.

[2] 何艳玲、李妮：《为创新而竞争：一种新的地方政府竞争机制》，《武汉大学学报（哲学社会科学版）》，2017年第1期，第87-96页。

[3] 高新军：《地方政府创新缘何难持续——以重庆市开县麻柳乡为例》，《中国改革》，2008年第5期，第29-32页。

[4] 李友梅：《中国社会治理的新内涵与新作为》，《社会学研究》，2017年第6期，第27-34页。

[5] 吴建南、马亮、杨宇谦：《中国地方政府创新的动因、特征与绩效——基于"中国地方政府创新奖"的多案例文本分析》，《管理世界》，2007年第8期，第43-51页。

革前沿的复杂情境，分析治理创新对"条""块"部门政绩竞争的意义，以及治理创新的实现路径与相应的组织机制。这一视角将展现条块"结对竞赛"的组织学原理及深层运行逻辑。其次，本研究运用这一视角深入分析处于治理转型前沿的S市A区民政部门与街道"结对"推进一项社区分析工具的创新历程，探析条块"结对竞赛"的复杂治理效应。最后，我们对本研究的理论框架及相应启示展开进一步讨论。

二、治理创新中的"结对竞赛"：一个新型理论视角

相比GDP、财税收入等经济绩效，公共服务与社会治理领域的产出属于可视性较低的绩效[1]，这就导致上级政府难以根据关键的可视性指标对下级政绩进行评估和激励。[2] 在这种情况下，无论是基层的"块块"政府还是"条条"部门，若要试图在政绩竞赛中占据优势就必须尽可能创造工作亮点，通过治理创新吸引上级政府的注意力，形成好的印象。已有研究勾勒了这种治理创新的多种特征：从内容上可分为政治改革、行政改革和公共服务改革[3]，目标与方向涉及培育和规范社会组织、采取公正的社会政策、完善社会管理机制、发展基层民主政治等[4]。概括来看，这些归纳主要剖析了治理创新的形式特征，但并未置身政绩竞赛的实际场域来理解治理创新的组织逻辑，尤其缺乏对创新者所处的制度环境和行为逻辑的理解。

本研究将努力刻画近年来在治理创新领域城市基层政绩竞赛的一般逻辑，通过勾勒"条"与"块"所面临的不同竞赛环境，分析不同政府主体采取的创新策略，进而揭示条块"结对竞赛"的行为逻辑、运行机制及组织后果。

---

[1] 吴敏、周黎安：《晋升激励与城市建设：公共品可视性的视角》，《经济研究》，2018年第12期，第97-111页。

[2] 这并不是说在基层治理领域缺乏考核指标体系，事实上该领域充斥着各种考核与评比，但这些考核方法繁杂，对基层政府努力水平和产出的识别度通常不高。笔者在上海、北京多个区的调研中发现，这些指标的区分度有限，相应的激励也很有限。

[3] 俞可平：《论政府创新的若干基本问题》，《文史哲》，2005年第4期，第138-146页。

[4] 肖文涛：《社会治理创新：面临挑战与政策创新》，《中国行政管理》，2007年第10期，第105-109页。

（一）印象政绩与治理创新

在以公共服务和公共管理为重心的城市基层治理领域，政绩的呈现方式高度复杂。已有研究多用上级政府的绩效考核作为下级政府的政绩呈现，这种理想化的预设与基层治理的情境差异甚大。实际上，基层治理工作覆盖面广且纷繁复杂，产出难以清晰评估，有些工作甚至高度依赖主观阐释[1]，上级部门很难像经济领域那样通过招商引资额、经济增长率等指标有效区分下级的工作绩效，因此该领域的绩效实际上普遍区分度不高。[2] 这种治理成绩可视性较低的现象背后有着复杂肇因。

缘由之一与加强社会治理的战略方向及主要目标较为抽象且缺乏具体细则有关。党的十九大以来，国家对加强社会治理的总体要求是"打造共建共治共享的社会治理格局"，主要改革方向是"提高社会治理社会化、法治化、智能化、专业化水平"。这些要求代表着国家治理体系现代化的基层建设方向，但由于不同地区起步不同、面临的挑战不同，宏观政策必须给基层实践留下足够的空间，因此这些目标和方向都是原则性的，很难用量化指标来要求与衡量。这就导致该领域许多重要的探索与产出高度依赖专业和主观的阐释系统，缺乏客观标准。

缘由之二与社会治理领域许多重点工作的政策信号具有多向性和动态性特征有关。在渐进式治理转型进程中，国家需要在发展与稳定、活力与秩序等多维目标中寻求均衡点，不断调整政策信号内涵，导致相关领域的政策目标具有一定的多样性与模糊性。以社会组织发展为例，由于激发社会活力既会提升社会治理效能，又具有挑战政治稳定性的潜在可能，因此政策制定者同时存在两种倾向：一方面希望发挥其积极协同效能，因而强调发展；另一方面又担心其发展失控，因而强调引导和管

---

[1] 例如，社区自治活力激发水平、自治共治的制度化建设、党建引领治理创新的相应工作等，都高度依赖基层部门的文本汇报与相应阐释。

[2] 笔者连续两年对上收街道办事处招商引资权的某市多区年底考核数据进行跟踪研究，发现区对各街道的考核分数识别度不高，如在某区 2015 年街道政绩考核结果中，得分最高的街道获得 99.04 分，得分最低的街道获得 94.04 分，所有街道的得分平均值为 95.95 分，缺乏区分度。同时，基层政府对实际得分也并非特别在意。

控。两种倾向相互缠绕，导致该政策领域许多核心维度的政策信号暗含张力。[1] 在这种情况下，各级政府很难单纯地根据社会组织发展的规模、登记数量等制定清晰的工作指标，而是要求下级在发展社会组织时兼顾质量与数量、秩序与活力，这进一步强化了这些工作领域产出绩效的抽象化特征。

缘由之三与社会治理领域公众评估面临的系统性难题有关。理论上，一个区域政府治理水平高或低，公众最有发言权。因此，如果引入自下而上的公众评估，有可能区分出不同地区政府的治理绩效，但在当前的治理实践中，有三方面因素使这一评估模式难以发挥作用。第一，公众评估发挥作用的重要前提是其对地方政府的努力水平和举措有深度的认识，在此基础上才可能客观地评估其治理成效。然而，在现实情境中，公众与基层政府间的信息不对称程度普遍较高，前者对地方治理的认知水平和参与度都比较低，因此公众评估的效能相对有限。第二，公众评估还需要建立在多元治理结构和较高的公共性水平上，而要实现这些制度条件目前仍面临许多难题。[2][3] 第三，公众评估发挥作用需要科学的抽样和高水平的民意调查技术作为支撑，但现阶段这些条件即使在发达城市也普遍难以具备。这些系统性难题使公众自下而上的评估总体处于缺位或形式化运行状态，基层政府的政绩更难清晰呈现。

在政绩难以客观呈现的背景下，基层治理领域的考核主要依赖一种复杂的印象政绩。基层政府和职能部门试图运用多种方式影响上级对自己的印象，进而在上级的主观认知中占据优势地位。由于存在着信息不对称和控制权碎片化配置的情况[4]，这种印象政绩的构建并非简单地掌握在作为最终政绩评估者的上级政府手中，而是由基层"块块"政

---

[1] 黄晓春：《当代中国社会组织的制度环境与发展》，《中国社会科学》，2015年第9期，第146-164页。

[2] 周志忍：《政府绩效评估中的公民参与：我国的实践历程与前景》，《中国行政管理》，2008年第1期，第111-118页。

[3] 李友梅、肖瑛、黄晓春：《当代中国社会建设的公共性困境及其超越》，《中国社会科学》，2012年第4期，第125-139页。

[4] 周雪光、练宏：《中国政府的治理模式：一个"控制权"理论》，《社会学研究》，2012年第5期，第69-93页。

府、"条条"职能部门和上级"块块"政府共同参与。

具体来说，上级"块块"政府（如区政府）同时掌握着下级"块块"（如街镇）和下属各"条条"（如区民政局）的人事任命权和资源调配权，原则上需要根据后两者的政绩给予相应的激励。但由于在公共服务和公共管理领域下级"块块"的政绩难以清晰地横向比较，而各"条条"由于工作内容不一也无法横向对标，因此上级政府主要根据下级"块块"和"条条"的印象政绩实施激励。这种印象政绩是以汇报资料、专项会议、决策咨询参考要报、上级表彰等为基础的总体性印象。印象政绩并非完全任意的主观印象，由于相关政绩信息得以建构的路径是高度制度化的，因此上级部门的决策者在相近信息的环绕下在一定程度上可以就印象政绩达成共识。印象政绩本身并不是一种新事物，同属一级政府的各"条条"部门竞争时，由于彼此工作内容不一，相互的竞赛主要是在印象政绩层面展开的。在客观政绩指标识别功能弱化的背景下，其作用日益凸显。

基层治理中的"条条"和"块块"共同参与了印象政绩的管理与建构。在此过程中，若无重大事件[1]的影响，"块块"部门在上级政府认知中的印象主要是由"条条"部门建构起来的。[2] 在属地包干的治理逻辑下，基层"块块"政府承担了几乎所有公共服务与管理的落地责任。由于多数职能是顺着"条条"的组织体系部署的，因此"块块"政府的政绩评估首先由"条条"部门实施。"条条"部门除了例行的年度评估外，最重要的是以书面汇报、经验总结甚至现场会等形式向上级政府汇报其工作领域内的亮点，其在汇报时必然会把一些"块块"的具体执行或创新做法加以呈现。上级政府借此得以对一些先进的"块块"建立起良好印象。因此，努力使自己的亮点工作得到"条条"部门的肯定一直是基层"块块"部门努力的方向。

---

[1] 如重大安全事件等，这类事件的出现使基层的某些短板很容易被上级发现。

[2] 研究中，多位基层"块块"的领导都提到了相似的观点：市辖区的面积通常数十平方千米，郊区的面积动辄上百至上千平方千米。区下辖的街镇数目众多，区委、区政府很难实地了解基层的情况，主要领导对基层工作情况的把握大多依靠"条条"汇报。在政府驻地设置上，这种情况更是一目了然，区委、区政府基本上是被各委、办、局的办公大楼环绕的，主要领导的常规工作就是与各"条条"打交道。因此"条条"掌握了"块块"印象政绩塑造的主要通路。

"条条"部门印象政绩的构建过程则比较复杂,已有研究几乎未讨论过此类问题。对职能部门而言,其印象政绩构建的主要途径之一是通过获得本"条条"上级部门的表彰或嘉许,获得其所属"块"上政府的良好印象。比如,区民政局若能在全市民政工作中拔得头筹得到市民政局的嘉奖,则很容易给区委、区政府留下好印象。途径之二是在贯彻和执行所属"块"上政府的政策时表现出了很强的执行力和创新意识,而这一点通常需要下级"块块"政府的配合。比如,区政府强调创新居民区治理体系,若区民政局很快在相应街道打造出新型治理体系的试点,就很容易吸引区政府的注意。途径之三是通过基层先进的"块块"政府汇报展现出"条"上有作为、敢于担当的良好印象。在政府公文与汇报交流体系中,典型与先进的基层"块块"政府也有一席之地,其汇报也是展现"条条"部门政绩的一种方式。实际上,上述三种途径或多或少都需要基层"块块"政府的参与,这是因为多数"条条"部门若无基层"块块"政府的支持,工作几乎无法落地。

　　上述讨论表明,印象政绩构建的过程是一个涉及不同层级政府和不同职能部门的、充满合作与竞争的复杂组织过程。这里的合作指的是为了构建有效的吸引上级注意的印象政绩,特定的"条"与"块"之间存在着合作并相互为对方政绩背书的重要动机。竞争的深层含义则意味着"条""块"合作构建印象政绩是为了超越其他打造印象政绩的"条""块"组合。比如,A街道与B局合作推出一个重要政绩经验时,通常都会考虑如何使本经验显得比其他"条""块"合作的类似经验更先进、更能吸引上级注意力,进而在主要领导的印象政绩竞争中拔得头筹。理解上述行为取向是理解基层治理中许多重要组织现象的切入点。

　　基于印象政绩的政府竞争与传统锦标赛模式下围绕关键政绩展开的政府竞争有重要区别。其一,印象政绩高度依赖于职能部门和专业体系(如专家系统)的解读、阐释与演绎,而锦标赛体制下的关键政绩呈现主要借助量化指标。就此而言,印象政绩的呈现及可能达成的效果都具有不确定性,可能随着上级职能部门态度的变化、治理体系中意义与价值系统的转变而不断变化,但锦标赛模式下"可视的"关键指标相较而言稳定得多。其二,印象政绩更具人格化特征,或者说更加依赖于科层体系内部的人际网络来传递和呈现。当"条"或"块"相互寻求支持时，其行为显然不是随机的——相互背书的部门领导之间往往存在着特殊的信任与关联机制。有着不同职业履历、不同专业背景的部门领导构建印象政绩的方法与路径存在较大差异。锦标赛模式下关键政绩的呈现因有客观、确定的指标可循，其呈现方式较少借助科层体系内部的人际关系网络和相互背书。

在印象政绩的呈现策略中，治理创新也许是其中最重要的一种行为机制。这与当前我国正处于社会治理模式转型关键期有关，也与公共治理领域绩效模糊、只能靠创造亮点吸引注意力有关。由于传统治理模式与现实情境间的张力越来越大，上级政府普遍鼓励下级因地制宜开展各类治理创新，下级的相应行为更容易被打上"积极"的标签，成为一条构建印象政绩的捷径。此外，治理创新还为基层政府向上级发送政绩信号提供了重要载体，因为治理创新往往需要基层政府调动大量资源、投入较大精力，通常也代表着基层政府在某个领域的最高治理水平，因此这类信号更容易使自己在横向竞争中脱颖而出。在各前沿城市纷纷注重创新社会治理的时代背景下，体制机制层次的治理创新在印象政绩竞争中更具显著效用，因为这类创新对基层治理改革意义重大，更能体现基层政府的能力与水平。

（二）创新策略与"结对竞赛"

对基层官员而言，治理创新有双重目标：首先是作为化解基层问题和提升治理效能的方法，在这里创新表现为解决问题的手段；其次是作为政绩竞赛中吸引上级注意力的方式，就此而言，创新表现为一种信号发送机制。[1] 在多数情况下，这两个目标间存在着一致性，某种创新方法解决实际问题的能力越强，越容易吸引上级政府的注意力；但两者间也存在一定的差异，突出表现为向上级发送信号的侧重点与解决实际问题的着力点不尽相同，前者常会影响后者的方向与表现形式。既有研

---

[1] 陈家喜、汪永成：《政绩驱动：地方政府创新的动力分析》，《政治学研究》，2013年第4期，第50-56页。

究多以"挑战—回应"的思路研究治理创新的过程与方向[1]，此种研究思路主要观照了基层创新的上述第一重目标，对第二重目标的深入研究则比较缺乏。本研究主要关注基层创新者如何实现第二重目标的过程与机制。笔者认为，在压力型体制下，理解创新者追求有效政绩的内在逻辑对于理解治理创新中的深层问题具有重要意义。如此，研究者须深入基层治理场域理解不同类型的创新者所处的竞争环境及其策略。

"块块"的创新策略：同属一级政府的"块块"之间存在着激烈的印象政绩竞争，它们总是试图通过发送"治理创新"这一信号来超越彼此。这一竞争环境决定了其创新策略有两个基本特征：一是相互竞争的"块块"强调差异化的创新策略（命题1.1），以此标示自身经验的独特性和先进性。在这个意义上，同一种创新做法在"块块"之间具有某种排他性——即使某种做法在 A 街道被证明是有效的，同一区的 B 街道也不会轻易学习和采纳，除非 B 街道能对这种做法加以调整与创新，使 A 街道的烙印弱化而强化自身的创造性。[2] 二是相互竞争的"块块"会努力争取上级"条条"的倾斜性支持（命题1.2），以使自身的创新更容易被上级知晓。这里所说的倾斜性支持有三层含义：其一是"条"上部门优先肯定其做法，并以自身业务指导权威为其背书；其二是争取"条"上部门加以扶持、投入优先级的资源和配套支持；其三是尽可能在"条条"的汇报和经验交流体系中占据该类经验的中心位置。命题1.2意味着"块块"预期"条条"在扶持治理创新经验时采取较为专注的态度，而非"广撒网"的策略。

"条条"的创新策略：同属一级政府的"条条"之间存在着印象政绩的竞争，不同属地的相同"条条"部门间也存在着业务竞争关系。比如，在 A 区范围内，民政局、人保局、房管局等单位之间存在着资源配置和部门考核间的竞争；同时 A 区的民政局与其他区民政局也存在着业

---

[1] 李友梅等：《中国社会治理转型（1978—2018）》，北京：社会科学文献出版社，2018年。
[2] 但对其他区的街道而言，学习 A 街道的做法虽不是最优选择，却也是常见的做法，因为外区的街道与 A 街道不存在直接的政绩竞争。

务竞争，且这种业务竞争结果常以迂回复杂的方式影响 A 区区政府对民政局的印象。"条条"部门所处的复杂竞赛环境导致其创新策略具有两个特征。一是分属不同属地的同类"条条"间存在业务工作上的差异化创新策略（命题2.1），以此体现自身经验的独特性与先进性。于是，相近的创新策略在这些"条条"间存在排他性，A 区民政局发明的某种创新做法，B 区民政局不会轻易学习和采纳，后者会努力推出自己的创新做法。二是同属一级政府的不同"条条"会努力吸引下级"块块"的倾斜性支持（命题2.2），以使自身的创新成效得到最清晰的呈现，进而使上级政府对其有良好的政绩印象。这里"块块"的倾斜性支持体现为以下三个方面：集中资源和精力为"条条"的创新做法落地提供支持；以"内外有别"的态度对待其他"条条"部署的任务；在向上汇报和文书系统中持续强调这一经验的有效性。

在基层治理的复杂实践中，"条条"和"块块"为了营造良好的印象政绩会努力实施自身策略。将命题1.2和命题2.2相结合，"条条"与"块块"在政绩压力下会形成一种相互结对的新型竞争模式（命题3.1），即某个"条条"部门会努力与相应"块块"政府合力推进一项治理创新活动，同时形成一种较为紧密的责任义务关联：前者投入较大精力为后者的创新和效能背书并优先提供支持；后者则集中资源为政策落地提供保障。在这种"结对竞赛"关系中，"条"与"块"是一对合作伙伴，印象政绩的营造需要对方的支持，所以双方都会以特殊原则对待同伴。在"结对竞赛"的背景下，由于参与部门都愿意围绕治理创新投入较多资源，因此相关经验会在一定范围内得到深度的探索与实践。

图1呈现了条块"结对竞赛"的基本机制。虚线大方框展现的是区范围内印象政绩的直接竞争情况，其中"街道/镇A1""街道/镇A2"之间存在着直接的印象政绩竞争；区民政局、区司法局之间也存在着直接的印象政绩竞争。此外，在该框以外，不同区的相近职能部门之间也存在着业务竞争，如 A 区民政局与 B 区民政局。但由于这种竞争是由上级"条条"裁决的，且上级"条条"并不掌握着对下级"条条"的关键激励权，因此我们将这些跨区的"条条"竞争用更细密的虚线框定。

"结对竞赛"表现为"条条"与"块块"之间围绕某项创新做法形成结对关系（图中连接"条""块"的双向线）："块块"借助这种结对机制相互竞争；"条条"不但借助这种结对与同属一区的其他"条条"竞赛，还与其他区的相应"条条"展开竞争。举例来说，A 区民政局不仅依赖其与 A2 街道的结对与 A 区司法局等其他"条条"部门展开印象政绩上的竞争，还借此与 B 区民政局展开竞争——若 A 区民政局胜出，具有业务裁决权的市民政局会将相应信息反馈给 A 区区政府（因此图 1 中有线条连接上级职能部门与区政府）。

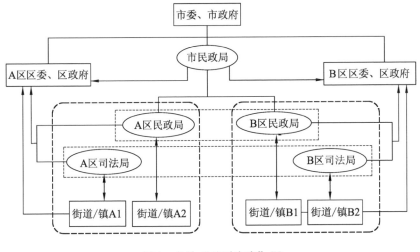

图 1　条块"结对竞赛"图

基于前述讨论，我们可以进一步分析条块"结对竞赛"的深层组织后果。

首先，某个"条条"部门与相应"块块"围绕一项治理创新经验结对后，该经验会面临推广难题（命题 3.2）。由命题 1.1 可知，同属于一级政府的"块块"之间存在差异化创新偏好，因此该经验一旦在某个"块块"落地，其他"块块"通常缺乏学习热情。命题 1.2 则表明，每个"块块"都试图获得上级"条条"的倾斜性支持，一旦某个"条条"和相应"块块"结对，意味着它已不可能在同一个经验上倾斜性支持其他"块块"开展治理创新，因而其他"块块"也缺乏配合该"条条"推广创新经验的动力。命题 3.2 可以解释为何当前基层治理创新领域不乏"盆景"但缺乏"森林"之现状。[1] 此外，这一理论命题还促使我们更为慎重地反思改革以来学术界关于政策执行试点或试验的研究发现，因为这些研究往往强调上级会通过在某一试验区试点的方法探索创新经验，然后全局推广，而命题 3.2 则指出，在政绩产出模糊的前提下，全局推广的过程恰恰是充满挑战的，即使某项经验的先进性在一个地区得到了充分的证明，其他地区未必会认真学习，尤其是当这些地区存在或明或暗的竞争关系时。城市社会治理领域基层政府"结对竞赛"的这一特征，对于理解当前的制度创新和扩散具有重要意义。

在以 GDP 增长为核心的锦标赛体制下，处于竞争关系中的地方政府对于竞争地区的先进经验和创新实践具有强烈的模仿和学习动力，以便尽可能缩小与竞争地区的绩效差距，这种地区间创新的学习和扩散效应与上述"结对竞赛"创新经验扩散难形成鲜明对比。其中最大的区别是，以 GDP 为核心的锦标赛只考核地区经济绩效的结果，而不在意创造绩效的方式与手段，因此只要能够提高 GDP，模仿学习竞争地区的创新实践不仅不被排斥，反而因为成本低、见效快而受到追捧；而公共治理的印象政绩竞争更强调治理创新本身，强调创新的首创性，这导致治理创新的排他性效应。

其次，某个"块块"政府与相应"条条"部门围绕一项治理创新结对后，该"块块"政府在其他治理经验探索领域会表现出松懈状态（命题 3.3）。由于"结对竞赛"要求参与者对共同创新投入较多精力与资源，因此一旦某个"块块"政府选定一个领域与相应"条条"部门合作后，其就会放松在其他领域的投入。经验观察表明，命题 3.3 勾勒的组织现象是近年来基层"块块"政府财政灵活性下降，且对"条条"部门依赖度增大的背景下出现的新情况。在传统背景下，基层"块块"政府财力充沛时可以在一定程度上绕过"条条"部门实现治理功能，一些能力较强的"块块"政府常常根据自己的实际需要在多个领域同时创

---

[1] "盆景"与"森林"是对当前城市治理创新领域的一种形象比喻。在政策部门看来，这一轮改革创新中不乏深入创新的亮点，即"盆景"；但一个比较奇怪的问题是，这些"盆景"很难大范围推广，形成治理创新的广泛效应，即"森林"。

新。我们早期调研常会发现每个区都有一两个明星街镇[1]，该区几乎所有的创新亮点都集中在这里。但基层"块块"政府经济职能弱化、印象政绩作用凸显后，情况发生了变化。此时"条条"部门的参与和支持对于"块块"政府创新意义重大。由命题2.2可知，"条条"更愿意与那些大力支持自身创新做法的"块块"合作，因此，若其发现某个"块块"已和别的"条条"结对，就会转而搜寻其他"块块"。[2] 对于"块块"而言，一旦与相应"条条"建立结对关系，再在相近领域探索其他创新就显得较不明智了——这种做法一方面会弱化已有的结对关系，另一方面也难以吸引其他"条条"的关注。

由命题3.2和3.3可知，条块"结对竞赛"的新背景下，城市基层治理领域容易出现"百花齐放"的竞争格局（命题3.4）。所谓"百花齐放"指的是，早期多数创新经验集中于少数明星街镇的情况有所转变，此时从创新的"面"上来看，由于"条条"乐于选择对其倾斜性支持的"块块"，因此更多的"块块"进入了治理创新的行列。这种新格局的微妙之处在于：基层创新的积极性得以保持在一个较高水平，即使是以前不起眼的边缘街镇也可以通过向"条条"提供倾斜性支持的方法得到上级关注；但大量的创新经验又难以在相互学习中得到深化拓展，尤其是在同一级政府下属的印象政绩竞争场域中，横向学习机会不断弱化，导致创新投入巨大而产出未必高效等治理悖论。

再次，"结对竞赛"还会导致基层创新出现形式上的"层层加码"现象（命题3.5）。由于"条条"与"块块"在创新中存在差异化策略（命题1.1和命题2.1），但彼此差异化的对标物各不相同，且"结对竞赛"需要同时满足结对双方的需求，因此这客观上会导致创新要素的不断叠加。比如，区民政局和A街道"结对竞赛"过程中，相应创新做法既需要满足A街道相对于其他街道的独特创新性，又需要满足区民政局相对于其他区民政局的独特创新性，导致创新强调更多的符号与要素，

---

[1] 通常，这些明星街镇也是经济条件较好或硬件建设水平较高的地区。
[2] 当然，如果出现上级指定以及对试点条件要求严格等情况，"条条"部门的选择余地就不大了。

这无形中导致了基层治理创新中的"层层加码"现象，甚至出现"为创新而创新"的过度创新现象。

最后，进一步来看，"结对竞赛"不仅满足了"条"与"块"打造印象政绩的内在需要，还为参与者提供了许多额外益处。这要从结对的核心机制倾斜性支持说起。第一，对基层"块块"而言，上级"条条"部门的倾斜性支持本身就是一种带有肯定意味的做法。这意味着基层"块块"的做法得到了充分肯定。此外，有些"条条"部门的倾斜性支持还会附加一些特殊的资源，这种"我有人无"的感觉会鼓励基层政府结对。第二，由于不同"块块"可以尝试寻求不同"条条"的倾斜性支持而"错开竞争"，这意味着上述利益互惠机制并非零和博弈[1]，而是在一定程度上允许不同的竞争者都获得利益，就此而言这种"结对竞赛"模式比之传统的"晋升锦标赛"机制提供了更广泛的利益兼容机会。第三，对"条条"部门而言，"块块"的倾斜性支持为其尽快推进相应工作、开展体制机制创新提供了重要的支持，这是其获得上级嘉奖的重要途径。因此"结对竞赛"模式对于"条条"部门也具有很强的吸引力。

（三）"结对竞赛"对基层治理的复杂影响

"结对竞赛"是转型期城市基层政府在公共服务与社会治理领域政绩竞争的一种主要模式。它在政绩难以度量的情况下为基层政府提供了一种吸引上级注意力的信号发送方式，也为治理创新提供了重要的动力机制。客观来看，"结对竞赛"对于应对当前城市基层治理转型中的许多深层挑战都具有重要作用。

首先，其有助于推动基层政府在社会治理关键领域的深度制度创新。当前中国正处于渐进式治理转型时期，国家在许多重要的社会政策领域都存在多维、动态的政策要求：既要有效激发社会活力，又要保持发展有序；既要提升公共服务的精准性，又要扩大公共产品的供给规模等。这些多维政策信号的并存导致宏观层面难以清晰勾勒出制度变迁的

---

[1] 典型的晋升锦标赛则是零和博弈，假如只有一个晋升机会，A获得晋升意味着其他竞争者失去晋升机会。

图景,迫切依赖基层的深度探索与制度创新。"结对竞赛"为基层"块块"与"条条"协同创新提供了重要的动力机制。在结对过程中,基层政府敢于承担一定的制度风险,努力寻求多维政策目标有效结合的实践均衡点,这对于治理创新具有重要意义。

其次,"结对竞赛"对于整合条块力量集中化解基层治理中的瓶颈问题具有重要作用。当前城市基层治理面临的一些难点问题(如养老问题、违章搭建问题、城中村整治问题)不是单纯依赖"条条"或"块块"的力量就能化解的,需要深度的条块联动。"结对竞赛"为整合条块资源、集中力量应对治理难题提供了重要保障。结对过程中,"条条"与"块块"的倾斜性资源投入使这些问题有可能在较短时间内得到有效解决。

最后,从另一个角度来看,由于"结对竞赛"会引发更为复杂的条块政治过程,因此在许多方面又会对当前城市基层治理产生微妙影响。

影响之一是导致社会治理领域的试点机制面临挑战。基层治理领域存在不少政策执行难点,为减少不确定风险、集中力量探索解决问题的机制,各级政府往往运用试点机制提炼经验再普遍推广。[1][2] 但有研究发现,这种机制在经济领域更容易成功,在社会管理、公共服务市场化等领域却表现平平,[3] 一些研究进而指出试点的科层化过程有可能导致试点的失败。[4] 这些研究虽然注意到了试点的复杂组织过程会引发意外后果,但对其中的深层机理讨论不多。"结对竞赛"视角下,我们可以更清晰地发现试点虽好但难以推广的主要原因:那些成功的试点通常也是条块结对的创新产物,在这种组织模式下,上级"条条"在其他"块块"学习先进经验的过程中难以保持倾斜性支持,因而其他"块

---

[1] 王绍光:《学习机制与适应能力:中国农村合作医疗体制变迁的启示》,《中国社会科学》,2008年第6期,第111-133页。

[2] 刘培伟:《基于中央选择性控制的试验——中国改革"实践"机制的一种新解释》,《开放时代》,2010年第4期,第59-81页。

[3] 韩博天:《中国异乎常规的政策制定过程:不确定情况下反复试验》,《开放时代》,2009年第7期,第41-48页。

[4] 陈那波、蔡荣:《"试点"何以失败?——A市生活垃圾"计量收费"政策试行过程研究》,《社会学研究》,2017年第2期,第174-198页。

块"缺乏学习这种先进经验的积极性，他们往往会在其他方面另起炉灶，建立结对合作机制。这也意味着，如果条块结对机制不断强化与扩散，在经济领域改革效果甚佳的试点做法在社会治理创新领域却可能遭遇较多难题。

影响之二是导致社会治理创新经验缺乏延续性和稳定性。"结对竞赛"中的结对机制具有一定的偶然性，上级"条条"与基层"块块"为何相互结对不仅取决于"块块"的属地特质，在许多时候还与官僚体系中复杂的人际网络有密切关联。笔者在深入研究该领域案例时发现，有时候"条条"选择某个"块块"的主要原因是其领导在该"块块"上有任职经历，因而更相信后者会全力配合自身改革；另一些时候，结对的原因可能是"条条"与"块块"的领导形成了某种默契。这导致结对很容易随着人事变动等因素而淡化，相应的结对关系难以持续。由此可见，以政绩呈现为重要目标、高度依赖条块结对的治理创新经验常常缺乏后继深化学习的动力，这已成为当前基层治理创新中的难点问题。[1]

影响之三是导致基层治理中形式主义盛行。在"结对竞赛"过程中，相应经验既需要体现"条条"的创新要素，又需要呈现"块块"的创新要素，在要素层层叠加的过程中，许多与基层实际需要关联度不高的要素也被不断强化，由此呈现形式主义创新的特点。最近，在一些治理转型前沿地区出现了居委会工作时间不断延长，甚至明确规定居委会书记、主任双休日"坐班"接待群众的基层创新做法。经验观察发现，这些做法实际意义不大，群众并没有太大的需求，且"块块"的分管领导也知道这种情况，但相应做法被要求保留下来。其原因就在于结对的"条条"部门在面对其他区同行不断延长居委会工作时间的做法时，必须找到在形式上超越对方的经验创新点。"结对竞赛"的这种创新要素叠加机制很容易导致与实际需求脱节的形式主义作风，这也成为基层负担日益加重的重要影响因素。

---

［1］李友梅：《我国特大城市基层社会治理创新分析》，《中共中央党校学报》，2016年第2期，第5-12页。

质言之,"结对竞赛"实际上是在印象政绩之下通过体制内的条块政治运作应对上下级政府之间信息不对称问题,继而实现上级对下级的评估与激励。一方面,这种运作机制不断强化,进一步导致公众自下而上参与政绩评估的制度空间受到影响。另一方面,尽管"结对竞赛"机制可能产生诸多负面影响,却是现有制度条件下在公共服务和社会治理领域最容易发展出的政府运行机制,且在一定程度上促成了基层政府形式多样的治理创新,因此这种组织机制可能在一段时间内不断发展。就此而言,认识这种运行机制的组织特征对于理解当前中国城市基层治理背后的运行逻辑及其影响具有重要意义。

三、"结对竞赛":以 A 区发展"社区分析工具"为例

2014 年以来,笔者的研究团队开始聚焦城市基层政府的各类社会治理创新活动。在 S 市,出现了一次规模浩大的基层政府改革运动,突出表现为城市街道办事处的职能全面转向公共服务、公共管理和公共安全领域,原先承担的招商引资等经济职能全部被取消;镇级政府的经济职能也在一定程度上被弱化,社会治理和公共服务在其职能结构中的重要性凸显。从这个时期开始,研究团队观察到了一系列基层治理创新活动,涵盖了基层自治、社区党建、信息化建设、培育社会组织、公共服务模式创新等几乎所有领域。在我们调研期间,不仅那些传统的明星街镇始终保持着治理创新的高度积极性,一些传统上在 S 市社会治理工作领域不知名的街镇也开始在该领域持续发力,其中不乏成功"弯道超车"的故事。研究团队开始对基层政府的创新激情及其动力机制产生了兴趣。

研究之初,我们的理论资源主要来自勾勒地方政府经济竞赛的锦标赛理论。根据这一理论,地方政府竞争的积极性主要来自晋升激励及相应的经济激励,而竞争的基本条件之一是地方政府的产出是客观的、可清晰衡量的,这样上级政府才能对下级的政绩进行客观评估并给予相应的激励。由于社会治理领域的情况与之差异较大,我们一度对基层政府创新积极性是否可持续抱有疑虑。

然而,经验观察却发现,过去五年 S 市的基层政府始终保持着治理

创新的较高积极性，即使更具区分度的考核评估体系一直未出现[1]，基层创新的势头也并未下降。在此过程中，我们逐渐发现以往的政府创新研究对激励及其行使方式的理解过于简单，在中国政府体系内，激励机制不仅包括晋升、税收分成、一票否决式的惩罚，还包括上级表彰、聚光灯式的关注、额外的扶持与关心等多维内涵；激励的实际行使方式则更为复杂，除了直接的上级政府外，还可以来自与自身不存在直接隶属关系的上级"条条"部门，由于后者通常不能给予基层"块块"部门直接的晋升和经济激励，因此常被传统的政府行为研究所忽略，但在政府日常运行中有着重要作用。事实上，现有的政府行为研究对激励及其行使方式的简单化处理主要基于改革以来地方政府长期面临着经济发展等少数突出指标考核这一现实，在此情况下，既有研究更关注与这些关键指标相关的人事与经济激励。但正如周飞舟在对锦标赛体制进行历史考察时所指出的，从历史上来看，这种政府考核存在关键指标的现象并非常态。在中华帝国多数承平时期，国家并不以少数绩效指标来考核官员，只有在变法或特殊改革时期，国家才将明确且重点突出的政绩作为主要考核指标，此时锦标赛机制的作用才逐渐显著。[2] 这启发我们，一旦基层政府的职能结构开始向一种多目标均衡结构转变，就需要超越对激励及其行使方式的简单想象，进入一个更为复杂的政府组织场域中。

这样的研究视角促使我们关注基层社会治理创新的实际组织过程。不仅须关注基层"块块"政府的做法及其上级政府的回应，还须关注创新背后的"条条"行动者及其行为逻辑，进而以一种整体视角勾勒多重行动者相互影响的基层治理创新活动。基于这一视角，我们在研究设计上不仅注重观察"块块"的创新目标及行为，还注重观察"条条"的行为机制。考虑到条块之间存在的多维复杂竞争关系，我们对同一领域基层创新行为的观察还将结合跨区的类似的政府创新活动。

以下案例展现的是我们以 A 区为观察点捕捉到的民政部门与基层街

---

[1] 从 2016 年开始，S 市有关部门已经意识到现有的考核评估体系难以有效呈现基层政府在社会治理领域的投入与政绩，因此一直在研究新型考核评估体系，但一直未有实质成果。

[2] 周飞舟：《锦标赛体制》，《社会学研究》，2009 年第 3 期，第 54-77 页。

道政府共同打造"社区分析工具"这一创新做法的全景式过程。"社区分析工具"这一创新做法旨在提升居委会对社情民意的精准把握，推动居委会更好地服务居民、实现基层公共资源与居民需求的准确对接。与基层社会治理领域的多数创新做法相似，这一改革会挑战传统的居委会工作方式，因此给基层实践者带来较大压力。为打造这一创新品牌，使其在市、区治理创新活动中占据优势，区民政部门与基层街道形成了"结对竞赛"的创新推进模式。对这一案例的深度呈现有助于我们理解"结对竞赛"的组织机理。案例资料来自调研团队对 A 区民政部门和多个街镇的深度田野观察及相关的政府档案，所涉及的区、街道及访谈对象根据研究伦理予以匿名化处理。

（一）案例背景

2014 年以来，S 市开始深度探索创新社会治理、加强基层建设的各项工作。其中，居民区治理能力提升一直是各类创新关注的核心问题，尤其是如何提升居委会对社情民意的精确把握能力，继而有针对性地开展活动更是引起了市、区各级领导的高度关注。这一时期无论是市委下发的"一号文件"还是相应职能部门下发的配套文件都强调要不断"提升居民区治理能力"，根据居民的实际需求提供公共服务。在此背景下，多个区都开始探索新方法以改变居委会传统的经验主义的工作模式。

2014 年至 2016 年，我们发现 S 市在上述领域的治理创新经验主要集中在以下两个方面。

一是多个区都响应市民政局的要求，开始积极探索居委会"电子台账制度"建设。建立电子台账制度的初衷是规范上级职能部门部署居委会记录台账的行为，通过区有关部门统一为居委会设计电子台账，可以减少、归并上级职能部门下发的表格，进而达到为居委会"减负"的目标。随着一些区不断深入探索电子台账制度建设，这些区的民政部门发现电子台账不仅清晰记录了居民区各项工作的轨迹，还记录了居民的相应需求信息，因此可以作为居委会有效服务居民的工作指南。在此背景下，民政部门开始进一步强化电子台账对居民信息的收集功能，强调这是提升居委会工作能力的重要支持。比如 H 区强化电子台账的规范化、系统化建设，并在全市的现场工作会议上汇报了做法，得到了市分管领导的肯定。

二是一些区开始进一步推动基于微信平台的居委会与居民互动信息载体建设，其中较突出的是 B 区的"社区通"技术平台建设。"社区通"将居委会与居民紧密联系在一起，鼓励居民动态发表自己对社区公共问题的看法，也鼓励居委会在这一平台上开展居民需求调查、回应和社会动员。经过一段时间的建设，"社区通"成为 S 市居民区治理体系建设的重要创新成果，得到了市主要领导的肯定，甚至在全国范围内产生了一定影响。中央和地方媒体长时段对这一基层创新做法进行宣传，来自全国不同地区的社会治理创新考察团也经常前往 B 区学习相关经验。

在上级制度压力和兄弟区创新压力的双重作用下，A 区也试图在居民区信息化建设领域走出新路子。A 区是 2015 年由两个区合并组建的，原先两个区在居民区治理体系建设方面都富有成效，但近年来在居民区信息化建设领域的亮点不多。如何在这方面补短板，形成自己鲜明、领先的创新经验成为 A 区民政部门重点探索的切入点。

（二）"条条"的创新逻辑及初始推进策略

2016 年，在反复调研和设计的基础上，A 区民政部门准备推进"社区分析工具"这一创新做法。创新的缘起是民政部门在调研中发现，当前居委会新进工作人员较多[1]，且多数人缺乏群众工作经验，即使走访居民也缺乏相应的工作技巧和信息收集能力，在这种情况下，需要为居委会工作人员全面了解社区各项信息和居民信息提供一种模板化的信息收集工具。基于这一考虑，区民政局在专业机构的帮助下，于 2016 年 10 月推出了"社区分析工具"这一信息收集系统。在基层改革领域，制度创新如何推进不仅取决于结构要素，也高度取决于创新者本人的气质与行为特征。正如后文将展示的，"结对竞赛"在表现形式上是"条

---

[1] S 市于 2015 年开始全面推进基层治理专业化队伍建设，将居委会社会工作者等纳入专业化职业体系并不断提升其待遇。在此背景下，居民区的工作队伍出现了较大变化，一批年轻社工开始到居委会工作。

条"与"块块"结对，但实质上是改革行动者之间的结对。A区这项改革从最初设想到完善行动计划主要由一位分管副局长（在此简称"H局长"）推动，H局长思路开阔且较有个性，敢于突破传统思考改革进路，其工作风格中暗含"勇争第一"的取向。其对民政业务有深入的理解，且因为曾在街道副职领导岗位工作过，对基层治理的实际情况较为熟悉。在调研"社区分析工具"设计与实践推广的过程中，我们接触的多位A区民政局工作人员都感慨，最初改革并未得到区委、区政府的重视，这项制度创新得以推进主要依靠H局长持续不懈的推进以及适时采取恰当的改革策略。

面对兄弟区"电子台账"与"社区通"的创新做法，H局长及其团队一开始就确定了"超越式"设计的理念。经过对基层居委会干部的调研，研发团队设计了"社区分析工具"这一信息收集系统。该系统包括三个工作模块，即社区了解（对社区资源、需求与问题等的充分调研、资料统计、结果梳理）、社区回应（议题和项目确立与执行、问题分类解决）、社区评价。这套信息系统的核心是对社区及居民进行信息、需求、资源等的调查、统计与梳理，在此基础上进行分类归纳并回应居民诉求。"社区分析工具"的核心载体是居民问卷，区民政局要求各居委会工作人员持这一问卷上门走访居民，并收集相应信息。首轮走访要选择一个完整区块（可以是居民区整体、小区、楼组等），该完整区块不少于150户。2018年，区民政局要求进一步扩大覆盖面，走访范围应达辖区实有户数的50%。"社区分析工具"将对居委会收集的信息进行深度分析，并列出超过50%的社区需求（问题），居委会须据此给出回应方式。各居委会至少选择一个需求（问题）拟制回应方案，并将回应所需经费编入下年度本居民区工作经费预算。社区分析各阶段共计5大表单、11个过程性附件，试图全流程指导居委会调查问什么、资源怎么分、数据如何算、需求怎么排、回应怎么做。区民政局全过程跟进，各街镇负责业务指导，为居委会开展社区分析工作提供技术保障。

之所以说"社区分析工具"的设计理念具有很强的赶超型创新特征，是因为这一方案不仅兼容了该领域已有的创新做法，还有许多进一步的优化举措（命题2.1）。相较于早前的居委会"电子台账制度"，

"社区分析工具"在详细记录居民需求和分析社区资源方面有很大的进步。由于"电子台账"最初的设计思路是对居委会工作痕迹进行记录,对居民需求的记录存在数据量小、主要信息覆盖不全等问题;而"社区分析工具"借助专业的需求问卷和居委会的上门走访,可以更加详细地了解居民需求及其动态变化并做出准确、及时的反应。相对于"社区通","社区分析工具"也为居民提供了扫描微信二维码填答问卷的路径,但后者覆盖范围更大、更系统,收集的信息更全面。此外,"社区通"收集信息主要取决于居委会和居民的互动水平,而这一水平通常是不稳定的,但"社区分析工具"是常态化、周期性运转的,因此更方便居委会据此开展相应服务。不仅如此,"社区分析工具"还提供了资源分析、方法分析等多个模块,显然比已有经验更为先进。对"社区分析工具"内涵要素的分析表明,A区民政部门推出这一创新做法时,充分考虑到了不同方案之间的竞争效应,这也体现了跨区的"条条"部门间相互竞争的特质。

另外,方案的先进性和完备性是需要组织成本的,"社区分析工具"的推行给居委会工作人员带来了更大的压力。在这种情况下,创新做法能否得到深度实践,H局长及其团队并不完全确定。因此,在最初阶段,区民政部门选取了10个居委会作为创新试点,试图了解这种创新做法在基层推广的压力与可行性。

通过田野调查发现,A区民政部门采取的试点方法耐人寻味。通常来说,民政部门是居委会运行的上级业务指导部门,但民政部门一般不会直接向居委会部署工作,而是通过街镇的具体业务部门(如自治办)向居委会部署工作。也就是说,"条条"需要通过"块块"的组织体系向下部署任务。但在本案例中,A区民政部门采用了不常见的方法选取试点,即民政部门通过自己组建的外围社会组织"A区居委会工作研究会"直接找到了10个不同类型小区的居委会,并通过该研究会向这10个居委会部署了试点工作。质言之,在最初的试点工作中,作为"条条"的民政部门绕过了各街镇的"块块","一竿子到底"地部署居委会开展试点工作。

调研中,A区民政部门一位工作人员解释:这种创新可能会增加基层的短期工作压力，有些"块块"部门未必会支持，因此直接找一线居委会可以更好地推动创新工作。

> 我们初期的试点经验是组建了"居委会工作研究会"，研究会是一个社团组织，直接挂在区民政局下面。全区275个居委会全部是研究会的会员，第一届产生了40个理事，设立了专门的秘书处。通过研究会，民政部门可以直接从居委一线获得信息，可以直接找到居委会开展任何形式的座谈，也可以直接向居委会发布事项以推动工作、开展培训。如果按照行政层级一层层来推工作，部分街道可能对这个事情不感兴趣，不大配合工作。所以我们由理事层会员直接传达工作、获取信息，同时也提高了民政部门对居委会的了解程度。（访谈资料，2019年4月29日）

笔者在A区某街道调研时，有工作人员对此提出了不同的解释。他认为，这其实表明一开始民政部门低估了治理创新推行的难度，试图以自己的力量推动改革，打造创新亮点。

> 其实居委会接到任务后回来就向街道汇报了，所以我们前期知道民政部门在推这项工作，但他们之前不找我们沟通，我们也就不主动介入。老实说，他们低估了让居委会去做调查、维护系统的工作压力，这个事街道不全力配合是做不到的，可能他们最初想打响自己的品牌。（访谈资料，2019年5月7日）

多方资料表明，在创新工作推动的最初阶段，作为"条条"的民政部门试图强化自身"一竿子到底"的资源动员能力。对其而言，如果能在不惊动"块块"的情况下有力推动改革，就可以保证整个治理创新在自身组织系统中得以实现，进而更好地控制创新的主导权。事实上，我们在其他"条条"推进制度创新的过程中也曾观察到"一竿子到底"的做法，这表明对"条条"部门而言，若改革可以在自身组织体系内得到有效推进，"结对竞赛"也许不是首选方案。

随着10个试点居民区深入开展"社区分析工具"这一工作，自下而上的信息反馈让区民政局意识到，该项创新若没有街镇的大力支持恐怕难以充分实现。一方面，试点居委会纷纷反馈该项工作对居委会来说压力较大，由于需要访问相当比例的家庭，且每份需求调研问卷的题量比较大[1]，如果没有街镇的全力支持，居委会工作人员在现有工作已经较为饱和的情况下开展这些调查存在一定困难。另一方面，也是最关键的一点，居委会上门收集了居民的需求信息后，居民对居委会解决这些问题会产生很高的预期，如果居委会后续无法解决问题，居民就会对"社区分析工具"相应工作的推进产生不信任感。而这些问题大多涉及公共资源的配置，没有街镇政府的大力支持，居委会很难解决。

面对这些反馈信息，A区民政局开始进一步争取区政府对该项创新工作的大力支持。然而，由于创新方案在一定程度上可能增加居委会的工作负担，在前景不明朗的情况下，区委、区政府对于强力推动改革始终没有清晰表态。此时，对H局长及其团队来说，如何获得"块块"的支持，尤其是通过建构若干典型案例清晰地向上级表明创新做法的优越性就变得日益急迫。

（三）"结对竞赛"的实现及其后果

结对契机的出现源于试点末期T街道对"社区分析工具"的大力支持。当时T街道下辖的HK居委会参与了试点，居委干部对"社区分析工具"收集的数据进行分析发现，居民区多数居民提出了现有社区文化活动室老化，不能满足居民文化活动需求的问题。居委会根据这一情况不断向街道反映情况，面对清晰的居民需求数据，街道自治办负责同志说服街道分管领导Z主任为HK居委会社区文化活动室改造投入了一大笔经费。街道的投入让社区居民感受到了"这次的调查似乎不是摆架子而是干实活"，更让区民政局意识到这也许是一个深入推进改革的重要契机。

调研发现，T街道对诸如"社区分析工具"这样的创新做法确实较为支持。一个重要原因在于，T街道之前就研发过类似的居委会信息化

---

[1] 主问卷包括六部分，笔者实际测试过问卷的填答时间，在受访者对所有题目无疑义的情况下，需要近20分钟才能答完。若实际填答过程中受访者需要访问者解释的话，访问时间还会增加。

工作系统"掌心汇"。"掌心汇"的基本思路是通过微信平台打造居委会回应民生诉求的信息系统，但由于全市相似做法太多，且"掌心汇"缺乏上级职能部门的支持，并没有为 T 街道打响创新品牌。面对区民政部门相似的创新思路，T 街道持支持态度。另外，T 街道的现实情况也迫切需要一种可以精确分析居民需求、支持街道开展公共服务的工作系统。调研发现，T 街道辖区内居民区情况复杂，既有老旧小区又有商品房小区，还有混合型小区，此外，居民大部分属于社会中下层，对政府基本公共服务供给有较大需求，因此如何针对居民需求准确提供公共产品成为这一届街道领导班子关注的重点问题。

此外，街道主要分管领导的工作思路与区民政部门的做法较为接近。T 街道分管相应工作的分管领导在改革理念上与 H 局长较相似，两人都是敢于创新、较有锐气的干部。这位分管领导也曾试图在居委会工作方法上有所创新，但一直没有形成品牌亮点。因此，其在与区民政局合作的过程中表现出了较高的积极性。在这些因素的综合作用下，T 街道成为重点支持"社区分析工具"创新实践的街道。

在调研过程中，我们无意中发现了一个有趣的现象："结对竞赛"的主要结点往往是"条"和"块"的副职群体。[1] 在以往"块块"的锦标赛竞争模式中，这一群体常被整体忽略，研究者总是将创新聚焦于"块块"主职群体。但在社会治理与公共服务领域，印象政绩的构建需要"条"与"块"的合作，而副职群体恰恰是条块联动的主要结合点。比如，街道要引起上级职能部门的注意，首先发力的通常是分管副主任或副书记，正是这些副职群体在实际管理和维护着与"条条"的关系；区职能局要落实某个具体的创新政策，首先出场的通常也是区局的分管领导。由于副职群体的具体业务能力普遍更强，结对机制才能朝着纵深发展。

在条块具体分管领导的通力合作下，区民政局与 T 街道逐步建立了共同推进"社区分析工具"的结对机制。区民政局在第二轮全面推广工

---

[1] 不仅在本案例中，笔者还在同期观察的党建创新、居民区自治模式创新等案例中发现了这一现象。

作中加大了对 T 街道的支持。这不仅表现为区民政局在"社区分析工具"推广的培训和业务支持方面为 T 街道提供了更多资源，更表现为其在各类汇报材料、经验汇报稿中都提到 T 街道利用"社区分析工具"为居民解决文化活动设施不足这一难题的案例。区民政部门主持一些创新经验交流会时，也会优先邀请 T 街道介绍经验。T 街道一位工作人员提道：

> 区民政部门很支持我们的创新，好几次在区分管领导在场的时候，民政部门同志都介绍了我们街道的案例，所以我们也觉得要加大探索的力度。（访谈资料，2019 年 5 月 11 日）

在民政部门的支持下，T 街道以更大的积极性投入结对创新的过程中。一个显而易见的事实是，T 街道在第二轮全区推广过程中投入了比其他街道更多的资源以确保"社区分析工具"有效运转。首先，在专业人员支持下，街道投入较多精力对"社区分析工具"的问卷进行了优化与调整，使该问卷更适合 T 街道的实际情况。[1] 其次，街道在反复探索的过程中意识到，任意抽取居民户开展调查对于收集准确的需求信息意义不大，而全覆盖式的调查成本过高。为了解决这个问题，T 街道专门聘请了专业人员用专业的社会统计方法在居民区开展抽样并组织更为科学的调研。再次，当街道意识到居委会社工和工作人员平时工作压力较大，很难全身心投入入户调研时，街道还以购买服务的方式聘请专业社会组织帮助居委会开展调研，并为居委会提供更科学的数据分析。最后，通过"社区分析工具"发现的重大居民需求，街道会在第一时间整合资源予以有效应对。比如，2018 年 HK 居委会运用"社区分析工具"发现 90% 的居民家庭支持在楼道中实施烟道改造工程，收到反馈信息后，街道第一时间调用自治金为该工程提供了 80% 的资金，还通过动员共建单位出一点、居民出一点的方法完成了另外 20% 的资金筹措，满足了居民的需求。在 T 街道的倾斜性支持下，"社区分析工具"的创新探索在街道范围内得到了深入实践。

---

[1] 相邻的一些街道很少在这方面花费精力，往往是把区民政局提供的问卷模板直接用于调研。

街道为"社区分析工具"提供倾斜性支持的一个证据是 2018 年年底居委会面对上级统一部署的经济普查任务时没有得到街道的同等支持。此时，居委会同样面临调查走访压力大和专业能力不足等困难，虽然一些居委会干部也向街道提出了请专业社会组织帮助开展调研的需求，但街道有关部门并未提供支持。访谈中一位居委会干部谈道：

> 同样是调查走访，其实经济调查还更复杂一些，但街道就没有提供支持。在开展"社区分析工具"调研的时候，全程都有专业机构和社会组织在提供帮助，包括具体访问都是社会组织在做，我们也知道明显后面这个（工作）是街道的重点。（访谈资料，2019 年 5 月 11 日）

观察表明，结对机制的强化建立在持续回馈的特殊主义原则上。面对街道的倾斜性支持，区民政部门也为 T 街道经验的"点亮"提供了倾斜性支持。当区民政局在 2018 年获得重要机遇承办全市民政系统"分类治理"现场会时，区民政局首先考虑将现场会安排在 T 街道，在市民政局主要领导和区委主要领导在场的情况下安排 T 街道领导就"社区分析工具"取得的效能和经验做主旨发言。同年年底，当民政部领导到 S 市考察社区精细化治理时，区民政局也优先安排领导至 T 街道考察并听取街道领导汇报。此外，我们检索了近两年 A 区民政部门向区政府提交的相应工作汇报和工作总结，都能看到对 T 街道运用"社区分析工具"的案例介绍。这些做法进一步强化了民政部门与 T 街道之间的密切合作关系。在后者的支持和配合下，区民政局打造了"分类治理四步工作法"等一系列工作亮点，成功获得了区委主要领导的关注。2019 年，"社区分析工具"的推广和深化成为区分管领导提出的工作要求。

我们深入跟踪 T 街道推动"社区分析工具"的实践发现，整个过程较好兼顾了区民政局的创新要素与街道的创新做法，在这个意义上出现了符合条块创新偏好的要素集聚（命题 3.5）。区民政局强调"社区分析工具"不仅是一种调查统计工作，而且是新时期居委会群众工作方法的重要载体，因此始终要求由居委会干部完成大部分的走访和调研；但街道根据实际情况引入了专业社会组织帮助收集居民需求信息，试图强调"让专业的人干专业的活"。最后，实际走访和需求调研变成居委会干部陪同专业社会组织入户开展调研，即使居委干部提前联系好了走访工作，也须陪同社会组织专业人员入户调查。一位居委会干部对此有些不理解：

> 这个有时候也有点形式化，其实我们帮社会组织调查的人联系好入户，和居民打好招呼后，他们去调查就好了，但街道要求我们还是要全程陪在边上，我们工作又忙，其实没那个必要。

（访谈资料，2019年5月13日）

T街道与民政部门"结对竞赛"的机制建立起来后，在T街道得到深入实践的"社区分析工具"能否在更大范围内得到同样的重视与推进呢？笔者观察发现，这一时期其他街镇对待"社区分析工具"的态度发生了微妙的变化。总体来看，分为三种情况。第一种情况是少数街道表现出了一定程度上的不支持态度，这一点区民政部门实际上很清楚。因为最终的需求数据是要汇总到区民政局的，后台过一遍数据就知道调查的质量。区民政局的有关同志发现，这些街道"采集的很多数据都是复制的，连作假都不考虑像一点"。可以想象，这些街道基本上没有认真探索"社区分析工具"的创新经验。第二种情况更为普遍，多数街镇会在"过得去"的程度上完成工作，它们也会要求下属居委会配合区民政部门进行数据收集和资料分析，但通常不会像T街道这样在调查问卷和调查方法的优化上花工夫，更不会通过购买服务的方式帮助居委会收集信息。在这些街镇，居委会通常把"社区分析工具"当作与其他事务无甚差别的常规工作来做，上级布置什么就干什么，缺乏额外创新动力（命题3.2）。第三种情况则出现在少数街镇，以P街道为例，其在探索"社区分析工具"的同时不断注入自己的创新要素，甚至研发了街道自身的工作系统和平台。P街道强调自己在区民政局已有工作的基础上建立了更为系统和创新的工作机制，试图打响自己的品牌，这相当于给创新做法贴上了自己的标签。对于第三种情况，区民政局也会在一定程度上表示支持，但支持力度比对T街道弱一些。区民政局的一位同志谈到了对P街道这些做法支持和理解的缘由：

本质上，这些做法都是"社区分析工具"的进一步延伸，街道有自己的积极性做自己的系统，我们都支持，因为要考虑到街道的个性化延伸设计。（访谈资料，2019年5月21日）

在笔者看来，区民政局对待第三类街道的态度是极为明智的。回顾"社区分析工具"过去三年的创新实践，若没有"结对竞赛"机制，很多关键的亮点就难以落地。但一旦采用这种结对机制，其他街道就缺乏继续跟进的积极性。第三类街道的做法相当于在实践过程中悄然改变了创新经验的"所有权"。借此，街道可以声称自己虽然在民政部门的指导下开展工作，但通过发挥自身的创造性构建了更先进的经验。当这种创新经验更多地被打上街道的烙印进而成为其印象政绩竞争的筹码时，街道会更乐于投入资源，区民政部门的治理目标也在一定程度上实现了。因此，这个案例末尾发生的有趣现象实际上具有丰富的政策含义：当"条条"部门推动的治理创新工作采用"结对竞赛"模式时，必须给基层"块块"自由探索并打上自己的标签提供一定空间，否则该创新活动会遇到难以推广的困境。

（四）对案例的进一步讨论

上文呈现了A区民政部门以"结对竞赛"方式推广"社区分析工具"的政策创新过程。案例中的许多关键组织机制都印证了本研究在理论部分提出的相应命题与推演。实际上，过去几年，笔者还观察了来自城市基层党建、社区自治、培育社会组织等领域的多组案例，都能从中发现清晰的"结对竞赛"创新机制。借助这种新型机制，一些创新做法在特定范围内得到了深入实践，但在更广泛的空间维度和时间维度，这些创新的稳定推进则难以保障。接下来本研究围绕案例中呈现的条块政治对"结对竞赛"的深层组织机理展开进一步讨论。

第一，关于结对机制的适用范围。本案例中，在民政部门最初低估了"社区分析工具"所需的基层投入时，其并没有选择结对机制，而是试图直接推动创新。同样，T街道在推动与"社区分析工具"类似的"掌心汇"时，也未采用结对机制。这表明，在当前城市基层治理与公共服务领域，并非所有创新都会采用结对机制，这一机制的启用实际上与创新经验的任务属性有一定的关联。如案例所示,"社区分析工具"这类创新任务有两大特征。一是需要基层"块块"强有力的配套支持。这类工作大多需要基层投入较多资源,且上级配置的资源不足以推进改革,需要基层额外投入,若非如此,"条条"很容易采取标准化的政策实践方式来推动创新。二是政策实践的创新性存在分歧,高度依赖上级职能部门的认定。就本案例来说,居委会的信息收集系统创新是一种容易引起争议的做法,因为这种做法在提升居委会精准服务能力的同时,客观上也会增加居委会的工作负担,而这与上级政府强调的"为居委会减负"的目标有所冲突。因此,没有上级"条条"部门的坚定认可和有效背书,类似"掌心汇"的经验很难上升到较高层次引起高层政府注意。我们注意到,在基层治理实践中,越是同时具备上述两种任务属性的创新活动,越容易引发"结对竞赛"机制,结对的程度也随着这两种任务属性结合度的不断提高而显著提升。

第二,关于"结对竞赛"中的关键角色及其行为逻辑。如案例所示,条块的副职群体是"结对竞赛"中联结不同部门的关键角色。研究发现,这一群体不仅对制度创新较为敏感,还是"下管一级"体制下更注重直接上级对其政绩看法的官员群体。田野调研中,一位领导从干部管理权限的角度指出了其间的要点:

> 条块副职的关键晋升权直接掌握在区委、区政府手中,也就是说,如果这些干部能成功在直接领导和区领导层次树立起肯干、能干、会干的形象,区政府就可以直接提拔。也就是说,区里有直接的决定权。对这个群体来说,他的创新努力和发展关联度更大……但街镇一把手或者委办局的一把手就不一样,除非他是平调积累资历,这个是区里能定的;但他要实现关键的职级跳跃,就是要变成市管干部(副局级),这个区里是没有决定权的,区里只能是推荐,关键要市里定,不确定性就大得多了。(访谈资料,2019年6月28日)

这意味着,对于条块副职而言,如果其能有效构建引起上级注意的印象政绩,那么同等情况下获得升迁的概率比正职更高。因此这一群体往往是各种治理创新的重要推动者或者创新政策的落实推进者。副职群体的主要特征是并不统筹全面工作，通常仅聚焦于具体业务，因此其推动"结对竞赛"时往往优先从自身业务领域出发，这客观上会导致创新局限在有限范围内，难以形成整体优化的制度格局。

第三，关于"结对竞赛"过程中的政策设计。案例表明，要化解"结对竞赛"中创新做法难以横向扩散的问题，需要政策设计留有较多空间以便为结对以外的基层政府再次创新保留可能性。本案例中，区民政部门的政策设计就较为宽容，这客观上有助于其他基层政府在创新的同时对基本经验加以完善。我们在 P 区观察到的一个案例则提供了反面的经验：P 区组织部门与一个街道结对，成功打造楼宇党建的新平台后，以极为技术主义和标准化的制度创新思路将这一经验向全区所有街镇推广，由于这一推广过程奉行严格的标准化建设思路，未给学习者留下足够的创新空间，这一创新做法实际上遭到基层的普遍抵制。换言之，"条条"部门一旦采用"结对竞赛"机制，在政策设计上就要充分考虑这种组织机制的复杂效应，使政策设计能兼顾基层创新者的利益。

总体而言，城市基层治理中的"结对竞赛"机制在很大程度上已成为影响当前社会领域政策创新和执行水平的重要因素。我们相信，对"结对竞赛"的深入研究将进一步打开组织学对治理创新研究的新视角。迄今为止，由于分析工具和研究资料的匮乏，我们虽能在经验研究中勾勒出一组组"结对竞赛"机制，但仍无法分析不同的结对组合间竞争的过程与机理，也就难以理解现有体制结构对创新行为的深层筛选规则。而要深入分析这些问题，或许需要不断深入揭示条块政治的理论黑箱。

四、讨论与结语

借助"结对竞赛"这一新型理论视角，我们得以揭示城市基层治理领域的政府竞争行为及其后果。本研究发现，"结对竞赛"组织机制的出现和强化在很大程度上归结于两个重要条件：一是在基层治理多目标任务的环境下，政府治理绩效难以被客观测量和横向比较；二是"块块"的经济职能被取消以及财政灵活性弱化后，"条条"地位的上升。在这两个条件的综合作用下，基层条块关系呈现既合作又竞争的"结对竞赛"特征，这与传统研究所强调的条块分割现象[1][2][3]有着重要区别。

我们注意到，"结对"这一词汇在中国治理体系中被广泛运用，如在地区发展和对口扶贫领域广泛存在"结对"现象。国家通过推动发达地区（例如上海）与欠发达地区（例如新疆喀什）结对，实现不同区域的协同发展。此外，近年来许多地区依托党建工作机制，在一些政府机关与基层社区之间建立起结对共建机制，帮助社区获得更好的发展。[4] 在项目制背景下，上级职能部门通过项目与下级"块块"建立起稳定联系[5][6]，也可以算作某种意义上的结对。那么，我们所说的"结对竞赛"与上述林林总总的结对现象之间有何差别呢？

首先，本研究讨论的城市基层治理领域的"结对竞赛"现象与印象政绩的模糊难测有关，因此，需要作为业务主管部门的"条条"与业务落地后实际推进的"块块"部门共同推进某项创新工作。这种结对发生在"条条"与"块块"之间，在我们所讨论的治理情境下，"块块"之间或"条条"之间由于存在直接竞争不太可能实现结对。此外，这种结对多是"条条"与"块块"在面对政绩压力时自发形成的。前文提及的对口扶贫等结对机制则是在"块块"属地政府之间展开的，其背后往往是更高层级政府的战略安排，因此这种结对不是自发形成的，往往反映的是国家意志和宏观制度安排。质言之，本研究讨论的"结对竞赛"反映的是形式更为复杂的政府竞争行为；而对口扶贫之类的结对反映的是一种跨地区的资源配置机制。

---

[1] 马建堂：《改革宏观管理体制 破除条块分割弊端——评理论界关于打破"条块分割"的讨论》，《南开经济研究》，1986年第1期，第17-21+41页。

[2] 马力宏：《论政府管理中的条块关系》，《政治学研究》，1998年第4期，第68-74页。

[3] 孙发锋：《从条块分割走向协同治理——垂直管理部门与地方政府关系的调整取向探析》，《广西社会科学》，2011年第4期，第109-112页。

[4] 长沙市岳麓区征地办、岳麓区经信局先后与学士街道学泰村、白鹤社区签订结对共建协议，开展结对共建活动。

[5] 周飞舟：《财政资金的专项化及其问题：兼论"项目治国"》，《社会》，2012年第1期，第1-37页。

[6] 渠敬东：《项目制：一种新的国家治理体制》，《中国社会科学》，2012年第5期，第113-130页。

其次，本研究所讨论的"结对竞赛"是政府竞争中一种非正式的行为机制，其形成、发展和强化都没有正式制度的保障，因而具有一定的偶然性与不稳定性。相较而言，前文所述发生在党建领域的结对共建机制则是正式制度期许和保障下的合作行为，是一种例行化的较为稳定的政府组织行为。但就结对的实质强度而言，"结对竞赛"因为兼容了"条条"与"块块"的政绩竞争目标，有时反而比结对共建机制更具微观激励基础。

最后，与项目制背景下的结对现象相比，"结对竞赛"机制与其在目标、形式与后果等多个维度都有重要区别。就目标而言，项目制暗含了项目发包方试图重新对地方政府行为进行控制的制度意图[1]；但"结对竞赛"的目标是实现"条条"与"块块"在政绩上的双赢，而非实现一方对另一方的控制。就形式而言，项目制通常是以财政资金的专项拨付为基本形式，伴有严格的规范化程序与制度；"结对竞赛"的形式则更为多样，除了围绕专项资金展开合作外，还可以围绕相应的创新制度、创新理念开展合作，合作过程更强调条块的默契与协同，通常不存在严格的程序与制度来约束合作方式。就组织后果来看，项目制背景下，一个"条条"部门可以同时与多个属地"块块"政府建立起合作关系[2]；但在"结对竞赛"机制下，"条条"部门的某种创新做法通常仅会与特定的"块块"合作。换言之，项目制并不一定会导致上级"条条"以特殊主义原则对待项目流入地的"块块"，但"结对竞赛"机制通常会导致特殊主义和潜在排他的政府间关系。

在厘清了"结对竞赛"与中国政府体系内其他各类结对机制的区别后，我们将回到"竞赛"这个维度进一步讨论其与传统地方政府竞争机制的区别。总体而言，"结对竞赛"最终指向的仍然是官员晋升竞争，在这一点上其与锦标赛竞争是一样的；条块作为组织机构本身并不会自发结对，而是机构背后的官员出于政绩考核和晋升的考虑结对。但是，

---

[1] 渠敬东：《项目制：一种新的国家治理体制》，《中国社会科学》，2012年第5期，第113-130页。

[2] 例如，就"适老性住宅改造"项目而言，区民政局可以同时向多个符合要求的街镇发放项目，并在业务上对项目的落地实践进行指导。

与经济领域传统的 GDP 晋升锦标赛相比,"结对竞赛"所处的制度环境以及由此衍生的相应组织机制存在诸多区别。

如表 1 所示,"结对竞赛"是城市基层治理领域面对不易测量的多目标考核后出现的一种官员晋升竞争机制。这一机制的出现与强化往往伴随着基层"块块"财权灵活性的下降与"条条"地位的上升。由于"结对竞赛"需要构建印象政绩,因此结对创新者有很强的创新动力,但不太倾向于在同一竞争圈子内学习潜在竞争者的经验。相比之下,在锦标赛模式下,竞争者学习相邻地区的创新经验能够很快实现 GDP 增长,因此更乐于学习,相应经验很容易快速扩散。此外,竞争者深度创新需要承担较大的风险,在任期等因素的综合限制下,竞争者的创新动力相对缺乏。总体来看,如果说锦标赛机制刻画了"块块"围绕经济增长而相互竞争的状态,本研究呈现的条块"结对竞赛"机制则勾勒了淡化经济职能、强化社会治理职能后基层竞争的新格局。

表 1 城市基层治理领域的锦标赛机制与"结对竞赛"机制的比较

	官员晋升竞争机制	
	锦标赛机制	"结对竞赛"机制
目标考核	以可测度的 GDP 指标为中心目标	不易测度的多目标考核(印象政绩竞争)
条块关系	条块结合,以块为主	条的位置与作用上升(资源支持,考核通道)
竞争形式	"块块"竞争为主	条块"结对竞赛"
学习机制	创新的学习机制较强,往往是就近学习,经验扩散快	创新的学习机制相对较弱,容易形成"百花齐放"格局,更可能在竞争圈子以外的远端学习
创新动力	创新动力不足,更乐于学习与模仿	过度创新,学习少,"盆景"多

与锦标赛机制相比,"结对竞赛"机制的作用范围更有限,主要在城市基层治理领域发挥作用。在更高行政层级,由于客观可测的经济发展指标仍是关键绩效指标,且高级行政区总体上还是"条块结合,以块为主"的体制格局,"结对竞赛"机制较少发挥作用。因此,"结对竞

赛"这一政府竞争机制并不是像锦标赛机制那样贯通不同层级政府的总体性治理机制。不过，随着国家在更大的范围内推进基层政府职能转变，"结对竞赛"机制适用的地域范围将不断扩大，逐步从一线特大城市向主要经济发达城市扩展。总体来看，"结对竞赛"机制是近年来国家不断深化基层治理体系改革、推动积极有为的基层公共服务体系改革过程中的重要伴生机制。

本研究仅仅开启了一个以条块政治视角研究城市基层治理创新中政府行为的新进程。迄今为止，关于"结对竞赛"的深层组织机制和印象政绩的作用机理，仍有许多值得进一步探索的问题，如不同类型"条条"部门采用的结对机制有何区别？在微观层次，创新行动者相互结对的条件与约束是什么？影响结对紧密程度的要素有哪些？结合干部管理体制，印象政绩是如何具体发挥作用的？我们认为，随着这些问题不断被揭示，研究者对城市基层治理创新的政治过程及其制度后果将形成更坚实的理论认知。

作者简介：黄晓春，上海大学社会学院院长、教授；
　　　　　周黎安，北京大学光华管理学院副院长、教授。

第四章 空间结构如何塑造街邻关系？[*]

贺霞旭

一、引言

促进城市社区整合是增强国家基层治理能力的重要途径，街坊/邻里关系（简称"街邻关系"）是社区整合的重要方面。社区整合是指一个社会/社区的人与人、人群与人群之间，通过共同信仰、情感基础、共享规范等形成紧密且有序联系的状态。[1] 街坊/邻里关系是以地缘为基础形成的人际关系，也指面对面的或直接交往的密切互动。结合地缘关系与交往关系两类视角，存在"只是邻里"（just neighbor）和"真正的邻里"（real neighbor）的区别，前者仅指地理上的关系，凑巧而居成为邻，但彼此不来往，彼此没有关系，后者是邻居关系，有来往。[2] 现代城市社区对街邻关系的改善，是试图使凑巧为邻能过渡为真正的邻里。由于社区具有共同体和社会的二元特征，这种改善使得现代社区功能的发现和重塑需要介于传统紧密团结的共同体和陌生人社区二者之间[3]，培养出有限的社区责任和适度连接的社会关系。因此，促进街

---

[*] 本章内容最初刊于《社会》，2019年第2期，第85-106页。

[1] 蔡禾、张蕴洁：《城市社区异质性与社区整合——基于2014年中国劳动力动态调查的分析》，《社会科学战线》，2017年第3期，第182-193页。

[2] 郑也夫：《城市社会学》，北京：中国城市出版社，2002年，第81页。

[3] 肖林：《现代城市社区的双重二元性及其发展的中国路径》，《南京社会科学》，2012年第9期，第55-61页。

邻关系也是社区整合的目的之一。

在传统农业社会,以血缘和地缘为主的社会关系是实现社会整合的基础。而在单位制时期,以单位或国家资源为主的单位人关系是实现社区社会整合的基础。随着单位制的解体,商品房的兴建成为主流,城市纵向的阶层分化与横向的人口流动多元分化增强了生活空间内的异质性,社区整合变得愈发困难。

社区整合与社区空间存在密切联系。城市社区中就空间结构而言,包括社会空间、物理空间、生态空间等,不同空间具有不同的属性且相对独立。而城市社区研究重视社会空间或物理空间这类单一空间,忽略了空间的其他属性,使社区空间研究缺乏系统性和整体性。

社会空间结构、物理空间结构和生态空间结构统一于社区中。首先,社区本身是一个具有空间边界,以地缘关系或居住关系为纽带的社会生活共同体。空间、人口和组织三者之间的循环互动塑造了不同的社区性和程度不一的社区共同体[1],此空间指的是由道路、建筑等构成的物理空间,是社区的实体环境。其次,城市社区紧凑的空间、混合用地和公交导向的形式,存在污染、交通拥堵、噪声等问题,降低了居民的生活质量,使得生态空间问题成为当前亟待重视的问题。最后,社区的空间结构是各类要素在社区范围内的分布和联结状态,三种类型的空间结构统一于社区而互相影响。同时,三类社区空间自身或因互动带来空间的公共问题,解决方法又依赖于空间互动,并在空间互动过程中影响了社区凝聚力的变化。本研究将采用全国大规模调查数据,详细分析社区的社会空间结构、物理空间结构和生态空间结构对街坊/邻里关系的影响。

二、概念界定

(一) 街坊/邻里关系

街坊/邻里关系是居民的社会关系之一,具有地缘性、非正式性和

---

[1] 黄晓星:《社区运动的"社区性"——对现行社区运动理论的回应与补充》,《社会学研究》,2011年第1期,第41—62页。

功能性等特征,部分居民的邻里是朋友、亲属、同事、同学等,具有多重社会关系。在城市规划理论中,邻里是指城市中一个比较小的、可被识别的、低层次的、可以满足居民日常需要服务设施的单元,存在于居民的住宅与城市之间。[1] 此外,邻里也指居住毗邻的人。街坊比邻里有更大的空间范围,指城市干道或者住宅区中由各条道路划分的建筑地块,面积一般为2—10公顷。[2] 街坊也指同街巷居住的居民。街坊/邻里意味着在空间地理位置、心理或文化、关系紧密度等方面具有特有特征,这种特征产生的效应有助于减少社会差别,促进社会平等。[3]

(二) 社区空间结构

空间与社区存在两种关系:空间范畴中的社区和社区范围中的空间。前者的实质是从空间视角出发对社区特征等的研究,空间有广延性并可伸张。后者则是给空间划定了边界,从微观社区视角对空间进行了类型化。对空间和社区关系的两种判别影响了社区空间结构的研究。根据第一种关系界定,社区空间可以指社区中居民点的空间构成和变化移动中的特点,以及社区的地域分布、生产力布局、土地利用和网络组织构成的空间形态。[4] 社区空间也可称为社区空间体系,包括商业、教育、绿化道路等职能或配套设施的空间综合区域,分为圈层式结构、带状结构、网络状结构、树状结构和自由式环路结构[5],甚至跨越了行政边界。本研究采用第二种关系界定,即微观层面的社区空间结构,包括社区内的人口、组织、文化、设施、景观、生态、经营和地理环境等要素,对其分类也借鉴了城市空间结构的分法。城市空间结构也称为城市内部结构,是指以一套组织规则连接城市形态和子系统内部的行为及

---

[1] 李道增:《环境行为学概论》,北京:清华大学出版社,2000年,第45页。

[2] 邓述平、王仲谷:《居住区规划设计资料集》,北京:中国建筑工业出版社,1996年,第1页。

[3] 罗力群:《对美欧学者关于邻里效应研究的述评》,《社会》,2007年第4期,第123-135页。

[4] 陈忠祥:《宁夏回族社区空间结构特征及其变迁》,《人文地理》,2000年第54期,第39-42页。

[5] 常健、邓燕:《社区空间结构防灾性分析》,《华中建筑》,2010年第10期,第31-34页。

相互作用，并将这些子系统连接成一个城市系统[1]，根据研究主题划分为生态空间、社会空间、经济空间、物质空间[2]、政治空间、文化空间和认知空间。社区空间属于城市空间的组成部分，其空间结构形态、功能等是前者的部分延续、简化和更具体化。在一定程度上，对城市空间结构的分类也适用于社区空间结构。借鉴城市空间结构的定义，社区空间结构是以一定的组织规则将社区形态及相互作用连接整合为一个社区系统[3]，它是社区层次的客观背景结构。

本研究选择社区的物理空间结构、社会空间结构和生态空间结构进行实证研究。物理空间结构和生态空间结构是实体环境。虽然任何实体都包含了生命的和非生命的部分[4]，但对于生态空间和物理空间而言，其组成要素的侧重点是不同的。物理空间结构的构成多以非有机的元素（如建筑、门禁、道路、公共设施等）为主；生态空间结构的组成中更重要的部分是生命有机体（绿地、植被等）或构成自然的基本单元（如空气、水、土壤等）；社会空间结构是由主体属性构成和主体行动重构形成的空间结构，包括居民和社区内组织建构的属性，以及他们的行为与活动等。在社区空间结构的类型化中，其他空间结构类型都以上述三类空间结构为基础，认知、文化、政治和经济空间结构需要通过以上三类空间结构来展现和完成。物理空间结构、生态空间结构和社会空间结构聚焦在社区范围，发挥各自功能，并在社区内形成互动、循环，对社区的凝聚力产生重要的影响。

三、文献回顾、指标测量与研究假设

已有关于街邻关系影响因素的研究可以归纳为以下两个方面。其

---

[1] 冯健、周一星：《中国城市内部空间结构研究进展与展望》，《地理科学进展》，2003年第3期，第304-315页。

[2] 周春山、叶昌东：《中国城市空间结构研究评述》，《地理科学进展》，2013年第7期，第1030-1038页。

[3] 靳美娟、张志斌：《国内外城市空间结构研究综述》，《热带地理》，2006年第2期，第134-138页。

[4] 葛永林：《尤金·奥德姆的生态系统概念内涵及其欠缺分析》，《自然辩证法通讯》，2018年第3期，第18-23页。

一，微观个体的人口特征、社会阶层地位、户籍和房屋产权属性因素对于街邻关系的影响有较为一致的结论。例如，社区中本地户口或城镇户籍的居民比外地户口或农村户籍的居民街邻关系好，业主因共同的产权意识在社区的邻里关系好于租户。[1] 其二，居民的心理、生理和社会属性及其相互联系影响了交往动机而表现为外在的不同水平的邻里关系。然而，以往研究指出，中观层次的社区空间结构对街邻关系的影响主要集中在社会空间，但对物理空间和生态空间的研究并未得到重视。

（一）社区社会空间结构与街邻关系

与物理的、生态型的较为稳定的空间结构相比，社区的社会空间结构更具灵活性，具有结构的二重性。吉登斯[2]的结构二重性理论认为，结构是一种框架，也是一种构成，即以社会行动的生产和再生产为根基的规则和资源同时也是系统再生产的媒介，结构总是同时具有制约性与使动性。在理解社区的空间结构时，我们可以借用吉登斯的结构二重性理论来分析社区，当社区的社会空间结构充当一种规则时，将对居民行为产生制约，当其作为一种构成时，居民的行动实践又再生产空间结构。与其他类型的空间结构相比，社区社会空间结构的二重性更加明显，社区社会空间既包含由居民主体属性的组成而形成的结构，也包括居民主体行动而重构的空间结构。

在社区社会空间研究中，社区类型和异质性是两种重要的因素。社区类型作为社区间的差异，围绕该类划分展开的研究有基本一致的结论。例如，相比于传统的社区，商品房小区的居民邻里关系较弱，但对基于物理环境的满意度而产生的邻里依附较强[3]，原因之一是街坊型社区的居民居住时长高于商品房社区，使街邻的熟悉和交往程度较高。

社区异质性影响街邻关系。异质性表现为三个方面：分化、特殊性和差异性。分化主要是指将性质相同的事物变成分裂的事物，将统一的

---

[1] 贺霞旭、刘鹏飞：《中国城市社区的异质性社会结构与街坊/邻里关系研究》，《人文地理》，2016年第6期，第1-9页。

[2] 吉登斯：《社会的构成》，北京：生活·读书·新知三联书店，1998年，第87-90页。

[3] Zhu, Y. S., Breitung, W. & Li, S. M. The changing fancy of neighbourhood attachment in Chinese commodity housing estates: Evidence from Guangzhou. *Urban Studies*, 2012(11), pp. 2439-2457.

部分瓦解；特殊性是指区别于他类的独特性；差异性是指差别。社区异质性主要是指社区内的差异性，即社区内的居民在某方面的特征的差异。国外社区的异质性研究主要聚焦于收入不平等或种族异质性两方面。收入不平等主要代表了阶层差异；种族异质性不仅反映了文化、价值观、生活方式等的差异，还具有综合性意义。

异质性在以往的经验研究中有以下研究结论。

首先，层次差异的异质性具有普遍负面作用。无论是在国家、城镇，还是社区的层次，异质性都会削弱人们的参与水平，降低居民的信任度和社区依恋感等。当异质性聚焦于社区层次时，阿莱西尼亚和费拉拉[1]利用收入、种族和民族三个维度分别构建了收入不平等、种族和民族分隔指标，发现同质性程度越高的社区，社会交往水平就越高。社区内收入不平等和种族混合度高是影响居民参与的最重要因素。同时，他们发现，社区内种族的异质性程度越高或人口流动性越强，社区信任度就越低[2]。赖斯和斯蒂尔[3]发现，社区内异质性程度越高，居民的社区依恋指数越低，社区活动参与率也越低。城市中高度异质性社区中的街邻关系比低度异质性社区差。社区社会空间中的异质性是形成居民隔离的因素之一，这种隔离现象仅会在异质性程度较高的社区中较为明显，在异质性水平中等或较低的社区中并不明显。[4]

其次，异质性并不总有削弱作用。其一，维度差异的异质性具有选择性削弱作用。种族异质性或民族语言分化只对邻里信任这种特殊信任有负面作用，对一般信任没有影响。[5] 多元化城市中的多样化的朋友关系能够缓解城市水平的种族异质性效应，促进社会信任，而邻里水平

---

[1] Alesina, A. & La Ferrara, E. Participation in heterogeneous communities. *Quarterly Journal of Economics*, 2000(3), pp. 847-904.

[2] Alesina, A. & La Ferrara, E. Who trust others? *Journal of Pubilc Economics*, 2002(2), pp. 207-234.

[3] Rice, T. W. & Steele, B. White ethnic diversity and community attachment in small Iowa towns. *Social Science Quarterly*, 2001(2), pp. 397-407.

[4] 贺霞旭、刘鹏飞：《中国城市社区的异质性社会结构与街坊/邻里关系研究》，《人文地理》，2016年第6期，第1-9页。

[5] Sturgis, P., Brunton-Smith, I. & Fife-Schaw, C. Public attitudes to genomic science: An experiment in information provision. *Public Understanding of Science*, 2010(2), pp. 166-180.

的种族异质性在纳入收入不平等因素后,对信任的影响消失了。[1] 这说明,种族异质性和不平等因素对邻里信任的影响可能存在差异,异质性并不总是妨碍邻里信任或交往,它在某些情况下可能并不发挥作用。其二,维度差异的异质性具有选择性促进作用。例如,移民带来的人口和文化多样性并没有改变核心组织的阶层结构,对信任和凝聚力均有积极作用。[2] 李洁瑾等[3][4]对城市社区异质性问题进行了分析,提出异质性增强可能会抑制整合性社会资本,但能促进链合性社会资本,并发现村层次的职业异质性会增加村层面的人际信任。

如果社区异质性的负效应在某种程度上无法避免,寻找异质性负效应的补偿效应就会很重要,居民参与是增强凝聚力的途径之一。

参与是指加入某种组织或参加某种活动,是产生认同的基础,能提高信任水平、异质性包容力和社会责任感等。[5] 社会参与是一种桥梁,居民能通过参与而彼此熟悉和获得信任。在已有的社区治理研究与实践中,治理方式,无论是项目制治理、服务型治理,还是多元治理或合作治理,与增进凝聚力的实质一样,都是以参与发挥正向功能为前提,参与的主体可以是个体或组织。社会组织参与社区服务主要包括两个层次,一是居民个体层次,满足居民不同内容和水平的需求,如维权、志愿服务、文体娱乐活动等;二是社区层次,生产社区公共空间,构建社区社会资本。例如,为了突破居民个体力量弱小和个体私利的局限,形成公共议题,整合共同的利益,社区社会组织可以联结分散的居民,改变社区公共空间和社区公共权力结构。[6] 居民参与社会组织的活动对

---

[1] Phan, M. B. We're all in this together: Context, contacts, and social trustin Canada. *Analyses of Social Issues and Public Policy*, 2008(1), pp.23–51.

[2] Portes, A. & Vickstrom, E. Diversity, social capital, and cohesion. *Annual Review of Sociology*, 2011, 37, pp.461–479.

[3] 李洁瑾、黄荣贵、冯艾:《城市社区异质性与邻里社会资本研究》,《复旦学报(社会科学版)》,2007年第5期,第67–73页。

[4] 李洁瑾、桂勇、陆铭:《村民异质性与农村社区的信任——一项对农村地区的实证研究》,《中共福建省委党校学报》,2007年第2期,第53–56页。

[5] 胡荣、李静雅:《城市居民信任的构成及影响因素》,《社会》,2006年第6期,第45–61页。

[6] 李雪萍、曹朝龙:《社区社会组织与社区公共空间的生产》,《城市问题》,2013年第6期,第85–89页。

街邻关系会产生积极影响,本研究选择了居民参与居委会、业委会、自益性社会组织和益他性社会组织的频率,构建了社区居民的平均参与率。

首先,居委会具有法律授予的自治权,在社会治理、社区公共服务和风险预控等方面的功能被重视。[1] 但实际上,居委会已经褪去自治组织的法理属性,而作为"类行政组织"扮演国家代理人的"准政府"角色[2],行政化倾向严重。它作为权威性的非政府组织,享有政府赋予的管理基层社会的权力,可以给居民提供沟通和参与的平台,协助居民解决社区中的公共服务问题。尤其在政府推进公共资源下沉到社区时,居委会便是主要的执行者。

其次,业委会只代表住宅所有者的利益,对物业进行监管。业主参与业委会活动(如选举)的直接动机首先是建设好小区环境,其次才是维权。[3]

再次,居民自益性社会组织的参与以休闲、娱乐、体育锻炼和身心健康为主,以满足群体内的需要,较少产生益他性的效果。但参与了自益性社会组织活动的居民能在参与中培养异质性包容和异质性共融精神,进而促进街邻关系。

最后,公益组织是民间志愿性的社会中介组织,志愿者团体是以志愿精神为动力无偿提供服务的益他性组织,它们的服务项目繁多,且辐射全社会而非仅限于社区。根据以上社会组织在社区中作为的分析,本研究提出以下假设:

假设1:社区居民平均参与社会组织活动频率越高,街邻关系越好。

(二) 社区物理空间结构与街邻关系

社区物理空间与街邻关系有紧密的联系。社区中的物理空间包括公共空间和私有空间。在商品房社区,任何物理空间都是通过付费拥有

---

[1] 罗红霞、崔运武:《悖论、因果与对策:关于社区居委会职责的调查思考》,《理论月刊》,2015年第7期,第146-151页。

[2] 杨爱平、余雁鸿:《选择性应付:社区居委会行动逻辑的组织分析——以G市L社区为例》,《社会学研究》,2012年第4期,第105-126+243-244页。

[3] 夏建中:《中国城市社区治理结构研究》,北京:中国人民大学出版社,2012年。

的，公共和私有的概念因而都是相对的。物理公共空间是社区居民可以共同享用的地方，城市社区的实体公共空间包括社区小公园、小广场、户外或室内的娱乐和体育活动场所、道路、停车场等，是开放性的地方。社区私有空间是有明确私人产权所属的空间，如住宅、每栋有门禁的楼宇等，具有封闭性的特点。

中国当前的城市社区空间主要呈现为封闭形态，是一种私有的物理空间。建筑物的安全装置、门锁、街灯等被认为能有效减少犯罪，也反映了陌生人社会居民对居住安全感需求的渴望。同时，居住在封闭空间的居民因社区围墙和大门等象征安全领域标识的存在，对社区内外、"我们—他们"空间的分隔感强烈，这些标识创造出的"集体"身份有助于居民社区感的增强，也有利于社区管理。对于社区整体而言，封闭使社区成为一个个孤岛，而开放社区的共享社会资源受众面更广泛，体现出环境与行为的共生性，更加充满活力。也有研究认为，安保设施水平并不完全影响盗窃行为[1]，但毋庸置疑的是，有门禁、保安门卫和防盗系统等安全设施会增加犯罪实施的难度。较为理性的犯罪分子可能会转换犯罪地点、目标和手段，而短期犯罪行为是否减少或社区整体的治安状况是否得到改善仍有待验证。

保安门卫系统或楼宇门禁系统具有一体两面的属性：一面是保卫功能，另一面是对内聚合和对外排斥。设有楼宇门禁系统的社区或住宅实质上是拥有安全保障和固定界限的区域。楼宇门禁系统不仅具有实质性的安保功能，也能营造出社区或住家的感觉，将社区或住宅这一城市的具体片段缩小为居民心理上认可的安全范围。楼宇门禁既排斥社区外居民也排斥非本楼宇的社区内居民进入，围合的楼宇内空间阻挡了社区内居民的直接来往，增加了社区内隔离，削弱了街邻关系。由此，本研究提出以下假设：

假设 2.1：社区的楼宇门禁越多，街邻关系越差。

规划和设计可供停留、沟通和交往的公共空间是社区规划者所秉持

---

[1] 肖露子、柳林、宋广文等：《基于理性选择理论的社区环境对入室盗窃的影响研究》，《地理研究》，2017 年第 12 期，第 2479-2491 页。

和实践的理念，以增强实体公共空间的促进交流功能。正所谓，没有物理的公共空间，没有地方让人们聚在一起说话，就不能形成社区。[1]地理学或规划领域的社区物理空间研究认为，物理空间为街邻提供一种交往的场所，是邻里交往的物质基础。社区的建筑配置、道路系统等因素因为影响了邻里接触互动的机会从而影响了邻里关系。[2] 这意味着，物理空间带来的场所或接触机会的增多会促进居民的街邻关系。配套合理的社区公共设施可以缩小居民之间的距离感，有利于邻里交往[3]，当前社区中的公共物理空间多以运动设施组成的运动或健身场所（如球场、游泳池、有健身器的场所等）、公园、广场的形式呈现，为居民的社区交往搭建了平台。由此，本研究提出以下假设：

假设2.2：社区内的共享设施越多，居民的街邻关系越好。

（三）社区生态空间结构与街邻关系

社区空间结构具有系统性，当前侧重社会空间和物理空间的研究忽略了生态空间。近些年出现了热门的生态城市建设、生态社区建设等概念，其中的生态是以人与自然和谐的可持续发展为理念的建设模式，生态空间成为社区空间结构研究的重要组成部分。它们依托于环境心理学中生态环境与人的行为关系理论，对于完善社区空间结构研究有积极作用。

心理学从人出发看问题，认为人既受环境影响，也能积极改造环境。"环境学习理论"认为，人的行为受到自我意识和外在环境的影响，人具有学习、分析、概括等能力，可以接受周围环境的各种刺激而做出抉择，以调节自己的行为，也可以通过观察别人的行为及后果产生仿效行为。[4] 居民可以基于对所处生态环境的学习产生不同的互惠交往或

---

[1] 吉尔·格兰特：《良好社区规划：新城市主义的理论与实践》，叶齐茂、倪晓晖译，北京：中国建筑工业出版社，2010年，第156页。

[2] 卫万明、洪介仁：《社区配置及居民特质于邻里关系影响之研究》，《都市与计划》，2001年第1期，第39-67页。

[3] 杨田：《居住区户外交往空间与邻里关系的思考》，《南京艺术学院学报·美术与设计版》，2010年第2期，第145-149页。

[4] 孙峰华：《当代感应和行为地理学的人—环境理论——人格、态度和空间选择理论》，《人文地理》，1994年第1期，第54-58页。

情感信任。勒温（Lewin）的"心理场域说"（psychological field）认为，行为（B）是人（P）与环境（e）的函数，用$B=f(P,e)$来表示，行为并不仅是外界刺激所致，还依赖于个人和环境的相互作用。[1] 班杜拉（Albert Bandura）的"交互决定论"（reciprocal determination）认为，复杂行为的学习并不能以环境与个体简单的双向关系来解释，环境对行为的影响太多且牵扯内在的个人因素，"交互决定论"认为，行为（B）、个体（P）和环境（e）三者彼此相互作用，构成三向关系。[2] 居民的个体特征可以激活生态环境和街邻交往间的关系。在生态环境中，人通过感觉获得实际的生态环境认知，并结合以往经验产生环境知觉。例如，讲究色彩搭配的生态美学、永续理念的生态环境绿化和资源回收利用、视觉舒适的光线、含氧量高的空气、干净的水源和土壤等营造的生态空间提升了社区的美感和居民的安适感，使居民产生良好的环境知觉，影响居民的交往行为。

生态学将机体、行为与环境视为一个完整的体系，"环境或然率论"（environmental probabilism）认为，环境与行为之间存在一定规律性的关系，机体、行为与环境之间的持久关系可被发现。[3] 修正的"环境可能论"认为，环境只是行为的范围，现代技术、资金和组织使环境对人们的限制范围缩小，使人有更多的选择机会。[4] 这说明，社区生态环境对居民行为会产生影响，但所发挥的作用可能有限。生态空间结构对街邻关系的影响本质上是生态环境和行为之间的相互关系。根据"环境应激理论"，应激源会对人们的心理、生理和行为产生影响。应激源有多种，居住地的环境污染就属于其中一种背景应激源，强度较低，持续时间长。该类背景应激源又分为生活事件和环境刺激，其中，环境污

---

[1] 赵端瑛：《库尔特·勒温（Kurt·Lewin，1890—1947）》，《外国心理学》，1981年第3期，第47-48+29页。

[2] 李艳龄：《学童校园环境空间行为特性之研究》，台北：台北教育大学硕士学位论文，2011年，第12页。

[3] 李道增：《环境行为学概论》，北京：清华大学出版社，1999年，第15页。

[4] 李道增：《环境行为学概论》，北京：清华大学出版社，1999年，第12页。

染、噪声等作为有害的环境刺激，需要居民去适应或应对。[1]

一般而言，影响居住区生态环境质量的因素包括空气污染、水污染、噪声污染和土壤污染等。空气污染表现为 SO_2 和 NO_2 的日均浓度超标、PM10 和 PM2.5 年均浓度超标等。[2] 水污染的来源分为自然污染源和人为污染源，水质恶化影响水资源的有效利用，破坏生态，损害人体健康。土壤污染按照污染物属性，分为无机污染、有机污染和生物污染等。[3] 当由量变累积到质变时，有毒物对人体、生物、大气和水质都会产生很大危害。以噪声为例，其会影响人们的休息、学习或生活，人体长期处于噪声中会产生耳鸣、耳聋、头晕、失眠、注意力低下等症状。相比于水、空气和土壤的污染，噪声污染对街邻关系的影响更加直接。一方面，噪声的声源输出停止则消失，不积累且无残余物。另一方面，噪声污染的来源除了居住区外部之外，更可能来源于居住区内的居民、家庭和社区，例如，装修噪声、歌舞噪声、喧闹声、音响声等。这些生活噪声容易引发生活中的纠纷，如果得不到妥善解决，会损害邻里关系。

社区生态环境对居住在不同类型社区中的居民在居住满意度、生活方式和街邻关系等方面产生影响。结合"环境应激理论"与城市社区的污染现状，本研究提出以下假设：

假设 3.1：住宅区的环境污染越严重，居民的街邻关系越差。

自然环境是社区生态空间的主体，景观、生物多样性、卫生和环境污染等是社区生态空间研究的重要组成部分。较差的社区生态空间会影响社区的美感，减少居民的心理舒适感，影响居民健康，增加社区的环境失范行为和潜在的犯罪行为。整洁有序的社区环境形象可以减少犯罪行为的发生，并消除居民对犯罪的恐惧感；破败不堪的社区空间环境形

---

[1] 林玉莲、胡正凡：《环境心理学》，北京：中国建筑工业出版社，2006 年，第 113-116 页。

[2] 胡敏、唐倩、彭剑飞等：《我国大气颗粒物来源及特征分析》，《环境与可持续发展》，2011 年第 5 期，第 15-19 页。

[3] 陈保冬、赵方杰、张莘等：《土壤生物与土壤污染研究前沿与展望》，《生态学报》，2015 年第 20 期，第 6604-6613 页。

象易使潜在的犯罪者联想到社区管理维护的缺乏，认为从事犯罪活动不易被人监视而增加犯罪的可能性。[1] 这些最终会削弱居民的共同体情感，有损街邻关系。

随着民众物质生活水平的提高和人们对城市自然生态环境的日益关注，社区不仅有居住功能，也逐渐转化为都市生态维持的基础。对社区而言，最直接和最简单的生态环境指标就是社区中的绿化覆盖率，较高的绿化覆盖率是生态社区和绿色社区的要求。与背景应激源中涉及的环境污染相反，绿化覆盖率是居住舒适度的指标之一。提高绿化覆盖率能改善居住区的生活环境和品质，也可以相对改善空气质量，对社区的街邻关系也有一定的改善作用。关于绿色覆盖率与街邻关系，本研究提出以下假设：

假设 3.2：社区的绿化覆盖率越高，居民的街邻关系越好。

四、样本基本情况描述

本研究使用 2014 年中国劳动力动态调查（CLDS）数据，调查采用分层四阶段不等概率抽样，包含劳动力个体、家庭和社区三套问卷，涉及 29 个省、自治区、直辖市，其中，城市社区 172 个，城市社区居民总样本为 10 255 人，被访者是 15—64 岁的人和 65 岁以上仍然在工作的人。

因变量为个体层面居民的"街坊/邻里关系"，测量包括熟悉程度、信任水平和互助情况三类。对应问卷中的问题分别是"您和本社区的邻里、街坊及其他居民互相之间的熟悉程度是怎样的""您对本社区的邻里、街坊及其他居民信任吗""您与本社区的邻里、街坊及其他居民互相之间有互助吗"。首先，三个问题的答案赋值越低，表明水平越低。其次，通过比较三类街邻关系发现，街邻之间互助的比例最低：互助非常多和比较多的人占 32.47%，非常信任和比较信任的人占 43.4%，非常熟悉和比较熟悉的人占 43.68%（表 1）。三类邻里关系测量条目内部一致性（Cronbach's Alpha 信度系数检验）值为 0.82，将三类测量赋值

---

[1] 董春玲：《住宅小区卫生环境存在的问题及解决办法》，《现代物业》，2008 年第 9 期，第 92-93 页。

加总后得到街坊/邻里关系值。

表1 城市社区居民的街坊/邻里关系（*N*=9 048）（%）

居民与本社区邻里/街坊的熟悉程度	非常不熟悉	不太熟悉	一般	比较熟悉	非常熟悉
	3.26	17.92	35.15	30.87	12.81
居民与本社区邻里/街坊的信任程度	非常不信任	不太信任	一般	比较信任	非常信任
	1.20	10.17	45.23	36.13	7.27
居民与本社区邻里/街坊的互动频率	非常少	比较少	一般	比较多	非常多
	7.00	19.94	39.69	27.11	5.36

自变量包括连续变量和类别变量（表2）。在所有的样本中，被访者的年龄为15—64岁；平均教育水平介于初中毕业和高中未毕业之间，30%的被访者为初中学历，大专及以上的占28%；66.50%的人认为自己健康状况为健康或非常健康；女性比例略高于男性；群众和民主党派比例较高，86.82%的被访者为群众；已婚的占77.96%；非农户口占48.38%，居民户口占20.51%；业主占大多数，为72.70%；居住在商品房小区的比例最高，其次为未改造的老城区或街坊社区。

表2 各层自变量的描述统计

控制变量	样本量	均值或百分比	控制变量	样本量	均值或百分比
年龄	8 791	40.91	社区类型		
健康自评	9 034	3.81	未改造的老城区/街坊	42	24.71%
教育水平	9 018	10.94	工矿企业/机关/事业单位	33	19.41%
性别			住宅区		
女	4 770	52.79%	商品房小区	54	31.76%
男	4 265	47.21%	村改居住宅区	24	14.12%
政治面貌			其他社区	17	10.00%
群众/民主党派	7 815	86.95%			

续表

控制变量	样本量	均值或百分比	解释变量	样本量	均值或百分比
中共党员	1 173	13.05%	社区社会空间		
婚姻状况			社区职业异质性	171	0.33
未婚	1 629	18.05%	社区经济异质性	171	0.33
已婚	7 036	77.96%	本地人口所占比例	167	0.85
离异/丧偶	360	3.99%	社区居民平均社会参与率	171	3.53
户口性质			社区物理空间		
农业户口	2 791	31.11%	社区楼宇门禁	171	0.45
非农户口	4 340	48.38%	社区共享设施	171	2.92
居民户口	1 839	20.51%	社区生态空间		
房屋产权			居住区环境污染程度	171	8.13
非业主	2 784	27.30%	社区绿化覆盖率	159	38.12
业主	7 414	72.70%			

根据已有的测量，本研究将社区异质性分为经济异质性和职业异质性，前者代表纵向的阶层差异，后者代表横向的文化和价值观差异。两类异质性独立但有关联，职业异质性本身蕴含经济差异，经济异质性也蕴含职业差异。社区异质性作为社区社会空间变量，由经济异质性和职业异质性构建。职业异质性是社区内所有居民的主要职业类别数与社区内人数的比值，百分比越高，说明社区内居民的职业分散程度越高，居民之间从事相同职业的比例越低；百分比越低，则说明社区内的居民职业分散程度越低，越可能存在同职业者相聚居的情况。经济异质性是指所调查的每个社区中家庭的年收入类别数与社区人口之比，社区中相同年收入水平的家庭越多，意味着年收入类别数越低；比值越大，意味着社区家庭的经济异质性水平越高。两类变量均是社区层次的变量。从职业异质性来看，有47.67%的社区的职业异质性低于平均值，社区职业异质性相对略高的社区占样本的比例较高。从经济异质性来看，有

52.91%的社区的经济异质性水平低于均值,社区经济异质性相对略低的社区占样本的比例较高。通过对比两类异质性发现,社区的职业异质性水平高于经济异质性水平。

居民的社会参与操作化为"在过去一年,居民参加居委会、业主委员会、休闲/娱乐/体育俱乐部/沙龙组织、公益/社会组织/志愿者团体四类组织的活动频率",对于非组织成员则默认为没有参加。居委会和业委会是社区内的组织,休闲/娱乐/体育俱乐部/沙龙组织是自益性组织,公益/社会组织/志愿者团体是益他性组织。将四类组织的参与频次加总后得到社区层均值,代表社区居民的社会组织平均参与率水平,值越大,意味着平均参与率越高。社区内本地人口与总人口之比代表来源地差异,本地人口指居住地和户口地为同一城市的人口,比值越大,意味着本地人口比例越高。样本中有55%的社区的本地人口比例超过了90%。

社区物理空间操作化为楼宇门禁和社区公共设施。楼宇门禁用社区内楼宇门禁数量的均值表示,数值越大,说明社区内楼宇设有门禁的可能性就越高。社区共享设施由五组问题组成,即社区范围内是否有以下场所:运动场所或健身场所、老年活动室、公共图书馆/阅览室、社区广场/公园、儿童游乐场。有则赋值为1,无则赋值为0。五项赋值相加得到社区设施的数据。5%的社区以上设施均无,10%的社区有所有设施,只有其中1—4项设施的社区分别占11%、17%、30%和27%。

社区生态空间操作化为污染程度和绿化覆盖率。将被访者家庭居住地方的各类污染严重程度自评分作为居民对居住区的环境污染感知,包括空气污染、水污染、噪声污染和土壤污染四类,将四类自评分加总后计算出社区层均值,代表居住区污染程度。值越大,表示污染越严重。对于社区绿化覆盖率测量的个别缺失值,根据2012年劳动力调查数据,按照相同社区的绿化覆盖率无差异原则进行补充。社区绿化覆盖率越高,代表社区的生态质量越好。一半以下的社区绿化覆盖率低于30%,25%以上的社区绿化覆盖率高于50%。

五、假设验证与解释

因变量"街坊/邻里关系"属于个体层次变量,纳入了社区层的解释变量后,根据零模型计算组内相关系数(Intra-class Correlation Coefficient,ICC),ICC为0.20,可采用两层次模型,在此之前先呈现三类社区空间结构影响街邻关系水平的最小二乘法(OLS)模型(表3)。

表3 社区内空间结构对街坊/邻里关系的影响(OLS)($N=7\,541$)

	模型1		模型2	
男性	0.001 2	(0.053 2)	-0.024 0	(0.051 6)
年龄	0.033 0***	(0.002 8)	0.036 3***	(0.002 8)
婚姻状况				
已婚	0.075 6	(0.087 7)	0.045 5	(0.085 4)
离异/丧偶	-0.024 6	(0.159 6)	-0.104 9	(0.155 1)
党员	0.234 9***	(0.083 0)	0.151 6	(0.080 7)
健康自评	0.305 8***	(0.031 5)	0.263 7***	(0.030 9)
受教育水平	-0.025 8**	(0.008 7)	0.006 0	(0.008 6)
户口性质				
非农户口	-0.237 2***	(0.071 8)	-0.141 3	(0.072 7)
居民户口	-0.318 6***	(0.082 3)	-0.104 8	(0.081 8)
业主	0.849 7***	(0.061 9)	0.517 8***	(0.062 3)
社区社会空间				
职业异质性			-1.980 9***	(0.352 2)
经济异质性			-0.698 3	(0.360 1)
本地人口所占比例			1.650 8***	(0.178 2)
社区居民社会参与率			0.271 5***	(0.082 7)
社区物理空间				
社区楼宇门禁			-0.803 4***	(0.089 8)
社区共享设施			0.053 5*	(0.020 9)

续表

	模型1		模型2	
社区生态空间				
居住区环境污染程度			-0.057 3***	(0.011 8)
社区绿化覆盖率			0.008 3***	(0.001 1)
社区类型				
工矿企业/机关/事业单位住宅区	0.184 0*	(0.083 1)	0.274 2***	(0.082 6)
商品房小区	-0.807 7***	(0.073 0)	-0.448 6***	(0.078 2)
村改居住宅区	0.068 0	(0.091 7)	0.247 6**	(0.091 9)
其他社区	0.264 4*	(0.105 3)	0.177 0	(0.103 9)
常数项	7.167 6***	(0.207 0)	5.661 4***	(0.478 1)
R^2	0.102		0.157	

注：①"婚姻状况""户口性质""社区类型"的参照项分别是"未婚""农业户口""未改造的老城区/街坊"；② 括号内为标准误，$*p<0.05$，$**p<0.01$，$***p<0.001$。

从表3可知，模型2中社区社会空间结构对街邻关系有显著影响，社区异质性指标中经济异质性对街邻关系无影响，职业异质性越高，街邻关系的数值越低。本地人口所占比例越高，街邻关系的数值越高。职业异质性的负效应是可以被补偿的，社区居民平均社会参与率越高，街邻关系的数值越高。在社区物理空间结构变量中，拥有楼宇门禁数量越多的社区，街邻关系的数值越低；社区的共享设施数量越多，街邻关系的数值越高。在控制了社区类型的情况下，在社区生态空间结构变量中，居住区的环境污染状况越差，街邻关系的数值就越低；社区绿化覆盖率越高，街邻关系越好。为了比较OLS模型和多层次（HLM）模型的结果差异，获得更稳定的社区空间结构对街邻关系的影响，继而进行两层次模型的分析。零模型的公式[1]如下：

---

[1] 斯蒂芬·W.劳登布什、安东尼·S.布里克：《分层线性模型：应用与数据分析方法》，郭志刚等译，北京：社会科学文献出版社，2016年，第18-221页。

层-1: $Y_{ij} = \pi_{oj} + e_{ij}$

层-2: $\pi_{oj} = \beta_{00} + r_{oj}$

混合模型: $Y_{ij} = \beta_{00} + r_{oj} + e_{ij}$

以街邻关系为例，Y_{ij}是社区j的居民i的街邻关系，π_{oj}是社区j的平均街邻关系水平，e_{ij}是一个随机的居民效应，β_{00}是平均街邻关系水平，r_{oj}是一个随机的社区效应。$i=1, 2, \cdots, n$，即社区j的各个居民。$j=1, 2, \cdots, n$，即各个社区。在此基础上，每层加入个体和社区层次的变量（公式略）。

从表4可知，个体层次的性别、婚姻状况、政治面貌和教育水平对居民的街邻关系无影响。自评健康水平越好，街邻的关系就越好。因身体健康有损（如疾患、虚弱等）引起的生理痛苦或心理压力会直接减少人际交往，不利于街邻关系发展。在全模型中，社区居民的户口性质与街邻关系无关，住房的私有产权也影响居民的街邻关系，业主与街邻的关系数值高于非业主。社区类型之间存在街邻关系数值的差异，工矿企业/机关/事业单位住宅区的街邻关系好于老城区小区，但商品房小区居民的街邻关系比老城区小区差。

表4 社区空间结构对街邻关系的影响（HLM）

	模型1（基准模型）	模型2（社会空间）	模型3（物理空间）	模型4（生态空间）	模型5（全模型）
个体层次					
男性	-0.001 2 (0.049 4)	-0.002 3 (0.049 4)	-0.004 8 (0.049 4)	-0.005 3 (0.049 4)	-0.010 0 (0.049 4)
年龄	0.033 1*** (0.002 8)	0.033 2*** (0.002 8)	0.033 5*** (0.002 8)	0.033 2*** (0.002 8)	0.033 8*** (0.002 8)
婚姻状况					
已婚	0.088 4 (0.083 7)	0.085 8 (0.083 6)	0.085 0 (0.083 6)	0.084 5 (0.083 5)	0.076 2 (0.083 4)
离异/丧偶	-0.008 9 (0.150 0)	-0.014 2 (0.149 9)	-0.017 0 (0.149 9)	-0.024 7 (0.149 8)	-0.036 9 (0.149 6)
党员	0.102 7 (0.078 2)	0.098 6 (0.078 1)	0.104 1 (0.078 2)	0.102 8 (0.078 1)	0.097 1 (0.078 0)

续表

	模型1 (基准模型)	模型2 (社会空间)	模型3 (物理空间)	模型4 (生态空间)	模型5 (全模型)
健康自评	0.195 4*** (0.030 7)	0.195 0*** (0.030 7)	0.197 4*** (0.030 7)	0.188 7*** (0.030 7)	0.191 1*** (0.030 6)
受教育水平	0.006 3 (0.008 6)	0.007 4 (0.008 6)	0.008 7 (0.008 6)	0.007 9 (0.008 6)	0.011 5 (0.008 6)
户口性质					
非农户口	0.099 2 (0.077 5)	0.074 1 (0.077 5)	0.115 7 (0.077 3)	0.103 4 (0.077 3)	0.098 9 (0.077 2)
居民户口	0.175 1* (0.088 3)	0.168 7 (0.087 9)	0.192 8* (0.088 1)	0.180 0* (0.088 1)	0.190 4* (0.087 6)
业主	0.535 5*** (0.064 4)	0.505 2*** (0.064 3)	0.531 6*** (0.064 2)	0.530 4*** (0.064 2)	0.493 4*** (0.064 1)
社区层次					
社区社会空间					
职业异质性		−2.904 2*** (0.855 2)			−2.184 3** (0.823 9)
经济异质性		−1.041 5 (0.882 5)			−0.742 0 (0.802 0)
本地人口所占比例		1.874 8*** (0.431 0)			1.597 4*** (0.391 4)
社区居民社会参与率		0.285 4 (0.169 5)			0.323 8* (0.157 7)
社区物理空间					
社区楼宇门禁			−1.219 8*** (0.211 0)		−0.897 8*** (0.187 9)
社区共享设施			0.001 6 (0.055 1)		0.048 6 (0.049 4)
社会生态空间					
居住区环境污染程度				−0.056 2*** (0.012 5)	0.050 3*** (0.012 4)
社区绿化覆盖率				0.008 1** (0.003 1)	0.008 5** (0.002 5)

续表

	模型 1（基准模型）	模型 2（社会空间）	模型 3（物理空间）	模型 4（生态空间）	模型 5（全模型）
社区类型					
工矿企业/机关/事业单位住宅区	0.200 9* (0.100 7)	0.231 1* (0.099 5)	0.228 9* (0.100 1)	0.164 7 (0.100 5)	0.211 6* (0.098 6)
商品房小区	-0.501 9*** (0.089 4)	-0.495 4*** (0.088 2)	-0.410 0*** (0.089 1)	-0.522 7*** (0.090 4)	-0.434 3*** (0.089 2)
村改居住宅区	0.212 1 (0.118 3)	0.258 6* (0.117 1)	0.208 2 (0.117 1)	0.210 3 (0.117 6)	0.237 8* (0.115 6)
其他社区	-0.068 1 (0.117 8)	-0.054 1 (0.116 9)	-0.034 3 (0.117 3)	-0.083 7 (0.117 5)	-0.048 9 (0.116 3)
常数项	7.017 0*** (0.220 7)	5.668 5*** (0.902 3)	7.479 7*** (0.270 4)	7.197 4*** (0.270 6)	5.730 4*** (0.862 5)
个体层样本规模	7 541	7 541	7 541	7 541	7 541
社区层样本规模	151	151	151	151	151
个体层次解释力	0.05	0.05	0.05	0.05	0.05
社区层次解释力	0.29	0.50	0.43	0.36	0.61

注：①"婚姻状况""户口性质""社区类型"的参照项分别是"未婚""农业户口""未改造的老城区/街坊"；② 括号内为标准误，$*p<0.05$，$**p<0.01$，$***p<0.001$。

通过比较表 3 和表 4 中三类社区空间结构对街邻关系的影响，我们发现，表 3 的模型 2 中社区共享设施的效应在表 4 的模型 5 中消失了。

从社区社会空间结构来看，社区职业异质性显著地负向影响了街邻关系，而经济异质性对街邻关系无影响。异质性的对立面是同质性，完全的同质性社区是不存在的，社区总是以异质性的程度和特征差异的方式存在。因此，比较社区内异质性的方式，可以依据不同的异质性水平和选择社区中居民的某些主要的属性差异进行。例如，在甘斯调查的莱维敦城镇中，居民的收入和年龄可能是同质性的，但宗教和民族又是异质性的。在这样的社区中，社区内部居民的交往仍然可能因宗教或民族异质性而产生人际交往隔离。[1] 社区层次职业和经济异质性对街邻关系的影响差异验证了异质性的选择性负效应。社区内本地人越多，居民的街邻关系就越好。社区居民平均社会参与率越高，街邻关系也就越好，假设 1 得到验证。居委会和业委会是两类社区内社会组织，举办的活动多以社区内居民参与为主。自益性或益他性社会组织，无论是以同质性群体为主，还是以异质性群体为主，均有利于提升参与者的沟通能力和心理健康水平，促进社会资本的建设。居民的社会组织活动参与频率越高，其街邻关系也越好。

从社区物理空间结构来看，社区的楼宇门禁数量的均值越大，街邻关系越差，假设 2.1 得到证实。相比于开放社区或开放楼宇，封闭社区或封闭楼宇营造了具有私密性和相对安静的生活空间。这些封闭空间中的防卫设施也迎合了居民对于"安全"的心理需求（security needs），使居住空间呈现封闭的防卫空间形态。为了增强安全性、便于管理和维护领域边界等原因，很多社区内部的每栋楼宇都设置楼宇门禁，以保障每栋楼住户的安全。

楼宇门禁具有"双刃剑"式的屏障功能，表现为"门内聚合"和"门外排斥"。一方面，它在一定程度上隔开了本栋楼居民与外界人士（包括同社区居住的其他居民和外来者）的居住距离，保障了各栋楼居民有相对私密的楼宇空间。另一方面，屏障的存在也使同一社区居民之间的接触没有居住在开放楼宇中的居民之间的接触那样简便（无须受楼宇门禁限制）。因为门禁设施而间接导致的非便利性对街邻关系具有显著的负面影响，反映了在街邻关系这类非正式关系的发展和维续中，社区居民普遍存在的关系维护的惰性心理和街邻关系的脆弱性，这也与街邻关系在现代社区和居民中间功能的全面下降有密不可分的关系。社区设施是否齐全对于街邻关系没有影响，但社区设施为居民提供的休闲、娱乐、阅读等功能依然十分重要。其无效应的原因是居民对此类社区设施使用频率较低，或者在该类设施场所互动较少，因而没有实现社区公

---

[1] Gans, H. J. *The Levittowners: Ways Of Life and Politics in a New Suburban Community*. NewYork: Pantheon Books, 1967, p. 159.

共设施带来的社会性价值，假设 2.2 没有得到证实。

从社区生态空间结构来看，居住区的环境污染越严重，街邻关系也就越差，证实了假设 3.1。尤其是当上述污染出现在社区，并与居住区分层重合时，社区生态环境问题就成为居住空间不平等的衍生物之一。这种社会不平等与生态不平等的重合更加剧了城市空间的隔离，即社会空间和生态空间的双重隔离。因此，模型均是在控制了社区类型的情况下进行假设验证。绿化是社区生态空间的资源。绿化覆盖率是绿地建设的考核指标，社区绿化覆盖率是城市绿化覆盖率的重要组成之一。绿化覆盖率越高，居民的街邻关系就越好，证实了假设 3.2。

六、结论与讨论

无论是在物理空间方面还是在人文环境方面，理想的社区形态都能达到和谐的状态，是一个安全、有尊严和充满希望的地方，而非拥挤、污染和充满冲突的居住区。连接着居民的居住生活为本与地域发展为本所体现出的社区生活化哲学视角，不仅可以以"运动"的方式促进集体精神的生产，也可以在理性人与地域之间和谐发展共生的生活化情景中逐渐衍生公共性。研究居民的街邻关系，既是探索促进社区整合目的的重要方面之一，也是最基本的考察作为与生活本质的关联因素的方式之一。

研究分两层次变量分析了居民的街邻关系的影响因素。从社区社会空间结构、社区物理空间结构和新引入的社区生态空间结构三个方面，详细分析了它们的作用。综述三类社区空间结构的指标及功能（表5），社区社会空间的异质性指标会发挥隔离性的功能，促进社区分散力的增强，这一假设的验证也从反面验证了同质性会促进凝聚力的说法；社区物理空间的隔离性设施（如门禁设施）发挥隔离功能，而共享性设施对凝聚力没有影响；社区生态空间中友好型的生态可以增强社区凝聚力。

社区的空间结构对街邻关系产生制约或促进作用，与结构本身的功能和空间差异的作用密不可分。任何一种社区空间结构都不是恒定的，而是变动的，但空间结构发挥的作用是客观且相对稳定的。

表 5　社区空间结构指标与功能

社区空间结构	指标	凝聚力
社区社会空间	异质性	否
	同质性	是
社区物理空间	隔离性设施	否
	共享性设施	否
社区生态空间	生态失调型	否
	生态友好型	是

第一，在社区社会空间结构的影响中，使用了社区社会空间二重性的概念，分别从社区异质性和本地人口的比例（属性组成）、居民参与（行动）两个方面来分析街邻关系。社区异质性是促进分散力的力量，社区异质性越高，街邻关系越差，但这种负向的影响会因维度差异发生变化。相比于社区异质性的功能，居民的各类组织的平均参与率对街邻关系会产生积极的促进作用，这是居民形成凝聚力的重要途径之一，可以实现对异质性负效应的补偿。

第二，社区物理空间是一种相对稳定的空间结构，社区中实体的建筑楼宇、道路、设施等既可能是促进居民分散的因素，也可能是促进其融合的因素，这与物理空间在社区中的设计差异有关。物理空间结构中的门禁设施设计具有明显的隔离与保护功能，因而门禁楼宇对于居民的街邻关系水平也发挥了隔离功能；而社区公共设施是在营造一种共享的平台或空间，它对凝聚力形成的作用也只能是间接的。

第三，社区中的生态空间结构往往是容易被忽略的部分，但在营造社区中常常成为关注点。好的生态和坏的生态之间具有清晰的界限，友好型的生态空间会促进社区凝聚力的形成。因此，住宅区的污染越严重，居民的街邻关系就越差。与之相应的是，社区的绿化覆盖率越高，促进凝聚的力量则越强。这意味着社区生态空间对街邻关系的影响取决于空间本身的好劣。相比于社区的物理空间功能，社区的社会空间和生态空间结构更能够对街邻关系发挥直接的作用。

罗曼蒂克的紧密融合或散沙式的隔离都难以成为现代社区的发展标

准，但居民对社区有限的责任感和适当的分隔确实是必要的。融合因素本身的局限和分隔因素的二元性也使社区建设者思考居民选择性融入或隔离的益处及可行性。同时，社区的空间结构处于变化中，因为社区的人口流动、社区的空间互动、组织或居民参与，以及事件、政策、制度、意识、外力介入等原因交织在一起，使得社区在向着分散力或凝聚力发展的过程中总是较难达到平衡。而这些交织在一起甚至互相干预或影响的因素在当前的数据中暂时无法展现，有待做进一步的研究。

作者简介：贺霞旭，华南理工大学马克思主义学院副教授。

第五章 社区治理中的社会资本培育*

方亚琴　夏建中

一、问题的提出与个案选择

当前，我国正处于社会治理模式转型之中，建立共建共治共享的治理格局是社会治理体制创新的重要目标。单位制解体后，社区逐渐成为城市居民日常生活的主要场域，同时也成为社会治理的基本单元和社会治理创新的微观基础。民政部2009年印发的《关于进一步推进和谐社区建设工作的意见》提出要积极探索业主自治与居民自治的有效衔接，并将其作为提高基层治理水平的重要环节。《中共中央和国务院关于加强和完善城乡社区治理的意见》（中发〔2017〕13号）从提升城乡治理水平的角度提出要增强社区居民的参与能力。党的十九大报告进一步提出"加强社区治理体系建设，推动社会治理重心向基层下移，发挥社会组织作用，实现政府治理和社会调节、居民自治良性互动"[1]。多元共治的社区治理结构成为打造共建共治共享治理格局的抓手，而居民对社区公共事务的参与则是实现"共治"的关键。居民的参与及其与其他社区行动者之间的良好合作关系能够促使社会资源配置的最优化和社区公共利益的最大化，更好地满足居民的社区生活需求，维护居民的切身利

---

* 本章内容最初刊于《中国社会科学》，2019年第7期，第64—84+205—206页。

[1] 本书编写组：《党的十九大报告辅导读本》，北京：人民出版社，2017年，第48页。

益,保障社区生活的和谐有序,并从源头上化解矛盾,避免矛盾的升级与外化,节约政府的社会治理成本。

然而从实践层面看,激发和推动居民的参与仍是当前我国社区治理面临的一大挑战。在我国城市社区治理中,居民参与仍是一种"弱参与",具有非制度化、非常规性和非政治性等特征[1],居民的参与比例较低,且以自利动机为主要驱动力[2],参与方式上以个体的原子化参与为主[3],居民之间及居民与其他治理主体之间往往由于缺乏有效的沟通而难以达成共识与合作。居民"弱参与"所折射出的社区自治能力不足,导致社区多元治理的理想模式难以转化为现实,社区治理或停留于原有的政府治理模式,或嬗变为"市场专制型"的"他治"模式。[4]这两种治理模式存在的"失灵"困境,不仅影响居民的社区生活满意度,并且潜藏着各种矛盾和冲突,给和谐社会建设增加难度。

居民的"弱参与"困境一直是社区治理研究中的重要议题,学者们分别从政府、社区和居民等角度提出了"制度供给不足""社区公共性缺失""居民利益分化"等理论解释。[5][6]这些探讨从特定的理论框架出发,关注居民参与过程中某种特定的因素,对其他影响因素采取"悬置"的研究策略,虽然能够在某个维度上对居民的"弱参与"进行深度解释,但在理论上缺乏综合性。社区多元治理是一个集体行动过程,关键在于不同行动主体参与其中并互相配合,而居民的"弱参与"意味着城市社区治理陷入合作困境。社区社会资本对居民的公共参与产生积极的影响,是解决社区合作困境的一种有效机制,它的存量与结构

---

[1] 杨敏:《作为国家治理单元的社区——对城市社区建设运动过程中居民社区参与和社区认知的个案研究》,《社会学研究》,2007年第4期,第137-164+245页。

[2] 陈福平:《强市场中的"弱参与":一个公民社会的考察路径》,《社会学研究》,2009年第3期,第89-111+244页。

[3] 杨敏:《公民参与、群众参与与社区参与》,《社会》,2005年第5期,第78-95页。

[4] 陈鹏:《城市社区治理:基本模式及其治理绩效——以四个商品房社区为例》,《社会学研究》,2016年第3期,第125-151+244-245页。

[5] 李友梅、肖瑛、黄晓春:《当代中国社会建设的公共性困境及其超越》,《中国社会科学》,2012年第4期,第125-139+207页。

[6] 王星:《利益分化与居民参与——转型期中国城市基层社会管理的困境及其理论转向》,《社会学研究》,2012年第2期,第20-34+242页。

决定着人们参与社区公共生活的质量及解决公共问题的效率[1]，这是因为：社区社会资本是一个多维概念，由网络、信任、规范等多种要素构成，能够从参与动力、参与网络及参与制度等多个方面促进社区参与并提高参与水平。可见，社区社会资本理论为破解居民"弱参与"这一社区治理困境提供了一种更具整合性、包容性的思路。而我国的社区建设和社区治理是在社区社会资本严重流失这一现实社会背景下进行的[2][3]，因此，探讨社区社会资本的形成和培育是我国社区治理实践所提出的一项具有现实迫切性的研究课题。

本研究主要采取个案研究法。在选取研究个案时，一方面，将社区社会资本存量作为筛选的标准，选取社会资本较为丰富的社区作为研究个案；另一方面，考虑到我国城市及社区之间的差异性，有意在规模、异质性、流动性及社会组织的地方性制度安排等方面具有差异的两个城市中选择社区个案，并在选取社区时尽可能选取辖区内住宅小区类型多样的社区，以探讨社区社会资本的不同培育路径在我国城市化与现代化进程中的趋势。基于以上考虑，笔者在走访多个城市的多个社区之后，选择了辽宁省J市的S社区和浙江省H市的M社区作为个案，分别于2013年4—10月和2014年6—8月进行田野研究，通过抽样问卷调查、观察、深度访谈等方式收集相关的研究资料。其中，H市的M社区内有1个街坊型社区、2个传统单位小区和2个商品房小区，共3 242户，常住人口为9 727人，流动人口占常住人口的19.4%。J市S社区内的3个住宅小区分别为新型单位小区[4]、商品房小区及由安置房和商品房共同构成的混合型小区，共4 445户，常住人口为13 346人，并且3个小区的历史均为10年左右，有利于追踪其社区社会资本的形成过程及其

---

[1] Putnam, R. D. Tuning in, tuning out: The strange disappearance of social capital in America. *Political Science and Politics*, 1995(4), pp.664-683.

[2] 赵孟营、王思斌：《走向善治与重建社会资本——中国城市社区建设目标模式的理论分析》，《江苏社会科学》，2001年第4期，第126-130页。

[3] 潘泽泉：《社会资本与社区建设》，《社会科学》，2008年第7期，第104-110+191页。

[4] 新型单位社区是相对于传统单位社区而言的，它是指1998年城镇住房体制改革之后通过单位集资建房（或单位自建经济适用房）而形成的单位社区，它既保留了传统单位社区的一些特征，也在职住模式、产权关系和治理结构上呈现出一些新的特点。

动力来源。

二、文献回顾与解释框架

（一）社区社会资本及其来源解释

以自我为中心的视角与以社会为中心的视角是社会资本的两个虽有联系但又互不相同的研究视角。前者研究个体性社会资本，分析个体行动者如何通过与他人的关系以获得信息、观念和支持等资源；而后者关注集体性社会资本，分析群体如何发展并维持作为公共物品的社会资本以及作为公共物品的社会资本如何增进社会成员的福祉和提高社会的效能。相比较而言，集体性社会资本对社会进步有着更重要的影响和意义，因此，以社会为中心的社会资本研究是一种更具吸引力的研究视角。

集体性社会资本包括中观和宏观两个层次，前者是指群体、社团或组织之间横向和纵向的联系，后者是指作为所有社会经济活动背景的政治和制度环境及政府治理机制的质量[1]，社区社会资本是中观层次的集体性社会资本。帕特南以意大利北部为个案的社会资本研究确立了社会资本的经典定义，他指出，"社会资本是指社会生活的某些特征，这些特征有助于个体行动者更加有效地为了共同目标而达成共同的行动，如信任、网络和规范等"[2]。社区社会资本与其他中观层次社会资本的不同在于其形成载体和受益群体的特定性，它形成于居民共同的社区生活过程之中，是社区前进车轮的润滑剂，有助于形成美好、安全的邻里社区[3]，整个社区及生活于其中的所有居民是它的受益者。

已有的社区社会资本研究主要聚焦于社会资本在社区发展和社区治理中的功能，研究者普遍认为社会资本对社区参与、社区治理有着积极

---

[1] 帕萨·达斯古普特、伊斯梅尔·撒拉格尔丁：《社会资本——一个多角度的观点》，张慧东等译，北京：中国人民大学出版社，2005年，第124页。

[2] Putnam, R. D. Tuning in, tuning out: The strange disappearance of social capital in America. *Political Science and Politics*, 1995(4), pp. 664–683.

[3] 罗伯特·帕特南：《独自打保龄：美国社区的衰落与复兴》，刘波等译，北京：北京大学出版社，2011年，第334页.

的作用,但不同类型的社会资本及社会资本的不同维度与构成要素在社区参与和社区治理中的具体作用不尽相同。[1][2] 相比于功能解释,社区社会资本的来源研究还处于起步阶段,尚未形成系统的研究。在已有的来源解释中,居民在社区生活中的社会互动与交往被视为社区社会资本的主要来源,居民之间持续性的社会互动形成社区关系网络、信任与规范。社区层面的社会互动主要有三种形式,它们在社区社会资本形成中发挥着独特的作用。

1. 社区志愿性社团中成员之间的互动

帕特南、纽顿(Kenneth Newton)、福山(Francis Fukuyama)、斯托勒(Dietlind Stolle)等人继承托克维尔的结社思想,将志愿性社团内部成员之间的持续互动作为社会资本的主要来源。他们认为,成员对社团活动的参与为持续性的人际互动提供了条件,由此形成联结紧密的正式网络、人际信任与合作经验,并且成员间的信任能够通过某种机制上升为普遍信任。[3] 研究者们在考察志愿性组织产生社会资本的具体机制时还发现,组织的类型、性质、内部结构及成员的参与水平影响其生产社会资本的能力。[4][5][6]。

2. 非正式的邻里互动

非正式的邻里互动也被视为社区社会资本不可忽视的来源[7],"这

---

[1] 黄荣贵、桂勇:《集体性社会资本对社区参与的影响——基于多层次数据的分析》,《社会》,2011年第6期,第1-21页。

[2] 陈捷、卢春龙:《共通性社会资本与特定性社会资本——社会资本与中国的城市基层治理》,《社会学研究》,2009年第6期,第87-104+244页。

[3] 肯尼思·纽顿:《社会资本与现代欧洲民主》,转引自李慧斌、杨雪冬主编的《社会资本与社会发展》,北京:社会科学文献出版社,2000年,第394页。

[4] Stolle, D. Clubs and congregations: The benefits of joining an association. *Trust in Society*, 2001(2), pp. 202-244.

[5] Stolle, D. & Rochon, T. R. Are all associations alike? Member diversity, associational type, and the creation of social capital. *American Behavioral Scientist*, 1998(1), pp. 47-65.

[6] 毛佩瑾、徐正、邓国胜:《不同类型社区社会组织对社会资本形成的影响》,《城市问题》,2017年第4期,第77-83页。

[7] La Due Lake, R. & Huckfeldt, R. Social capital, social networks, and political participation. *Political Psychology*, 1998(3), pp. 567-584.

些小小的活动就像把一分分钱投进存钱罐，都能让社会资本得到逐渐的增加"[1]。正式组织边界之外的非正式社会互动能够创造出信息流动、义务与期望等社会资本形式。[2] 邻里之间的闲聊除了能够创造出各种联系，形成互惠关系网络，对正式组织成员间的关系加以补充之外，还能够形成亲密感和情感支持，并在此基础上形成社区意识。[3] 因此，非正式的邻里互动也是社区社会资本的有效贡献者。国内学者虽较少直接讨论邻里互动在社区社会资本形成中的作用，但一致认为邻里互动的减少、邻里关系的疏远是城市社区社会资本衰落的直接原因。

3. 社区层面的集体合作行动

社会资本可能起源于社区成员面临共同压力所产生的集体合作需求，比如，以维权为目的的集体合作行动能够增强邻里之间的交往、信任和团结。由共同利益整合在一起的居民，在与外部社会控制结构的互动中产生社区认同感，形成共同体精神，促进社区社会资本的积累。[4] 奥斯特罗姆考察了尼泊尔等地的灌溉系统后发现，以公共事务治理为内容的集体合作行动在社区社会资本的形成中具有独特作用，它除了能够自发建立组织之外，还能够自下而上地形成有效的规则，创造出制度型社会资本。[5] 克里希那对印度61个村庄的追踪研究印证了公共事务集体治理在创造社会资本中的积极作用。[6] 在治理观念的影响下，国内学术界也开始关注以社区公共事务治理为内容的集体合作行动及其对社

---

[1] 罗伯特·帕特南：《独自打保龄球：美国社区的衰落与复兴》，刘波等译，北京：北京大学出版社，2011年，第98页。

[2] 詹姆斯·S. 科尔曼：《社会理论的基础（上）》，北京：社会科学文献出版社，1999年，第357-367页。

[3] Green, M. C. & Brock, T. C. Organizational membership versus informal interaction: Contributions to skills and perceptions that build social capital. Political Psychology, 2005(1), pp. 1-25.

[4] 石发勇：《准公民社区——国家、关系网络与城市基层治理》，北京：社会科学文献出版社，2013年，第169页。

[5] Ostrom, E. Constituting social capital and collective action. Journal of Theoretical Politics, 1994(4), pp. 527-562.

[6] Krishna, A. How does social capital grow? A seven-year study of villages in India. The Journal of Politics, 2007(4), pp. 941-956.

区社会资本的生成作用。[1]

在上述社区社会资本形成机制的讨论中,研究者们着重讨论社区社会资本某个特定的来源,忽视了社区社会资本形成路径的多样性以及不同形成路径的独特作用,尚未深入探讨这些不同形式的社会互动何以在社区中出现,以及如何促进社区居民之间多种形式社会互动的共同发生。

(二)"内生性动力—结构性条件"解释框架

本研究进一步将社区社会资本界定为:在特定的社区生活中形成的,能够促进居民相互合作、共同参与社区公共事务,从而维护和增进社区公共利益的社会结构要素,社区关系网络及蕴含其中的社区信任与规范是其基本构成要素。

邻里之间持续的、重复的社会互动是社区社会资本形成的主要机制[2],因此,促进邻里之间多种形式的社会互动是培育社区社会资本的根本途径。人的行为是其结构属性和社会心理前提相结合的结果[3],社区中的社会互动(简称为"社区交往")是居民主观的社区交往需求和客观的结构性条件相互作用的产物。居民的社区交往需求为社区交往行动提供内生性动力,而结构性条件是制约或促进社区交往需求转化为现实交往行动的外部条件。只有当居民具有较强的社区交往需求,并且社区具备将居民的交往需求转化为实际交往行为的结构性条件时,社区才能成为一个具有活力的互动系统,从而生成社区关系网络及社区信任、社区规范。为此,笔者提出"内生性动力—结构性条件"的解释框架,用于分析社会资本的形成和变迁。在这一解释框架中,既定的社会结构,包括宏观的社会结构与中观的社区结构,是影响社区交往从而影响社区社会资本形成与变化的根本因素。既定的社会结构通过"形塑"

---

[1] 陈福平:《强市场中的"弱参与":一个公民社会的考察路径》,《社会学研究》,2009年第3期,第89-111+244页。

[2] Stolle, D. Bowling together, bowling alone: The development of generalized trust in voluntary associations. *Political Psychology*, 1998(3), pp. 497-525.

[3] 彼特·布劳:《不平等和异质性》,王春光、谢圣赞译,北京:中国社会科学出版社,1991年,第246页。

居民的社区交往需求并为其提供一定的"实现"条件而反复不断地卷入社区交往行动的生产与再生产之中。换言之，既定的社会结构不仅影响着社区交往需求的具体构成及其强弱程度，并且制约着交往的机会与交往的具体方式。

在传统社会中，社区是一个以地域为基础的生活共同体，是地域空间与社会空间的统一体。村落、街坊小区、单位小区等传统社区属于腾尼斯笔下的生活共同体：居民互动频繁，邻里关系密切并且形成了信任、归属感、互惠互助精神及自愿合作态度。然而，自20世纪80年代末以来，在经济体制转型、单位体制解体以及城市开发与更新等因素的共同作用下，城市社区无法发挥其"以某一地方为中心而比较持久的互动系统"[1]的作用，社区生活的社群互动性消失，社区社会资本流失。社会结构急剧变迁所引发的传统社会资本流失、居民社区交往需求弱化以及社区交往机会受到限制，是我国社区社会资本缺失的主要原因。

1. 社会结构的急剧变迁瓦解了原有的社区关系网络

社会资本存在于人与人的关系之中，关系网络是社会资本的基础，因此，社会资本的形成与维持依赖于稳定的社会结构，社会结构的快速变迁则会导致社会资本消失。我国在计划经济时期，国家全面控制和垄断一切社会资源并以单位为"中介"进行分配，这一时期的社会结构特征主要表现为较低程度的社会分化与社会流动。与此相对应，城市空间结构在总体尺度上呈现出相对单一、均质的特征。单位社区，作为城市社会空间的基本单元，具有很强的封闭性和静态性，内部关系结构稳定。进入社会转型加速期之后，社会结构快速地从单一、均质、封闭的状态向复杂、分化和流动的状态转变，并且一直处于剧烈的动态变化之中。社会结构根据社会成员经济资源的多寡加以重组，日益分化且流动性不断增强。居民的不断更替破坏了社区关系网络的稳定，居民之间原有的利益与控制关系断裂，以关系网络为载体的规范和信任从而失去了存在的前提。

---

[1] 桑德斯：《社区论》，徐震译，台北：黎明文化事业股份有限公司，1982年，第44页。

2. 社会结构的快速变迁削弱了原有的社区交往需求

改革开放以前，农村社区与城市单位社区共同具有以下结构特征：空间的封闭性、成员构成的同质性以及生产与生活空间的重合性。这些结构特征使人们的生活紧密地交织在一起，生产上的合作需求、生活上的互助需求以及对社区或社区内群体的情感需求推动着居民之间频繁的社会互动，形成了丰富的社区社会资本。城市居住空间结构转型后，城市社区出现新的空间特征：社区功能的片面化、社区内社会关系的单一化和社区的开放性。社区功能的片面化和社区内社会关系的单一化削弱了社区在个人日常生活中的重要性，从而弱化了居民原有的社区交往需求，而社区的开放性促进了跨社区关系网络的发展，减少了居民对社区关系网络的依赖。首先，随着单位社区的不断杂化，居民在工作单位与职业上的重合度不断降低，生产上的合作需求仅在较小范围内存在；转型社区尽管保留了农村社区的一些特征，但由于农民的转产转职和重新择业，不再具有"生产空间"的属性。因此，生产上的合作需求也不复存在。其次，随着市场体系的不断成熟及社区开放性与流动性的增强，生活需求的满足方式逐渐从社区内部的互惠互助方式向市场中的公平交易方式转变。最后，地缘关系与业缘关系、亲缘关系的剥离及社群的多样化导致居民的情感需求满足对社区及邻里的依赖性逐渐减弱。居民对社区关系网络需求的弱化直接造成了邻里关系的疏远与淡漠，成为城市社区培育社会资本所面临的最大难题。

3. 社会结构变迁从客观上限制了居民的社区交往机会

分化与分工是现代化城市生活体系的特征，它导致了地理空间在功能满足方面的专门化，即现代城市功能结构的空间分化。随着原本由传统社区所承担的休闲、工作、经济合作、利益分配、社会交往等众多功能的逐渐外移，社区作为人们日常生活空间所具有的综合性及其基础意义不断消解，人们为满足个人与家庭需求而进行的大量社会活动分散至社区外不同的空间，发生于社区内的社会活动减少并与其他居民缺少关联性。此外，城市空间结构的转型造就了"职住分离"的现代城市空间格局，它与"朝九晚五"的工作时间模式共同造成了社区生活中主要成员的"不在场"。[1] 城市居民及其活动在时空分布上的分散化导致其在社区中的必要性与自发性活动无法交汇成更大、更有意义和更富于激情的社会性活动[2]，从而在客观上制约了居民的社区交往。

综上所述，在我国社会转型加速期，社会结构的急剧变迁不仅瓦解了原有的社区关系网络，导致社区社会资本的快速流失，并且削弱了社区在人们日常生活中的重要性，从主观上弱化了居民的社区交往需求，而新的城市空间结构从客观上限制了社区交往的机会和形式，从而使邻里关系疏远、信任缺失、社区情感淡薄，城市社区社会资本培育由此陷入困境。"内生性动力—结构性条件"理论框架不仅能够解释社区社会资本何以在社会转型加速期快速流失，也为我们探讨新的社会结构下如何培育社区社会资本提供了思路。

三、社区社会资本培育的基础：内生性动力的发现与挖掘

居民的社区交往需求是社区社会资本形成的内生性动力。然而，结构性条件的急剧变迁削弱了城市居民原有的社区交往需求，直接造成了邻里关系的疏远与淡漠，成为城市社区培育社会资本所面临的最大难题。因此，发现与激发社区生活中居民存在或潜在的交往与合作需求是培育社区社会资本的基础与首要环节。否则，社区社会资本培育就成为无源之水。为此，我们首先探讨的问题是，社会结构的转型在消解或抑制某些社区交往需求的同时是否能够生成或激发另一些社区交往需求？

为了探究后单位制时代城市社区生活可能生成的交往与合作需求及其对社区社会资本的推动作用，笔者首先通过分层抽样在两个个案社区中共选取500位居民进行问卷调查[3]，以测量两个社区的集体性社会

---

[1] 刘少杰：《新形势下中国城市社区建设的边缘化问题》，《甘肃社会科学》，2009年第1期，第11—14页。

[2] 扬·盖尔将居民在社区的户外活动区分为必要性活动、自发性活动与社会性活动三种类型。

[3] 笔者按照"楼栋—单元—住户"的层次进行抽样，在S社区和M社区中各抽取了250户，在18~79周岁的家庭成员中选取一人作为调查对象。两个社区的有效问卷回收率分别为75.2%和78.4%。

资本。表1显示，两个社区都已形成了一定存量的社会资本，表现为融合性社区关系网络、中等程度的社区信任与较为普遍的互惠规范，为我们探讨社区社会资本的培育提供了现实可能性。在此基础上，笔者对S社区[1]的居民进行结构式访谈，回溯性追踪社区关系网络的形成过程，分析在社区关系网络形成过程中具有时间节点意义的社会互动事件，探究推动个体性和集体性社会互动事件发生的内在动力。

表1　S社区和M社区的社会资本存量

社区社会资本的维度		S社区	M社区
社区关系网络	见面打招呼的邻居数量/人	15.79	15.18
	可寻求帮助的邻居数量/人	6.85	5.83
社区信任 （赋值：1—5）	对小区居民的总体信任程度	3.84	3.65
	对社会上大多数人的信任程度	3.40	3.47
	对小区所属居委会的信任程度	3.12	3.56
社区互惠 （赋值：1—2）	能够顺利从邻居家借到需要的东西	1.93	1.90
	家里没人时邻居能帮着收信件、报纸或快递	1.87	1.86

（一）社区或邻里归属感产生的互动需求

笔者通过考察S社区3个小区的社区关系网络形成过程发现，虚拟空间中的邻里"弱关系"是社区关系网络的最初形态。3个小区在入住之前均已在J市房产网上建立了各自的业主论坛，业主在论坛上的交流与互动形成了一定规模的邻里"弱关系"与一定程度的社区归属感。由于ZYC小区居民在入住前通过网络形成的邻里"弱关系"规模更大、互动频率更高，再加之互动资料保存得更完整，笔者以ZYC小区为例考察社区或邻里归属感如何推动居民的线上交往。

ZYC小区业主在创建小区业主论坛到小区入住期间主要通过业主论

---

[1]　居住历史过短或过长的小区都不适合于社区社会资本形成的过程性分析，一是因为社区社会资本难以在一个较短的时间里形成，二是因为太长的居住历史不利于居民保持较为清晰和完整的社区记忆，在资料收集上存在极大的困难。S社区的3个小区的历史相近，居住历史为5~10年，比较适合用于此处的理论分析，而M社区的小区在居住历史上差异较大，故未纳入本部分的理论探讨。

坛进行互动，并以此为基础先后建立了两个业主QQ群。在此期间，该小区业主论坛的活跃用户为100人，共发起50个主题，跟帖数为489条。笔者对业主论坛的主题和帖子进行内容分析后发现，业主之间的讨论和交流主要围绕以下4个主题：单纯的邻里联系、关注和讨论住宅的施工进展、关注和讨论入户时间、关注和讨论入户费。其中，单纯的邻里联系这一主题发起的话题次数最多，共21次，帖子数量为200条。单纯的邻里联系是指业主间以互相认识、建立联系、加深情感为目的而进行的互动，互动内容以自我介绍与随意的闲聊为主。寻求"邻里"归属感是单纯的邻里联系的主要动力：原本互不相识的业主因购买了同一小区的房子而即将成为邻居，有些业主希望通过认识新邻居以尽快适应和融入新的居住空间，同时也便于相互交流和相互照应。邻里归属感推动着一部分业主在业主论坛上进行互动，并形成了一定规模的邻里"弱关系"。入住之后，寻求社区归属感的心理需求推动着业主们的交往从线上向线下延伸与拓展。2007年12月21日，业主Wang Geng[1]在业主论坛上发布标题为"ZYC小区业主聚会通知"的帖子，该帖子以"ZYC小区迎元旦、庆新年、结识新邻居"为主题召集邻里聚会，并通过两个QQ群进一步向业主传递消息，这一倡议得到了一定的反响，部分业主明确表达了参加的意愿。10天后，Wang Geng在业主论坛上发布帖子向业主介绍ZYC小区邻居元旦聚会的情况并附上了聚会照片。在此之后，业主们还自发举行了篮球赛等联谊活动。由此可见，在社区归属感这一心理需求的推动下，虚拟邻里"弱关系"向现实生活延伸，产生了以真实身份进行的面对面交往，邻里关系的强度尤其是亲密性由此得以增强。

从3个小区社区关系网络的最初形成可以看出，社区作为人们居住与生活的空间，其情感意义并未全然褪尽，它仍然承载着人们对"家园"的情感期待。家园意味着确定性和安全感，是一个"温馨"的地方。[2] 社区归属感能够帮助居民适应和融入新的社区生活，在社区中

---

[1] Wang Geng是ZYC小区业主论坛的核心人物之一。
[2] 齐格蒙特·鲍曼：《共同体》，欧阳景根译，南京：江苏人民出版社，2007年，第6-25页。

获得情感支持，从而形成一种"家园"的感觉。居民之间相互熟悉和相互信任的关系是社区归属感的主要来源，因此，对社区归属感的需求则转化为对社区关系网络的需求。归属感作为个体的一种基本心理需求，其满足程度取决于个体所属群体的数量及关系网络的大小。对于那些缺乏跨社区关系网络或外出不便的老年与幼年居民而言，社区交往及由此形成的社区关系网络是其归属感的重要来源。因此，老年与幼年居民在社区关系网络形成中起着不可忽视的作用。

由此可见，在城市社区中居民之间由社区或邻里归属感所推动的交往需求虽已弱化却依然存在，对社区交往仍然具有不可忽视的推动作用。

（二）共同生活需求产生的互助与合作需求

笔者对3个小区进行考察后发现，除了非正式的邻里关系之外，社区关系网络还包括以非正式社团和正式组织为表现形式的准正式与正式的关系网络，如 BD 小区中的老年联谊会、"三点半"学堂、太极拳队和健身队，ZYC 小区中的"童心童话"托管班、老年秧歌队、老年健身队和少北武术队，JX 小区的老年秧歌队和健身操队。这些社团与准社团是居民在寻求社区力量解决共同生活问题或满足共同生活需求的过程中自发形成的，是居民在共同生活需求推动下产生的互助与合作行为的产物。其中，共同的养老抚幼需求与兴趣爱好是城市居民在社区生活中形成的两种主要的共同生活需求。

第一，共同的养老抚幼需求。社会流动性增强、家庭规模缩小和老龄化程度增加导致城市社区中空巢老人的比例不断上升，他们共同面临着生活照顾和精神陪伴等问题。一些空巢老人为了满足共同的养老需求而在社区范围内寻求互助与合作，除了邻里之间的互助行为之外，还自发形成了养老互助组织，以及在社区居委会的指导下形成了公益类养老服务组织。

> 老年人联谊会于一年前成立，现在有30多位成员。在此之前我们这些老年人总在一起唠嗑、打牌、下棋，打发时间。我之所以发起老年联谊会是因为有一天晚上老赵突发急症，他老伴儿吓得不知所措，而他子女都在外地，就给我打了电话。我打了急

救电话后，又找了老陶一起来到他家，后来又一起陪着去医院。这事让我觉得我们老年人除了互相陪伴之外，还需要在生活上互相照顾。虽然我们现在的身体状况也还行，还没到找保姆和去养老院的时候，但就怕有突发情况。所以我们就商量着成立了老年人联谊会，为的是让我们这些子女都不在身边的老人能够互相照应。（BD 小区居民、老年人联合会发起人：CD）

另外，社区中的众多年轻家庭经常面临照顾年幼孩子与工作之间的冲突，邻里之间的互助与合作也常常成为解决这一共同问题的选择。笔者发现，在 3 个小区中，低龄孩子（主要是学龄前儿童和小学低年级儿童）家庭之间的互助行为比较普遍，如相互之间临时照看或接送孩子。照顾年幼孩子的共同需求不仅促进了居民之间的互助合作，形成了互惠规范，并且催生了"三点半"学堂、托管班等互助组织和教育类社区服务组织。

我退休之后主要是负责接送刚上一年级的孙女，逐渐认识了小区的好多年轻家长，他们都上着班，但下午 3 点钟就得来接孩子，家里没有老人帮忙的只能请假来接孩子，然后把孩子带到班上去，这样很影响上班，要不就把孩子送到外面的托管班去。后来就有好几个家长动员我在小区里办个托管班，负责接孩子和辅导孩子写作业。我一开始不想干，太操心。后来和我说的人多了，我想那就办吧，也算是帮大家一个忙。我把我家的车库改成了一个教室，另外还找了几个大学生负责接孩子和辅导作业。我们只收本小区小学低年级的孩子，现在有 30 多个孩子在我这里。和外面的托管班相比，我们的服务内容比较少，不提供晚饭，收费也少，因为我们本来也不是为了挣钱，主要是为了帮助大家解决生活中的后顾之忧。（JX 小区居民、"三点半"学堂的负责人：FLY）

第二，满足共同兴趣爱好的需求。在后单位制时代，社区取代单位成为满足居民共同兴趣爱好的重要空间。在 S 社区的 3 个小区中，共同的兴趣爱好与共同的强身健体、休闲娱乐需求推动着居民在社区内自发开展或参与各种文体活动。居民在活动参与中相互交往，结成趣缘关系，这些活动甚至以社团的形式固定下来，形成了一定数量的文体娱乐类社团。这些社团的成员以及活动的内容、时间与场所都比较固定，为成员之间持续的社会互动创造了条件。成员在社团活动中相互认识、逐渐了解，形成一定规模和密度的趣缘关系网络，社区认同感和归属感也得以增强。另外，除了常规的社团活动之外，这些社团还在小区内开展一些文体活动，起到了扩大社团影响、加强居民之间联系等作用。可见，居民的共同兴趣在形成社区关系网络中具有较大的空间与意义。

同一社区的居民由于共同居住于一个可界定的空间从而不可避免地产生带有共同性的问题与共同的需求[1]，而社区服务中存在的"政府失灵"与"市场失灵"促使居民寻求社区力量来满足相同或相似的生活需求。社区力量是指社区内邻里之间的互助与合作，以及自发形成的社区社会组织提供的各种支持。寻求社区力量来满足共同的生活需求，能够重建社区在人们生活中的重要意义，激发居民的社区交往意愿，推动社区交往从而有利于社区社会资本的形成。

（三）维护共同利益产生的沟通与合作需求

笔者通过考察3个小区的社区关系网络的形成过程还发现，居民之间基于共同利益的信息交流以及为维护共同利益而产生的集体合作行动是促进社区关系网络形成、不断扩大，从"弱"变"强"的一个重要因素。前文已提及，ZYC小区居民在入住前就已在业主论坛上进行交流与互动，交流的主题除了"单纯的邻里联系"之外，还有另外3个：住宅的施工进展、入户时间与入户费，这3个问题都关乎居民的共同利益。这些共同利益不仅推动居民在业主论坛上进行信息交流，还推动着集体合作行动的产生。其中，BD小区和ZYC小区曾遭遇多种侵权问题，就侵权行为的来源而言，两个小区面对的分别是"外患"与"内忧"，但两个小区的居民经历了非常相似的维权历程：当共同利益被侵犯时，居民开始寻求制度化甚至非制度化的方式来维护自己的权益，维权行动从分散化的个体行动逐渐发展为集体合作行动。维护共同利益的合作需

---

[1] 肖林：《现代城市社区的双重二元性及其发展的中国路径》，《南京社会科学》，2012年第9期，第55-61页。

求推动居民在社区内主动进行交往：信息交流、表达不满、传递情绪、策略分析、行动动员和集体合作行动，逐渐形成社区关系网络（表2）。社区关系网络在多重维权行动中从松散趋向紧密，并形成较高的社区信任和互惠规范。

表2 BD小区与ZYC小区中共同利益推动下的社区交往与合作

	侵权事件	维权行动主体	集体维权过程中的邻里交往与合作	对社区社会资本形成的推动作用
BD小区	1. 东侧中药厂的噪声与空气污染	小区部分业主	讨论废气对健康的危害性，交流分散投诉行为及其效果，对近邻进行动员，采取集体合作行动	面对共同问题的邻里之间形成弱关系
	2. 紧邻新小区施工的噪声污染与安全隐患	小区部分业主	相互交流紧邻新小区施工可能带来的问题（日照、噪声、损坏小区煤气房和水泵房），共同关注施工状况，与施工方集体交涉	面对共同问题的邻里之间形成弱关系，最热情、行动最积极的业主成为该网络的中心，初步形成共同利益意识
	3. 小区前的高压变电站项目	全体业主、物业公司、业委会	讨论和宣传变电站的辐射程度与危害，三次召开业主大会（调整和增选业委会成员、推选楼组长、商讨理性的维权策略及行动动员），业主代表与相关部门交涉，等等	社区关系网络从松散趋于紧密，形成"利益共同体"意识，社区认同感和社区凝聚力增强，业主、物业公司与业主委员会之间形成良好的合作关系
ZYC小区	1. 小区未按时完成配套设施建设	第一批业主	以在线业主论坛为互动空间：关注和讨论住宅的施工进展与入户时间。发起话题16次，跟帖数为297条，100位业主参与发帖、跟帖	在虚拟空间形成一定规模的邻里弱关系网络
	2. 入户费不合理	第一批业主	（1）业主在线上互动与交流：讨论与论证入户费用的不合理性，进行策略分析与行动动员；（2）线下集体合作行动：业主先后两次集体到开发公司的售楼处找负责人交涉	虚拟空间的邻里关系网络不断扩大并向线下延伸，互动性增强，产生核心人物，形成较强的集体认同感与共同利益意识，产生合作行为

续表

	侵权事件	维权行动主体	集体维权过程中的邻里交往与合作	对社区社会资本形成的推动作用
ZYC小区	3. 住房质量问题（漏水渗水、墙体发霉、双层玻璃窗户的中间起水珠、进雾气）与物业服务质量差问题	全体业主	（1）业主通过网络进行互动与交流，500人的业主QQ群增加至3个；（2）参与线下集体维权行动的人数不断增加，自发产生了业主代表；（3）业主代表通过网络及见面会与业主互动频繁：传递信息、分析形势、讨论对策、行动动员，并多次代表业主与开发商、物业公司及政府相关部门进行交涉	虚拟空间与现实空间的邻里关系网络进一步扩大，业主代表成为维权的核心力量，起到了团结和凝聚业主力量的作用。合作行为的理性程度增强
	4. 新旧物业的不合法更替；新物业动用公共维修基金	全体业主	成立业主委员会：组建业主委员会筹备小组、召开业主大会、2 003位业主参加了业主委员会的投票选举	多重社区关系网络的形成：在非正式的邻里关系基础上形成了正式的社区关系网络，形成较强的社区人际信任与社区认同感，形成社区正式规范

从集体合作行动在BD小区和ZYC小区社区关系网络形成与发展中的作用可以看出：市场经济条件下，利益已成为支配人们行为的重要原则，对共同利益的追求与维护为社会交往与合作带来新的可能性。住房的市场化改革加强了居民与社区之间的利益关联，同一社区内的业主对于居住质量和生活环境具有共同的需求和利益，追求与维护共同利益成为社区交往与合作的重要驱动力。由于以维权为目标的集体合作行动易破坏社区秩序并对社会稳定带来一定的隐患，因此，如何从源头上维护居民在社区生活中的利益，以及如何通过社区治理创新将集体合作行动的对抗性转化为整合性是培育社区社会资本所面临的一个新议题。

综上所述，社会结构的转型在抑制某些社区交往需求的同时也生成或激发了另一些社区交往需求，如寻求社区归属感、满足相同生活需求的互助需求和维护居民共同利益的合作需求，这些社区交往需求成为后单位制时代城市居民社区交往的主要动力来源，为社区互动系统的营造和社区社会资本的培育提供了新的可能性。

四、社区社会资本的培育路径：结构性条件的创造

居民在社区生活中形成的多重交往与合作需求是社区社会资本形成的内生性动力，但居民主观的社区交往需求能否转化为实际的社区交往行动取决于社区是否具备相应的结构性条件。因此，社会资本培育的过程就是发现居民特定的社区交往需求并为其创造相应的结构性条件，使社区成为一个持续的互动系统。笔者通过考察 S 社区与 M 社区的关系网络的形成路径来探讨社区社会资本培育路径的选择，也即如何创造满足居民社区交往需求的结构性条件。

从形成方式来看，S 社区与 M 社区的关系网络由两种类型的邻里关系所构成（表3）：一是以既有的社会关系（如工作关系、亲属关系及先前的邻里关系等）为基础的邻里关系，它反映了居民之间多种社会关系的交织重叠。调查发现，该类邻里关系主要存在于传统小区和转型小区中，这些小区中有 36.2% 的居民"通过工作关系认识或入住之前就认识"邻居，而在商品房小区中拥有该类邻里关系网络的居民仅占 3.2%。然而，随着传统社区在城市更新中的不断瓦解和城市流动性的不断增强，这一类型的邻里关系日趋减少。二是新建的社会关系，即居民在社区内通过社会互动形成的社会关系。社区内的社会互动主要有自发的邻里互动、志愿社团内的互动、社区参与中的互动和网络社区中的互动这四种形式，其中，自发的邻里互动仍然是社区社会资本的主要来源。可见，创造结构性条件促进自发的邻里互动是社区社会资本培育的重要路径。此外，培育社区社会资本还须探寻社区内其他类型社会互动的可能性并为其创造结构性条件，这是因为：一方面，在城市社会陌生化这一不可扭转的趋势下，自发的邻里互动难以回归到传统社区的水平，其创造社区社会资本的能力逐渐减弱；另一方面，不同类型的社会互动在社区社会资本形成中具有各自独特的作用，不同类型的社会互动相互补充、相互作用才能促进社区社会资本不同维度的共同发展。

表3 S社区与M社区邻里关系网络的形成途径

您主要是在什么情况下认识小区其他居民的？（多选）	S社区 $N_1=188$	M社区 $N_2=196$	合计 $N=384$
1. 通过工作关系认识或入住之前就认识	50 26.6%	36 18.4%	86 22.4%
2. 在小区公共空间中的必要活动和自发活动中认识	144 76.6%	91 46.4%	235 61.2%
3. 通过参加小区中的志愿性社团认识	6 3.2%	25 12.8%	31 8.1%
4. 通过参加小区公共事务/集体活动认识	10 5.3%	31 15.8%	41 10.7%
5. 通过小区的业主论坛、QQ群或微信群认识	8 4.3%	14 7.1%	22 5.7%
6. 其他情况	6 3.2%	7 3.6%	13 3.4%

（一）以人为本的空间营造，促进居民自发的日常互动

表3显示，即使是在邻里互动日益减少的后单位制时代，居民自发的日常互动仍然是社区社会资本的主要来源，它能够形成非正式的邻里网络、特殊互惠、人际信任与社区归属感。在S社区与M社区的8个小区中，61.2%的被调查者主要通过"上下楼梯、电梯或进出小区途中""在小区锻炼或散步时""陪孩子在小区玩耍时"认识其他居民。上述活动属于居民的"必要性活动"和"自发性活动"，其在小区公共活动空间中的汇集能带动儿童游戏、打招呼、交谈及被动式接触等社会性活动[1]，由此产生邻里互动。可见，居民之间的日常互动主要自发地形成于社区公共空间的社会性活动之中。合理的公共空间为居民的社会活动在空间上的聚集提供了可能性，从而对社区社会资本的形成具有显著的影响。

社会互动总是以一定的具体空间为依托，居民共享同一物理或虚拟

---

[1] 扬·盖尔：《交往与空间》，何人可译，北京：中国建筑工业出版社，2002年，第13-15页。

空间是邻里互动产生的必要前提。空间的性质和结构影响着社会互动的频率和性质，丰富且分布合理的社区公共空间及其相应的活动设施能够提高居民自发性活动的发生频率，带动连锁性社会活动。[1] 社会转型改变了城市社区的邻里交往模式，社区的公共空间成为邻里交往的主要场所，良好的社区公共空间由此成为邻里互动及社区活动必不可少的外部条件。然而，在我国城市社会中，不同类型的社区在公共空间的规划和设计上面临着不同的问题：街坊型社区和传统单位社区由于形成时间比较早，公共空间尚未被作为一个重要的因素纳入社区规划之中，因而存在公共空间不足、文体设施缺少或陈旧等问题；而商品房社区的空间规划较注重物质形体美学及其物质实体的功能结构，忽视了人在居住空间中的主体性，社区公共空间及公共设施无法吸引居民进行自发性活动和社会性活动，从而难以为社区交往创造更多的机会。

因此，根据居民的社交需求与生活需求对社区进行空间营造，打造人人可及可用的公共空间、完善社区公共设施、提供更多的"第三种地方"（third places）[2]，以及运用信息技术打造网络交往空间与公共空间，根据社区的社会结构来安排公共空间的物质结构，提高社区空间的沟通性，吸引居民及其活动在空间上一定程度的聚集，是促进居民社区交往从而增加社区社会资本存量的重要路径。

（二）培育社区社会组织，促进组织内外的交往与合作

社区志愿组织在社区社会资本形成中的作用不仅表现为能够形成（准）正式社区关系网络，还表现为是合作态度与公民技巧的训练场所，这些能力可能被转化为其他公民活动。[3] 表 3 显示，两个社区中有 8.1% 的居民通过参与社区社会组织认识其他居民，这说明社区社会组织在我国城市社区社会资本培育中的积极作用已初步显现，但它尚未成

---

[1] 简霞，韩西丽，李贵才等：《城市社区户外共享空间促进交往的模式研究》，《人文地理》，2011 年第 1 期，第 34-38 页。

[2] Whitham, M. M. Community connections: Social capital and community success. *Sociological Forum*, 2012(2), pp. 441-457.

[3] Green, M. C. & Brock, T. C. Organizational membership versus informal interaction: Contributions to skills and perceptions that build social capital. *Political Psychology*, 2005(1), pp. 1-25.

为帕特南所言的"主要贡献者"。社区社会组织的整体发展水平决定着其在社区社会资本培育中的作用,这一点可以从社区社会组织在 S 社区和 M 社区的邻里关系网络形成中的不同作用窥见一斑:在 M 社区,通过参加社区社会组织认识其他居民的比例达 12.8%,而在 S 社区该比例仅为 3.2%,造成这一差异的根本原因在于社区社会组织在两个社区中的发展水平有差异。相比于 J 市 S 社区,H 市 M 社区中的社区社会组织数量更多,居民参与的比例更高、类型结构也更为合理(表4)。

表4 J 市 S 社区与 H 市 M 社区的社区社会组织发展水平比较

		J 市 S 社区	H 市 M 社区	全国平均水平[1]
社区的社会组织数量/个		11	19	9.98
每万人拥有社区社会组织的数量/个		8.33	15.85	10.28
居民参与社区社会组织的比例		4.3%	15.6%	5.9%
类型结构	社区服务类	4(36.4%)	6(31.6%)	13.3%
	社区事务类	0	3(15.8%)	21.15%
	文体休闲类	6(54.5%)	5(26.3%)	39.9%
	社区维权类	1(9.1%)	1(5.3%)	4.89%
	社区慈善类	0	4(21.1%)	12.1%

不可逆转的城市社会陌生化趋势以及社区社会组织在社会资本培育中的独特作用决定了培育社区社会组织、促进居民在社区内的(准)正式社会互动是我国当前重建城市社区社会资本的主要路径。从社区层面看,社区社会组织对社区社会资本的培育能力主要取决于组织的发展水平,即组织的数量、规模、类型结构及居民的参与程度。[2] 我国的社区社会组织由于发育时间较短,其总体发展水平比较低,具体表现为数

---

[1] 该数据来自中国人民大学社会学理论与方法研究中心"社区建设与社区社会组织发展研究"课题组(2013年度教育部人文社会科学重点研究基地重大项目,项目编号:13JJD840005)。

[2] Stolle, D. Bowling together, bowling alone: The development of generalized trust in voluntary associations. *Political Psychology*, 1998(3), pp. 497-525.

量少、规模小、类型结构失衡、居民的参与比例和参与水平较低。[1] 因此,促进数量增长、优化类型结构、提高参与水平是我国当前培育社区社会组织的主要方向。具体而言有以下几点。

1. 促进社区社会组织的数量增长,以提升其联结社区居民的能力

数量少、规模小、居民参与比例低的发展现状限制了我国社区社会组织对社区居民的联结能力,难以形成正式的关系网络。因此,要从居民的生活需求出发,培育更多的社区社会组织,为居民提供正式社会互动的空间,以弥补社会转型中不断减少的非正式邻里互动。

2. 优化类型结构,充分发挥不同类型的社区社会组织在社区社会资本培育中的独特作用

不同类型社区社会组织对社会资本产生作用的维度不尽相同,公益类组织有助于形成公民精神,互益类组织能够促进邻里联系与互惠规范,而综合类组织既有助于建立邻里强联系、形成互惠规范,也有助于提升公民精神。[2] 目前,我国的社区社会组织以互益类组织为主,主要包括文体类组织与生活互助类组织,成员在组织活动中形成密切的关系网络,相互信任和相互支持。然而,由此形成的社会资本往往只存在于组织成员之间,"溢出"效应较弱。因此,要重点培育公益类与综合类社区组织,在"组织—成员—其他居民"之间建立更广泛、更具包容性的社会联结,以促进不同维度的社区社会资本积累。

3. 提高组织成员的参与水平,促进居民之间的信任与合作

参与水平是指成员在组织中所发挥的作用,可以用"是否为组织的某个任务负责"和"是否参与组织项目的计划与筹备"来衡量。[3] 从总体上看,我国居民很少在社区社团活动中承担实质性的责任,对组织活动的参与以"身体参与"或"执行性参与"为主,前者主要是指文

---

[1] 夏建中、特里·N. 克拉克等:《社区社会组织发展模式研究:中国与全球经验分析》,北京:中国社会出版社,2011年,第11-40页。

[2] 毛佩瑾、徐正、邓国胜:《不同类型社区社会组织对社会资本形成的影响》,《城市问题》,2017年第4期,第77-83页。

[3] Stolle, D. Bowling together, bowling alone: The development of generalized trust in voluntary associations. *Political Psychology*, 1998(3), pp. 497-525.

体休闲类组织的参与形式，后者主要是指在一些自上而下形成且缺乏自主性的社区社会组织中，成员的参与表现为执行上级组织布置的任务。这些组织对成员间的合作和信任的要求比较低，从而培育社区社会资本的能力较弱。而在权益类和自治类社区社会组织中，围绕成员的合法权益或社区公共利益的商讨和决策为成员提供了一个训练参与能力的平台，更有助于培养成员的信任态度与合作能力。因此，应该鼓励和支持参与水平相对较高的权益类、自治类社区社会组织，促进居民之间的信任与合作。

（三）完善社区治理结构，促进社区参与中的交往与合作

社区治理是社区层面的一种整合性集体行动，强调不同行动主体对社区公共事务的共同参与以及相互之间的沟通与合作。社区治理与社区社会资本之间是一种互为因果、互相加强的关系。良好的治理不仅能够促进社区关系网络的形成，而且有助于形成有效的规范体系，创造出制度型社会资本。首先，参与、沟通、协商是社区治理的核心，居民参与以及不同治理主体之间的沟通与协商要求建立更多的横向结构居民组织，为居民参与社区治理提供制度化、组织化渠道，并且在不同的治理主体之间搭建沟通、协商与合作的平台。可见，社区治理的过程是一个在居民之间以及居民与其他治理主体之间形成正式关系网络的过程。其次，良好的社区治理还是一个创建规则体系的过程。集体治理要解决制度供给问题，因为制度是决定个体的行为选择从独立行动转向集体合作的关键因素。[1] 制度供给，不仅包括国家自上而下地提供基层治理的政策法规以明确不同治理主体在社区治理中的权责关系，还包括居民在社区治理的动态过程中自下而上地创建行动规则，这是因为：不同的治理主体是利益分化的行动者[2]，他们围绕社区公共事务的沟通与协商实际上是不同利益主体之间进行讨价还价的过程。具体的行动规则是在沟通与协商中减少对抗和冲突、缩小差异达成共识的关键，但具体的行

---

[1] 埃莉诺·奥斯特罗姆：《公共事物的治理之道——集体行动制度的演进》，余逊达、陈旭东译，上海：上海译文出版社，2012年，第49-65页。

[2] 李友梅：《基层社区组织的实际生活方式——对上海康健社区实地调查的初步认识》，《社会学研究》，2002年第4期，第15-23页。

动规则并非既定的，而是内生于治理过程，由不同治理主体共同商讨并经过反复"试错"而形成的。因此，有效的社区治理必然包括规则体系的建构，如议事规则、互惠规则、社区公共资源的维护与使用规则等。最后，居民对社区公共事务的自主参与及相互之间的持续沟通，能够形成社区认同和权利共识，在相互认同的基础上生成信任。[1] 因此，在非正式邻里互动不断减少和基层社会治理模式转变的双重社会背景下，居民对社区治理的参与是社区社会资本一个不可忽视的来源。

住房市场化和社区治理模式转变推动着居民的社区权利意识从"物权"向"治权"拓展，其参与社区治理的意愿也随之不断增强。在两个社区中，47.4%的居民明确表达了参与社区公共事务的意愿，34.1%的居民表示可能会参与，只有18.5%的居民明确表示不愿意参与社区公共事务。居民的社区参与推动了社区关系网络的形成和发展，两个社区中有10.7%的居民表示通过参与社区的公共事务与集体活动认识了其他居民。但由于受到居民参与社区治理的方式与程度的限制，社区治理对制度型社会资本的创造能力较弱。目前，居民参与社区治理的具体形式包括参加居民（代表）大会与业主（代表）大会，向居委会、业主委员会与物业公司反映问题、提意见，参加与社区公共利益相关的活动，等等。其中，单独地向物业公司、居委会与业主委员会反映问题或提意见是最主要的参与方式（表5）。从参与方式和程度看，居民的参与仍然是一种"弱参与"。居民的自主参与主要围绕个体性事务及利益诉求，以个体化参与为主。对于社区中与公共利益相关的活动（如美化环境、治安巡逻、修桥铺路等），居民的参与以"动员式参与"为主，自主性较弱。此外，在不同的参与动机和行动逻辑支配之下，不同治理主体之间难以达成共识与合作，利益矛盾易演变为对抗与冲突。"弱参与"的"弱"，不仅体现于居民的自治能力弱，同时也体现于社区参与产生实质性社会资本（互惠、信任、正式规则）的能力较弱。

---

[1] 钱海梅：《参与式治理与社区社会资本的积累》，《现代管理科学》，2010年第9期，第102–103页。

表5　S社区与M社区居民在社区治理中的实际参与行为（N=384）

居民参与社区治理的主要形式	S社区	M社区	合计
参加居民（代表）大会，向居委会反映问题、提意见	34 18.1%	50 25.5%	84 21.9%
参加业主（代表）大会，向业主委员会反映问题、提意见	40 21.3%	33 16.8%	73 19%
向物业公司/准物业服务组织反映问题、提意见	93 49.6%	103 52.6%	196 51.0%
参加本社区中与公共利益相关的活动	50 26.6.9%	80 40.8%	130 33.9%

从S社区和M社区来看，社区治理结构不完善是造成居民"弱参与"的重要原因之一，具体表现为以下两个方面。一是制度化、组织化参与渠道的缺乏，即社区居委会、业主委员会与公益性自组织等治理主体在社区治理中不同程度的"缺位"。制度化、组织化参与渠道的缺乏造成了居民的参与不足以及非制度化、非组织化的参与方式。前者意味着居民的需求和利益难以得到充分表达，而后者易导致居民与其他治理主体之间的利益矛盾朝非理性的方向发展。二是社区协商机制的不完善。不同治理主体之间，尤其是居民、业主委员会、物业公司三者之间的利益分化与矛盾是影响社区和谐与稳定的主要因素。社区内部的自主协商是协调居民、业主委员会、物业公司等"生计型参与者"之间利益冲突的主要机制。[1] 在M社区中，三个社区事务类组织[2]是对社区协商机制的初步探索，而S社区尚未迈出探索的第一步。由于社区内部缺乏成熟的自主协商机制，治理主体之间的利益矛盾易发展为对抗和冲突，助长彼此之间的敌意和不信任，社区也极易陷入无序状态。

完善社区治理结构，促进居民在社区治理中的制度化、组织化参与，促进居民之间以及居民与其他治理主体在公共事务治理中的互动与合作，是社区社会资本培育的重要路径。一方面，要进一步完善社区治

---

[1] 王星：《利益分化与居民参与——转型期中国城市基层社会管理的困境及其理论转向》，《社会学研究》，2012年第2期，第20-34+242页。

[2] MHB社区的三个社区事务类组织是红途大管家、陈文英工作室与"和事佬"协会。

理制度，对不同社区治理主体的职责范围和相互之间的关系做出明确的规定，解决治理主体的缺位、错位或越位问题，为居民的社区参与提供制度化、组织化的渠道。另一方面，建立和完善社区协商机制，确定协商主体、构建协商平台和规范协商程序，推进社区协商制度化、规范化、程序化，促进不同治理主体之间的理性沟通，以避免社区治理主体之间的利益追求陷入零和博弈。

五、国家介入与社区社会资本培育中的"引导程序"

对于社会资本起源的"托克维尔解释模型"，保罗·F. 怀特利在承认其具有很强解释力的同时指出了该模型的一个缺陷：它解释了社会资本如何从最低限度中创造出来，却无法解释社会资本如何从非合作的原始状态中生成。[1] 怀特利由此提出社区社会资本形成的"引导程序"问题——正式或非正式的社会网络，都必须建立于最低限度的互惠和信任之上，但最低限度的社会资本又是从何而来？"引导程序"问题对于我们探讨在"陌生人社区"中培育社会资本颇具启发意义，比如，相互陌生的居民如何可能自发建立社区自组织和社区协商机制？对于陌生人社区中社会资本形成存在的"引导程序"问题，有研究者提出，外部制度力量的激发和支撑是"非合作社会状态"下培育社会资本的一种"引导程序"。在居民缺乏自组织能力和自治能力的社区中，国家和政府的介入是社区社会资本形成的重要结构性条件。尽管西方学者对于国家和政府是社区社会资本的"敌人"还是"朋友"这一问题存在分歧和争论，但国内学者根据我国特定的历史条件和现有国情指出，国家和政府的合理介入能够为公民互动和公民参与创造良好的环境，能够为信任和互惠关系的形成提供一定的制度空间和组织资源，从而成为解决社会资本匮乏问题的重要途径。[2][3]

---

[1] 保罗·F. 怀特利：《社会资本的起源》，转引自李慧斌、杨雪冬主编的《社会资本与社会发展》，北京：社会科学文献出版社，2000年，第45-76页。

[2] 燕继荣：《社区治理与社会资本投资——中国社区治理创新的理论解释》，《天津社会科学》，2010年第3期，第59-64页。

[3] 刘春荣：《国家介入与邻里社会资本的生成》，《社会学研究》，2007年第2期，第60-79+244页。

从本研究考察的两个社区来看，无论是通过发展社区社会组织还是促进居民参与社区治理来培育社区社会资本，国家和政府的介入能够起到"引导程序"的作用。以发展社区社会组织为例，S社区和M社区的居民对社区关系网络的需求并无显著差异，但M社区的社会组织发展水平明显高于S社区。笔者通过深入考察发现，这种差异主要源自两者的社区社会组织发展模式不同。M社区采用了"政府+社会力量"的培育模式[1]，该模式下政府与社区成为共同的培育主体，而S社区的培育模式属于以社区力量为培育主体的自下而上的培育模式，这两种模式的根本差异在于地方政府是否介入。在M社区，地方政府的有效介入为培育社区社会组织提供了制度资源、物质资源及人力资源，对于推动社区社会组织的发展起到了立竿见影的作用。而在S社区，基层政府未能出台相应的扶持和指导政策，社区社会组织处于"自发生长"状态，居民较低的自组织意识及较弱的社区资源动员能力难以推动社区社会组织快速健康地发展。

对于如何避免国家的介入从社区社会资本发展的"引导程序"演变为"终结程序"，社区建设的地方经验为我们提供了一些启示。以发展社区社会组织这一社区社会资本的培育路径为例，"政府+"是一种被实践证明较为成功的模式，如北京市D区的"政府+支持类社会组织"[2]和杭州市S区的"政府+社会力量"。在前一种模式中，基层政府以购买服务的方式委托支持类社会组织对社区社会组织进行孵化和培育。在后一种模式中，基层政府将社区社会组织的培育过程分为两个阶段：孵化和提升。孵化是指基层政府动员社区能人建立各种备案类社区社会组织，提升是指基层政府委托支持类社会组织对社区内已有的备案类组织进行培训和指导，提高其自治能力和专业服务能力。这些模式的成功之处在于地方政府选择了间接的介入方式，政府的角色限定于"间接培育者"，而将"直接培育者"的角色交由社区能人或其他社会力量来扮演。

---

[1] 方亚琴：《社会资本视角下社区社会组织培育模式探讨——以浙江省H市SC区XY街道为例》，《城市观察》，2017年第5期，第110-121页。

[2] 赵罗英、夏建中：《社会资本与社区社会组织培育——以北京市D区为例》，《学习与实践》，2014年第3期，第101-107页。

政府的"间接培育者"角色具体体现为以下几种：①"扶持者"，为社区社会组织提供政策资源支持、物质资源支持、管理技术支持等基础条件，改善社区社会组织的生存环境；②"引导者"，以居民的社会需求为导向，重点扶持社区迫切需要但自我发展能力较弱的公益类社区社会组织，促进社区社会组织类型结构的优化；③"动员者"，动员社区精英、社区能人利用其社区影响力和专业技能来组建并动员社区居民参与社区社会组织。这种模式强调政府介入方式的间接性，以克服"政府为主导"培育模式下的行政化冲突，在最大效率地使用来自政府的政策、资金、信息和场地等资源的同时，遵循社区组织自身的成长规律，从而保证组织的自主性与参与性。在促进居民在社区治理中的交往与合作这一社会资本的培育路径中，同样也需要国家和地方政府发挥"引导程序"的作用，国家和政府应该在提供制度空间、搭建协商平台的基础上充分发挥动员、引导和指导作用。

作者简介：方亚琴，浙江师范大学法政学院教授；
　　　　　夏建中，中国人民大学社会与人口学院教授。

第六章 从对抗到合作：城市微观秩序的构建路径

谢 岳 姚雨灵

房屋产权的私人化和业主自治是中国城市化的重大制度变迁，它们深刻地影响到城市人口的财富，以及由财富产生的公共生活。20世纪90年代中后期以来，业主委员会制度逐渐在全国的城市范围内推广开来，但是，这种制度安排在实际运行过程中产生了集体行动的难题，大量的物业纠纷涌现出来。2001年至2019年，全国法院系统裁决的"物业管理纠纷"和"业委会纠纷"案件数量增长速度惊人，分别从13件和1件增加到467 962件和27 872件。[1] 不过，在法院裁决的案件背后，隐藏着更加复杂、激烈的群体纠纷，诸如群体性事件、上访、集体暴力等。这些纠纷阻碍了社区公共生活的建设，甚至在一定程度上扰乱了城市的公共秩序。

本研究是一项案例研究，案例的收集是在一年多的深度访谈基础上获得的。借助于过程追踪方法和治理网络理论，案例讨论将涉及业主群体、物业公司、居委会和基层政府之间的关系以及彼此互动的结果。基于治理网络结构关系的互动分析，本研究将揭示纠纷主体之间为什么进行互动、互动如何偏离了制度设计的目标；基于过程—机制方法的分析，本研究将进一步揭示这些互动是通过什么样的机制将集体纠纷转换为稳定的社会秩序的。

---

[1] 中国裁判文书网，https://wenshu.court.gov.cn，2021年9月11日访问。

一、业主维权：公共秩序的解构性研究

业主委员会制度作为一种新兴的制度，吸引了学者们大量的关注，他们从不同的视角去研究全新的城市政治社会学现象。在社会科学领域，业主委员会之所以重要，是因为至少有如下三大因素：一是在社会建设的层面上，业主委员会为城市中产阶级的集体自治提供了一个难得的机会；二是在公民权利的层面上，这项制度关系到中产阶级的权利得失；三是在政治层面上，业主委员会影响到公共权力如何在新的城市空间中建立起权威。对社区秩序而言，上述三个方面的任何一个方面都能够成为诱发或主导社区公共秩序的决定性力量。已有的关于社区秩序的研究基本上都是在这三个维度上展开的。研究的问题涉及如下几个领域。

（一）集体维权的动力

第一，司法机会。中央关于物业管理的法律法规，特别是《中华人民共和国物权法》，为业主动用法律武器维护房屋产权以及由此延伸而来的其他权利提供了司法动员的机会。[1] 法律几乎成为业主们的抗争实践中不可或缺的有机组成部分。[2] 业主借助法律从"空间性"和"社会性"两个维度进行产权实践，从产权的社会维度出发，建立小区内的组织，并且在维护产权的过程中对抗来自"市场"和"国家"的双重压力，重建自身与市场、国家的关系；"依法诉讼"与"依法信访"是集体维权的主要形式。[3]

第二，政府层级结构与目标的落差。由于各级政府机构的权力范围和利益出发点不同，行政系统（上下级关系、条条关系、块块关系、条块关系）存在着很多相互冲突和"裂痕"。这种相对"分隔"的行政体

---

[1] Burstein, P. Legal mobilization as a social movement tactic: The struggle for equal employment opportunity. *American Journal of Sociology*, 1991(5), pp. 1201-1225.

[2] 陈鹏：《当代中国城市业主的法权抗争——关于业主维权活动的一个分析框架》，《社会学研究》，2010年第1期，第34-63+243-244页。

[3] 沈原：《走向公民权——业主维权作为一种公民运动》，载沈原《市场、阶级与社会——转型社会学的关键议题》，北京：社会科学文献出版社，2007年。

系则为业主利用关系网络抵制基层政府侵权提供了空间。[1]

第三,资源动员。按照社会运动的资源动员理论,非正式的私人关系网络常常被维权业主加以利用,发动集体行动。[2] 维权骨干通过私人联系将物业争议的资料送到上一级政府领导手中[3];或者通过体制内的熟人关系,将材料转交给物业主管部门[4];或者通过业主人大代表的身份,将诉求以人大的名义交办给住房建设部门。[5] 不管是借助哪种资源,业主们的目的都是希望上级政治压力介入纠纷化解。

(二) 集体抗议的策略

对业主而言,仅仅具备有利的资源,还不足以发起集体维权行动,行动的策略也是必备条件。常见的策略包括如下几点:

其一,建立横向联系。为了壮大维权的力量和声势,若干小区的业主会成立非正式的组织,结成同盟关系,就某项诉求采取协同行动。[6]

其二,建立接近官方的行动话语,避免跨群体的行动被政府镇压。这种策略特别适用于那些试图通过建立横向联系而集体维权的行动。[7]

其三,缠访。领头者发动积极分子,经常性地出现在政府相关部门,通过激怒政府部门和负责人,从而迫使他们介入纠纷。[1]

其四,以法维权。都市运动的抗争实践中有丰富的行动策略,"其中学习法律和利用法律成为普遍的抗争策略"[8],甚至是行动者业主

---

[1] 石发勇:《关系网络与当代中国基层社会运动——以一个街区环保运动个案为例》,《学海》,2005年第3期,第76-88页。

[2] Gould, R. V. Multiple networks and mobilization in the Paris Commune, 1871. *American Sociological Review*, 1991(6), pp. 716-729.

[3] 张磊:《业主维权运动:产生原因及动员机制——对北京市几个小区个案的考查》,《社会学研究》,2005年第6期,第1-39+243页。

[4] Shi, F. Y. & Cai, Y. S. Disaggregating the state: Networks and collective action in Shanghai. *The China Quarterly*, 2006, 186, pp. 314-332.

[5] Xie, Y. & Xie, S. R. Contentious versus compliant: Diversified patterns of Shanghai homeowners' collective mobilizations. *Journal of Contemporary China*, 2019(115), pp. 81-98.

[6] Yip, N. M. & Jiang, Y. H. Homeowners united: The attempt to create lateral networks of homeowners' associations in urban China. *Journal of Contemporary China*, 2011(72), pp. 735-750.

[7] 庄文嘉:《跨越国家赋予的权利?——对广州市业主抗争的个案研究》,《社会》,2011年第3期,第88-113页。

[8] Gallagher, M. E. Mobilizing the law in China: "informed disenchantment" and the development of legal consciousness. *Law & Society Review*, 2006(4), pp. 783-816.

"营造机会空间"的一种策略,体现了为"公民权利的争取、生活智慧的积累,以及以法维权的策略建构"[1]。

其五,文化创造。在市民/农民"保卫家园"的都市运动的个案当中,陈映芳教授发现,行动者借助发掘价值资源和政治伦理的正当性,在以国家需要为名义的开发项目中维权。[2]

其六,去组织化行动。"去组织化"是业主为了降低行动风险的策略选择。[3] 这种策略具有三个特征,即无领导有纪律、行动上自我定位和网络虚拟串联。"去组织化"依托政治认知、网络传播和情感动员消解合法性、安全性和"搭便车"三重集体行动困境。

(三) 维权的溢出效应

对于业主集体维权,研究者发现,维权的结果不仅仅局限于他们的诉求是否得到实现,而是产生了意外的结果。

第一,建立了横向组织联系。2006年,B市近30家业委会表示愿意联名发起成立业委会协会,向当地建委部门和民政部门提出申请。虽然申请注册并未成功,不过,申请活动促生了一个类似业委会协会的NGO组织——B市业委会协会申办委员会。该组织不断联合B市及其他城市近百家业委会,推动业主维权从孤立的小区走向小区的联合。[4]

第二,自治制度的扩展。为了丰富业主表达的途径和表达的力度,研究的案例致力于完善小区自治制度,成立业主代表大会。作为一种新的制度设计,业主代表大会勾连起业主大会与业委会之间的决策环节,解决了原先决策难、成本大的问题。[4]

第三,身份的扩展。通过集体维权,维权者实现了从业主到居民的

---

[1] 施芸卿:《机会空间的营造——以B市被拆迁居民集团行政诉讼为例》,《社会学研究》,2007年第2期,第80-110+244页。

[2] 陈映芳:《行动者的道德资源动员与中国社会兴起的逻辑》,《社会学研究》,2010年第4期,第50-75+244页。

[3] 陈晓运:《去组织化:业主集体行动的策略——以G市反对垃圾焚烧厂建设事件为例》,《公共管理学报》,2012年第2期,第67-75+125页。

[4] 刘子曦:《激励与扩展:B市业主维权运动中的法律与社会关系》,《社会学研究》,2010年第5期,第83-110+244页。

跨越。在郭于华和沈原看来，业主依法维护产权的抗争是走向公民权的过程。[1] 通过法律诉讼，业主不仅界定和明确了政府的行为边界和权力范围，而且重建了自己作为公民与国家权力之间的法律契约关系。[2] 研究中还发现一个更加激进的维权溢出效应，那就是，依托业委会的平台和建立起来的关系网络，部分业主参与了所在居委会的换届选举。[3]

上述研究成果能够帮助我们理解三个疑问：为什么业主能够发起集体维权行动？业主是如何动员集体维权行动的？这些行动对业主而言产生了什么样的建构意义？不过，这些研究的缺陷也是显而易见的。首先，以业主为主体的研究过度地运用了"社会中心范式"，忽视了影响业主集体维权行动的其他力量，例如，市场和国家；事实上，国家的力量对社会的自我建构发挥了更加重要的作用。其次，"社会中心范式"把国家或市场当作业主的对立方对待，断言业主集体权利的获得或失去归因于国家释放空间的大小，否定了两者之间建立和谐关系的可能性。再次，上述研究采取的都是即时性而非过程性研究方法，关注的是业主维权的短期互动关系，缺少对社区秩序建设的长时段观察，从而降低了因果解释的准确性。最后，尽管业主集体维权行动涉及业主、物业公司和政府的关系，但是，这些关系只是被当作维权行动的背景来对待，研究者并没有通过分析三者之间的互动关系来理解维权的变化和集体行动的后果。

二、治理网络的关系结构

城市私人产权的居住空间内存在着三种治理网络，即以街道、居委会、住建部门为代表的国家治理力量，以房地产公司和物业公司为代表

---

[1] 郭于华、沈原：《居住的政治——B市业主维权与社区建设的实证研究》，《开放时代》，2012年第2期，第83-101页。
[2] 陈鹏：《当代中国城市业主的法权抗争——关于业主维权活动的一个分析框架》，《社会学研究》，2010年第1期，第34-63+243-244页。
[3] 刘子曦：《激励与扩展：B市业主维权运动中的法律与社会关系》，《社会学研究》，2010年第5期，第83-110+244页。

的市场治理力量，以及以业主委员会为代表的社会治理力量。[1] 这三种治理网络之间的互动关系结构决定了小区社会秩序的走向。在结构功能层面，物业管理和房屋产权方面的政策法规对三者的关系做出了如下界定：① 代表政府方面的居委会有权指导业委会的工作，包括业委会成员的酝酿、推选、选举及日常运作，对小区治理的目标是稳定的秩序；② 业委会是一个自治组织，由全体业主组成的大会定期选举产生，管理小区内的物业管理事务，并对全体业主负责，对小区治理的目标包括利益的维护与秩序的维持；③ 由业主大会选定的物业公司，以合同的形式向小区提供约定的物业管理服务，遵从市场竞争规则，对小区治理的目标是利益。然而，这些治理网络的关系与功能经常会受到内部或外部因素的影响，从而形成冲突的、排斥的治理结构。

（一）治理网络的非均衡关系

治理网络的非均衡关系是导致治理异化的一个常见的原因。[2] 这种关系尤其影响到居委会与业委会之间的互动结果。既然行政化的居委会拥有"指导"业委会的功能，那么，对业委会而言，小区治理的全过程都必须允许居委会的介入。居委会的主导作用在第一届业委会的产生过程中表现得尤其明显。居委会的优势地位还表现在推荐业委会成员和选举新一届业委会的过程当中。出于稳定小区秩序的考量，居委会希望推荐他们信得过的业主担任业委会成员，特别是业委会主任。居委会的主导地位还体现在更换物业公司的时候。如果业主与物业公司之间出现分歧，导致物业管理陷入混乱，居委会会介入这个过程，或者主导业主大会更换物业公司，或者说服业主续聘原有的公司。但是，一旦居委会被物业公司所"绑架"，业委会与物业公司之间的关系就会失衡，居委会与业委会之间的关系也随之恶化。

（二）治理网络的目标强化

小区治理异化还会产生于由于网络主体过度强化各自的组织目标而

---

[1] 郭于华、沈原：《居住的政治——B市业主维权与社区建设的实证研究》，《开放时代》，2012年第2期，第83-101页。

[2] Torfing, J. Governance networks. In David Levi-Faur (ed.), *The Oxford Handbook of Governance*. Oxford: Oxford University Press, 2012, pp.99-112.

形成紧张的关系时。在居委会这一边，准政府的性质决定了其在居民区内存在着多重行政目标，诸如人口管理、计划生育、社区矫正等，这些目标任务迫使居委会必须在管辖范围内形成权威，才能确保目标任务顺利完成。[1] 鉴于这一点考虑，居委会对小区物业管理的秩序特别在意。居委会希望在业委会的产生和运作环节能够起到主导作用。对于业委会与物业公司之间的纠纷而带来的物业停滞，居委会是不希望看到的。在业委会那边，由于法律规章都赋予了业主自治的权利，出于利益和生活质量的考虑，他们希望在物业管理过程中能够充分地行使自己的权利。一旦日常物业管理成为争议性问题，业主中的积极分子很容易诉诸自治的权利而采取行动。他们不希望自己的利益受损，也不希望物业管理的服务质量下降。当居委会过度强调维持稳定、业委会过度强调自治时，两种治理网络的关系就会容易进入难以调和的状态。

（三）治理网络的目标偏移

目标偏移最容易导致小区物业治理异化，其中，代表政府的治理网络，如街道办事处、居委会、房地产开发公司和物业公司，一旦将利益追求作为一个新目标，就会和业委会形成一种竞争关系，多元的治理网络就简化为二元对立的关系了。正如学者发现的那样，在房地产开发和物业管理领域，一个以开发商和物业公司为主体，包括房管局小区办、地方法院、街道办事处等相关政府部门和政府官员在内的具有分利性质的房地产商利益集团已经形成。该集团的强势地位，使开发商和物业公司敢于普遍而广泛地侵害广大业主的合法权益，这正是业主维权运动兴起的深层原因。[2] 结构性特征容易让基层政府的治理网络行为逐利化。房地产公司的项目关系到地方政府的绩效和财政收益，它们常常得到政府的保护。只要政府、开发商和物业公司之间存在着利益关系，政府对物业公司一般会给予庇护。一般情况下，基层政府能够在以下方面给物业公司提供庇护：① 帮助老关系物业公司垄断辖区业务，使其避免与其

---

[1] 郭圣莉：《社区发展中的城市基层群众自治组织及其制度再造——改革开放以来上海市居委会发展研究》，《复旦政治学评论》，2003年第1期，第240-263页。

[2] 张磊：《业主维权运动：产生原因及动员机制——对北京市几个小区个案的考查》，《社会学研究》，2005年第6期，第1-39+243页。

他公司的竞争；② 帮助物业公司逃避上级政府的监管；③ 帮助物业公司开展日常管理工作；④ 在冲突事件中庇护物业公司。[1]

业委会也有偏离组织目标的时候。如果业委会成员特别是主任的权力不受监督和制约，业委会就会演变成一个为个体谋求利益的组织，损害全体业主的权利和利益。业委会谋求业主利益主要采取建立利益联盟的策略。业主针对物业公司、居委会的集体维权，通常是由业委会腐败引起的连锁反应。

小区秩序的维持需要相对独立、相互制约、彼此均衡的治理网络关系，但是，这种关系不是自动形成的，也不是在短期内完成的，而是治理网络在长期的、对抗性互动中形成的。确切地讲，业主基于权利的自治行动，以及由此而引起的多方矛盾，是社区秩序得以维持的一个必然途径。[2] 通过对抗性的互动，纠纷的当事方能够拥有谈判的筹码与妥协合作的意愿，旗鼓相当的网络关系能够约束治理网络主体的激进行为，纠正治理网络的目标偏离，促使当事方还原到制度设计的应然状态。物业公司（有时候包括开发商）与第一届非选举的业委会一般都会是矛盾的发起点。它们僭越了各自的组织目标，联手侵犯业主的合法权益。权利意识强、活动能力强的业主联合起来向物业公司和业委会"讨说法"，不过，在初始阶段，强势的物业公司（特别是有政府撑腰的开发商）和得到居委会撑腰的业委会并不能让业主们轻松地达到维权的目的。无奈之下，维权者将行动升级，或采取集体抗议行动，或引入媒体关注，或动员上级政府干预；当地基层政府迫于压力，不得不纠正自己的组织目标，将维持秩序放到了第一位。经过多方长时间的"拉锯战"，居委会退让一步，同意改选业委会或者更换物业公司。不过，居委会的让步鼓舞了业主中的积极分子，他们坚持居委会不得干预新的业委会的选举和物业公司的选聘等事务，追求完全的自治。这个环节使得居委会和业主再一次陷入对峙状态。僵局常常会导致物业管理陷入混乱甚至停滞，这对居委会和业主而言都是难以接受的。对业主而言，他们面临着

---

[1] 石发勇：《关系网络、"地方形象促进联盟"与城市基层治理》，《学海》，2013年第3期，第33—45页。

[2] 刘易斯·科塞：《社会冲突的功能》，孙立平等译，北京：华夏出版社，1989年。

一个较大的风险,如果僵局持续,街道办事处会完全接管业委会,业主维权将完败。迫于压力,业主和居委会都有意愿坐下来谈判,在业委会选举上和小区治理上达成妥协方案。激进的业主委员会成员还会受到业主内部的竞争压力,这种力量会对他们的治理行为有所抑制,不至于一味地追求实现纯粹的公民权利,拒绝政府合作治理的善意。

三、一个上海社区自治的案例

X 小区位于上海市闵行区,是一个高档商品房住宅区,共有 1 788 户业主。小区所在的行政单位 M 镇仍然保持了乡镇建制。2001 年起,业主开始陆续入住;2006 年,开发商和居委会共同协商成立了第一届业委会,业委会的成员任职时间较长,大部分成员延续至第三届业委会。涉及业主之间、物业公司、居委会和镇政府的公开冲突始于 2014 年,一直持续至 2019 年。

(一) 秩序演变的过程

2014 年,第三届业委会履职中期,X 小区爆发了激烈的冲突。争议的起因是,部分业主质疑业委会在小区绿化工程的预算开支方面存在腐败行为,同时,业主还将矛头对准了物业公司,认为物业公司是同谋,共同侵吞业主公共收益。业主积极分子以公开抗议的形式表达了对业委会和物业公司的强烈不满。2015 年 9 月,公开抗议未果之后,维权人士成功地通过召开临时业主大会罢免了业委会。在业委会被罢免之后的一年时间里,由于多种原因,新的业委会难以产生,居委会代管小区的物业管理工作。2016 年 9 月,一个以维权派为多数的第四届业委会终于产生。应维权派业主的诉求,新的业委会将终止物业公司的服务合同作为首要任务。不过,更换物业公司的计划遭遇到了既来自政府也来自保守派业主的强大阻力,致使争议过程异常复杂和惊心动魄。

在业主票决是否续聘物业公司的关键环节,小区保守派与物业公司联合起来,以暴力阻止投票结果的统计和公开。在政府的强力干预下,维权派以微弱优势否决了物业公司的续聘请求。但是,保守派并没有停止反抗。在 2018 年上海市居委会换届选举的过程当中,他们利用选举法的条款，动员大批虚假选民登记，再通过缺席投票，导致居委会主任两次落选。对抗导致的公共事件引起了政府的高度重视，M镇政府组织了一个联合工作组，决心"摆平"小区的尖锐矛盾。保守派的压力左右了调查组的工作立场，业委会成为调查的重点对象。2019年4月，保守派业主以党总支的名义，以物业招投标严重违规为由，张贴了加盖党总支公章的决定，宣布现任业委会公布的招投标事项无效。这个"决定"被业委会和维权派抓到了"把柄"。他们以党总支无权干涉业委会工作为由，向镇党委请愿和上访。请愿和上访行为引起了区级政府的关注。在区政府的干预之下，M镇党委和政府决定，将分管副镇长、房办主任等相关干部调离或免职，并且解散了工作组，恢复了业委会的工作。业委会通过不懈努力，在卸任前成功地更换了物业公司。经过政府与居委会的协调，第五届业委会顺利产生，维权派与保守派在人数上保持了平衡，在物业管理过程当中，派系关系也由斗争慢慢地转化为合作。合作共治为业主带来了看得见的益处，不仅停车难问题得到了妥善解决，小区的公共收益也持续增长。

（二）治理网络互动的动力

在X小区的治理结构中，治理网络包括业主、业委会、物业公司和居委会。受到不同因素的影响，这些网络之间进行着频繁的互动：维权者与保守派业主之间的互动来自利益的冲突；追逐利益上的互惠成为物业公司与第三届业委会之间互动的动力；代表政府的居委会则会出于政治考量，对第三届业委会采取庇护的策略。

第一，业主之间：利益冲突。

从治理参与的角度，X小区的业主群体主要由两部分构成：一部分是相对年轻的中产阶级，另一部分是老年的退休党员（前文称为保守派）。由于具备拥有闲暇时间与工作经验的优势，老年群体被镇政府、居委会和开发商优先推选为第一届业委会，延续任职至第三届业委会。虽然年轻的中产阶级权利意识更强、受教育程度更高，但是他们并不是主动介入业委会的管理过程，而是在发现自身权利被侵犯的情况之下，被动地参与其中。他们试图以法律维护自己的权利，包括罢免第三届业委会和否决物业公司的续聘请求。2014年，爆发首次冲突之后，两个群体之间形成了长期对峙的局面。维权派（30~40人）经常遭受来自保守派（约100人）的"文攻武吓"，如向政府部门举报、信访，在居民中间散布不利于维权人士的谣言，针对不利于自身利益的事情围攻业委会，等等。

第二，物业公司—业委会：逐利联盟。

X小区签约的物业公司隶属于本小区的地产开发商，2001年签订合同以来，从未被更换过。物业公司在X小区的业务是有利可图的，因为业主缴纳的管理费量大、工程建设项目多。在终止续聘之前，物业公司还通过非法手段，从物业管理中谋取大量财富。吴先生在上任第四届业委会主任之后，更换了物业停车系统，物业公司因此无法在停车收费项目上"做手脚"。结果，吴先生发现，物业公司通过老系统，至少在那个特定的时期里，一个季度从停车费中就抽走了10多万元。为了确保服务合同长期不变，维持物业管理有利可图的现状，物业公司在业主中间培育了可靠的人际关系。老年退休业主就是物业公司在X小区培育起来的可靠力量。物业公司经常为老年业主活动提供资金资助，少数老年业主还能够从物业公司那里得到停车优惠。前三届业委会造成了维修基金大量的非正常消耗，从最初的近亿元减少至2014年的不足两千万元。即便在业主大会已经做出更换物业公司的决定之后，2019年4月，物业公司总经理还联合少数保守派业主，冲进物业公司招投标中心，试图破坏招投标。

第三，居委会—业委会：庇护主义。

X居委会是一个单一小区的居民自治组织。由于承担大量街道或乡镇政府下派的工作任务，居委会不得不依靠小区里的志愿者，绝大部分志愿者来自退休人员。楼组长是居委会在小区的正规的、固定的志愿者，其余志愿者则是临时性的，其中，部分人员来自业委会。居委会在小区的志愿者都没有固定的、可观的收入，大多数情况下居委会以小礼物馈赠。既然居委会无法提供具有吸引力的利益，那么，志愿者对居委会的依附要小于居委会对志愿者的依附，这样，在面对利益纠纷的时候，由日常自愿服务建立起来的人情关系就会在一定条件下影响到居委会的立场。2014年，业主积极分子多次向居委会和政府的房屋管理部门反映物业公司和业委会串通谋私的问题，得到的都是含糊其词的回复。在业主积极分子看来，政府其实是在包庇物业公司和业委会。然而，居委会与业委会之间的和谐关系并非牢不可破，一旦物业公司与业委会之间的利益联盟被打破，居委会也会成为攻击的对象。老年业主精心策划的居委会选举就是一个再好不过的例证了。

（三）行动的策略

物业公司与业委会联手滥用维修基金和公共收益的事实被维权业主曝光之后，小区的秩序就开始陷入混乱状态。围绕如何对待小区物业管理问题，维权派业主、保守派业主以及居委会与镇政府采取了不同的行动策略。

第一，维权业主：依法抗争。

X小区的维权派业主在冲突的早期阶段采取的行动策略是常见的"依法抗争"（rightful resistance），利用相关法律和政策，公开表达不满。[1] 业委会和物业公司在绿化工程上被质疑做假账，维权派采取上访、拉横幅、集体签名等集体抗争行为作为回应。为了动员更多的业主参与，向当时的业委会和居委会施加压力，维权派业主在小区的显著位置从楼上悬挂了多条横幅。一位业主还张贴了针对居委会主任倪女士的公开信，谴责她指使业主剪碎维权横幅，妨碍业主正当的维权行为。公开信详细地叙述了20多位业主成功维权的经过，以及倪主任在警察的干预之下接受赔偿横幅经济损失的事实。

新的业委会产生之后，坚持依法依规办事，在与居委会和政府房管部门打交道的过程中尤其如此。不过，依法办事有时在政府看来本身就是一种挑衅行为。为了召开业主大会、启动新的物业公司的招聘程序，2018年，第四届业委会多次口头及书面邀请居委会和M镇房办，协商召开业主大会事宜。不过，政府方面始终没有任何回复。无奈之下，业委会请律师事务所给镇政府出具了书面律师函，再一次邀请政府出席。

---

[1] O'brien, K. J. & Li, L. J. *Rightful Resistance in Rural China*. Cambridge: Cambridge University Press, 2006.

吴先生认为，出具律师函让政府难以接受，因为这个举动意味着政府权威受到了挑战。

第二，保守派业主："闹大"。

"闹大"是维权行动的一个重要策略。面对维权派业主的挑战，保守派业主特别是控制业委会的骨干分子，十分熟练地运用了这种策略。在业主大会投票决定是否续聘老物业公司的环节，保守派业主联合物业，制造了选票舞弊的"闹剧"。为了减少争议、保证投票的公正性，吴先生主动联络镇房办、居委会，监督送票与投票的全过程，并且将投票箱放置在居委会书记的办公室，现场安装了监控视频。在开箱之前，保守派动员大批追随者聚集在居委会门前，声称有人对投票箱动了手脚，并且报了警。经过政府协调和监督，维权派业主以80多票的微弱多数胜出，在程序上成功地将原有的物业公司"踢"了出去。

保守派业主的"闹大"策略最生动地体现在居委会换届选举上。2018年，居委会书记汪女士同时被推选为主任候选人。第四届业委会的改革曾经得到了汪书记的大力支持。在她的支持下，业委会驱赶出小区被侵占十几年并出租的公共用房及架空层的商户，拆除了开发商在小区综合楼边搭建的违章建筑（洗衣房）。汪书记还支持业委会搞车辆改革，依法依规处理拥有两辆车以上的闹事业主的投诉。但是，汪书记对新业委会的支持，得罪了小区保守派中的既得利益者。为了"搞垮"汪书记、抵制业委会的工作，保守派骨干周密地筹划如何"搅黄"居委会选举。这些保守派骨干分子动员大批小区居民前往居委会登记选举。在投票期间，这些登记居民又被说服放弃了投票。结果，居委会主任的投票率没有达到法定门槛。居委会主任的落选震惊了镇政府。政府派出大量干部进入小区，进行选举动员，为再次投票做准备。第二次投票当天，大批保守派业主聚集在投票点门前，以身体阻止前来投票的业主。肢体接触与言语不逊迫使大批业主选择了退出，第二次选举再次失败。

第三，政府机关：行政干预。

受到上级对社会稳定优先考虑的压力，基层政府和它们的代理机构（包括居委会）在面对社会矛盾的时候，会习惯于采取压制、妥协等行政干预的办法。[1] 保守派业主致使居委会选举流产，在基层政府眼中就是一个严重的"社会不稳定"事件。虽然第四届业委会没有参与此次事件，但业主之间的内部斗争毕竟是保守派业主扰乱选举的一个根本原因。政府采取的策略很简单，对争议双方"各打五十大板"。在对待第四届业委会筹备召开物业公司选聘大会的事项上，政府为了维稳而实施的行政干预策略，运用得最为彻底。

就在第四届业委会筹备业主大会、筹备选聘新的物业公司之际，镇政府派出了一个联合工作组，实质上接管了小区业委会的工作。工作组对业主们宣布成立参谋组，由工作组任命工作人员，给业委会做参谋。"所谓'参谋'，其实就是业委会的事情都由他们说了算"，吴先生这样认为。工作组针对业委会的财务状况进行了全面审计；镇政府领导多次约谈吴先生，核实保守派的举报问题。通过长达半年的调查，工作组没有发现吴先生主持的业委会存在任何违规、违法问题。为了阻止更换物业公司的行动，在镇党委部门的同意之下，居委会党总支召开了一个由房办、居委会书记、居委会支部书记及部分老党员参与的会议（第五届业委会副主任郭先生称之为"总支扩大会议"），决定以党总支的名义，宣布业委会选聘物业公司的公示作废。

四、秩序形成的关键机制

X小区的案例是一个城市物业管理纠纷涉及多个治理网络之间持久而复杂的矛盾，以至于由单纯的物业纠纷演变成为诉求广泛、对抗激烈的抗争行为。维权派业主、保守派业主、物业公司、居委会和镇政府分别以上访、诉讼、暴力、压制、妥协等形式，向对方展示诉求、力量和权威，谋取各自的利益最大化。从结构上看，这种冲突根源于治理网络之间非均衡的关系、他们过度强调自身利益及他们偏离治理目标的行为。这些治理网络之间的关系与互动，回答了冲突为什么发生这个问题，但是没有回答冲突是如何转化为秩序的这个问题。根据过程—机制

---

[1] Xie, Y. The political logic of weiwen in contemporary China. *Issues & Studies*, 2012(3), pp. 1-41.

理论，治理网络之间的关系由冲突走向和谐，四个机制共同发挥了关键作用——规则意识、竞争、制约与自主。[1]

（一）规则意识

规则意识指的是，治理网络中的各个主体在冲突中逐渐明白自身的权力、权利范围，也就是法律界定的行动范围。[2] 在 X 小区这个案例当中，如果从行动边界（法律规范）的角度观之，争议归根结底是当事方的边界意识不清造成的。

对维权派业主而言，吴先生坦诚，由于不懂法律法规，维权走了一些弯路。他们在行动策略上有些过激。郭先生指出，为了横幅被剪一事，维权派围堵倪女士和业主李先生家庭的行动做得实在太过分。对第四届业委会的边界意识影响更大的一件事是，他们作为被告，输掉了官司。

在罢免第三届业委会的过程中，2015 年 6 月，承担绿化工程的保洁公司向新的业委会催付工程款（第一期工程款 35 万元和第二期工程款 61 万元）。大多数业主支持第四届业委会拒绝付款。他们的理由是，第三届业委会在没有召开业主大会的情况下，擅自将第一期工程预算款由 24 万元改为 35 万元，并且增加了绿化的面积。更让新一届业委会不能接受的是，M 镇房办拿着小区业主大会的图章，从小区账户中先期支付了第一期绿化工程款（24 万元）给保洁公司，并且隐瞒了这个事实。2017 年，法院判决业委会败诉，2018 年上级法院同样判决业委会上诉不成立，维持原判。这个判决给业主们上了一堂法律课。他们后来才知道，法院只认事实是否存在。只要业委会对外签订了合同或协议，法院就会判处业委会败诉。

规则意识在政府那边同样具有积极的意义。从纠纷开始爆发到终结，居委会和镇政府的房办、社区办都在其中扮演了调停者特别是仲裁者的角色。由于法律法规对政府的角色定义模糊，居委会的目标及实现

---

[1] McAdam, D., Tarrow, S. & Tilly, C. *Dynamics of Contention*. Cambridge: Cambridge University Press, 2001.

[2] Li, L. J. Rights consciousness and rules consciousness in contemporary China. *The China Journal*, 2009, 64, pp. 47-68.

目标的网络与小区业主的治理目标及实现路径交叉重叠甚至相互冲突，自上而下的治理路径压制了自下而上的治理路径。由于政府的优先目标是"维稳"，他们对于居民小区总的态度是维持现状，不希望出现纠纷以及由此带来的变化。即使在第五届业委会履职一年多之后，居委会王书记仍然认为，物业公司不该换。这就解释了，在纠纷出现之初，维权业主集体抗议第三届业委会的时候，政府为什么没有实质性回应。这种态度在维权派业主看来，就是偏袒业委会，包庇他们的腐败行为。公平地讲，M镇政府对于X小区超越规则的干预，发生在居委会选举"流产"之后，在此之前，镇政府对业委会的工作还是很支持的。在第四届业委会筹备业主大会、决定是否续聘物业公司的过程中，镇政府派出了数十名特保人员到小区现场，保证发票与投票过程的公平与安全。选举"流产"之后，政府开始意识到，维权派业主与保守派业主的冲突有可能会诱发更深刻的矛盾，会严重地影响到小区内部的社会稳定，于是采取了超越规则范围的行政干预。第一次干预就是搁置和拖延业委会筹备业主大会决定物业公司招投标事宜。这个过程被不合理地拖延了半年之久。镇政府超越规则最典型的行为是向X小区派驻工作组，插手甚至替代了业委会的工作。超越规则的行政干预让政府付出了代价，他们不得不更加谨慎地行使权力。在组织第五届业委会的过程中，镇政府和居委会回到了中立的立场上。

以退休党员为主体的保守派业主类似于政府部门，经历了一个从超越规则甚至破坏规则到遵守规则的学习过程。在吴先生看来，这个群体文化层次低、法律知识欠缺、法制意识淡薄。保守派业主中的少数人操控了第一至第三届业委会，联手物业公司，从维修基金和公共收益中非法牟利。为了转移政府视线、维持原有的利益格局，保守派采取"闹大"的行动策略。业委会被罢免之后，他们不停地上访、举报维权派业委会工作存在违规舞弊嫌疑。事实证明，这些举报都站不住脚。正如前文提及的，在两件事情上，他们做出了超出规则范围的事情，一是制造居委会选举"流产"，二是以党总支的名义试图取消业委会做出的决定。但是，上级政府的强烈反应使他们意识到，"做得太过了"。"闹大"策略的失效教会了这些人，如何在规则范围内去争取利益和维护权利。

2019年4月，业委会再一次换届选举。这一次，保守派接受了教训，不再通过"无理取闹"来参与治理，而是在规则内动员业主选举，从而顺利地组建了第五届业委会。

（二）竞争

竞争机制发生在物业公司之间和业主内部。就物业公司而言，自业主入住直至2019年4月，X小区的物业服务都是由开发商安排的，而不是通过市场竞争产生的。维权派业主坚持"我们出钱，我们就有选择的权利"，坚决要赶走损害业主切身利益的原物业公司。第四届业委会及维权派业主发誓，在任内一定要完成更换物业公司的这件大事。事实上，物业管理已经是一个成熟的市场，问题是业委会如何去开启这个市场，确保更优的公司被选中。根据物业聘用程序和规则，两大环节决定了招投标是否能够满足业主的标准，一是政府的信用积分，二是专家评审。业委会深信，只要物业公司成功地突破一个环节，X小区就很难将他们赶走。在投标过程中，物业公司犯了一个低级错误，致使业委会轻松地招聘到一家新的物业公司。新的物业公司进驻之后，主动接受业委会的监督，按时公布公共收益的收支账目；他们守住一条"底线"，不经手小区任何资金入口。这样，小区的公共收益在一年时间里得到明显增长。旧的物业公司退出、新的物业公司加盟，都得益于市场的竞争机制。第四届业委会之所以通过选举履职，正是由于他们明确地知晓，市场竞争机制能够挽回业主的损失。

竞争还发生在维权派业主与保守派业主之间。第四届业委会罢免第三届业委会，除了他们的愤怒之外，业主被赋予可通过选择产生自我管理组织的动机，不得不说是一个重要的促进机制。维权派业主瞧不起那些年老的保守派，认为他们不能够胜任业委会的工作。维权派业主正是在上述"不服输"的心态之下，将他们的代表吴先生推上了"前台"。新的业委会及他们背后的维权派业主心中都"憋着一口气"，发誓要向反对他们的业主展示一下自己的实力。尽管第三届业委会被罢免使得保守派业主"元气大伤"，但是，在第四届业委会"执政"期间，通过反省、重新整合内部力量，这些元老派也对第四届业委会的工作提出了诸多挑战，称之为"十大罪状"。给访谈者明显的感觉是，保守派业委会成员将第四届业委会当作一个竞争对手对待了，不希望"输掉比赛"。

（三）制约

多方互动的冲突产生了相互制约的机制，迫使他们在规则范围内行动。维权派业主的行动及行动结果，对业委会和物业公司产生了巨大的影响力。业主利用业主大会这个小区最高权力机关，以法定的程序，提出对业委会和物业公司根本性的监督意见。第四届业委会履职期间，吴先生坚定一条基本原则，就是"一切为业主服务，一切以法律为准绳"。通过业主大会，第四届业委会成功地实施了车位改革。即使物业公司和保守派业主联合抵制，业委会还是通过业主大会和业委会的有效监督，斩断了逐利联盟的利益关系，成功地保住了全体业主的利益。重新招聘的物业公司是一家国有的大企业，相比原物业公司管理更加规范，更加愿意配合业委会监督公共收益与维修基金的账务情况，相互制约的关系更加稳固。

2018年11月，居委会书记和主任采取了"一肩挑"的模式。这种模式为小区的物业管理带来了正面效应。X小区在第一至第三届业委会期间，居委会的书记和主任由两个不同的人担任，书记和副书记由镇党委下派。居委会主任必须是本小区的居民，书记可以来自外小区。这种任职来源有利于居委会在熟人社会中开展工作，不过，居委会主任既是本小区业主又是居委会干部，同时为物业公司、保守派业主联合操控委员会提供了便利。更为重要的是，X居委会党总支实际是由3名小区老党员（3个支部书记）控制的，2名年轻的书记和副书记权力被架空，而倪主任当时正是兼任其中的一个支部书记。嵌入复杂的邻里关系，让居委会主任身不由己。她不仅不愿意得罪保守派业主，有时候也难免会纵容保守派的行动。新的居委会主任同时兼任居委会书记，在党务上直接受镇党委的领导和监督，流动性较大，在X小区没有物质利益的关联和人际网络基础。这种"一肩挑"的模式提高了居委会监督业委会和物业公司的能力。

（四）自主

业委会按照一规两约，合法合规地执行全体业主的意愿，是建立小区公共秩序的关键机制。这种机制不是业委会成立之后就自动出现的，而是在冲突过程中产生的。自主性机制的出现意味着，业委会具有独立运行的能力，能够在业主的派系斗争中保持中立，能够通过内部制度化的决策，抵制来自物业公司的物质诱惑。

第四届业委会是维权派业主集体行动的胜利成果，这种成功很大部分要归功于业主之间的内部共识与团结。这种维权共识与紧密的关系自然会被带入新的业委会工作当中，然而，吴先生追求中立公正的履职理念使维权派内部产生了分裂。维权派的元老级人物从一开始就是保守派业主的坚定反对者，但是，在成功罢免业委会之后，他们并没有参与业委会的工作，而是将半途加入的吴先生推选为主任。他们希望吴先生主持的业委会能够在一切事项上打击保守派，将维权派的立场导入业委会。这种期望没有得到吴先生的认可，相反，吴先生认为，作为业委会主任，必须一视同仁地对待所有业主，为所有业主服务，不能够在立场上有所偏倚。吴先生坚定的中立立场引起了维权派内部的不和，双方的关系也日渐淡漠和疏远。从业委会角度来看，维权派的内部分化和维权联盟的解体恰恰抑制了维权元老们的激进行为，有利于缓解业主派系之间的紧张关系。业委会意外地在内部分裂中获得了自主性，摆脱了派系斗争的干扰。

第五届业委会同样实现了上述蜕变。第五届业委会成员以保守派为主，书记和副书记都来自保守派阵营。业委会"走马上任"以来，首先遇到来自内部的压力。保守派当中的骨干人员试图插手与操纵业委会，为此，不惜在业委会内部制造罢免"主任"和"副主任"的事件。可惜，由于主任丁先生和副主任郭先生坚持业委会不应当卷入派系斗争，不应当拿业主的利益作赌注，骨干人员（自称为"局级干部"）的"阴谋"最终没有得逞。

五、余论

业主委员会制度是一个由国家设计、安排的典型制度。制度设计者的最初目的是，在居委会的指导下，通过业主的自我管理，以市场手段购买物业服务，解决居住区内的服务供给与需求问题。与此同时，业主自我管理一方面减轻了政府的管理成本，一方面又实现了城市新空间的社会秩序。不过，制度安排不会自动产生秩序，相反，大量的事实表明，这种制度安排在实际运作过程当中出现了一定程度的偏差。多种原因会导致制度设计偏离目标构想，例如制度的连续性与环境的变化。[1]

本研究讨论的案例从多个方面展示了这种目标偏离。首先，目标偏离来自物业管理的当事方之间缺乏均衡的关系，总的来说业委会处于弱势一方。其次，各个治理网络之间的目标各异，容易产生相互冲突的关系。政府既要维稳又要支持业主自治，在特定情况下两种目标自相矛盾的情况更加突出；业主大会的结构性矛盾来自既要维权又要服从政府维稳的双重目标。再次，所有治理网络关系之间缺乏足够的均衡机制去约束对方的行为。业主大会从制度上存在约束物业公司市场行为的法定权力，但是，这种约束力量往往缺乏第一推动力，不具备原始的激活机制，况且，政府的力量通常会成为消解业主大会约束物业公司的因素。最后，治理网络主体基于各自目标而采取的行动策略使得物业管理的关系变得异常复杂，这样，制度设计者所期待的秩序建设就显得异常艰难。

对一个案例的过程追踪为化解秩序建设的难题提供了一个可行性的参考模本。这个案例揭示的秩序建立逻辑是，通过业主维权行动纠正维权派业主、保守派业主、物业公司及政府的不恰当行为，激活那些能够促进公共秩序建立的关键机制，从而在争议当中实现均衡而稳定的治理网络关系。从建构主义的角度来看，基层政府应当从物业市场的利益分配中彻底退出，尽量减少将业主维权行动政治化，鼓励与支持那些合法的业主维权诉求，将维权引导至法律法规的框架下解决。

作者简介：谢岳，苏州大学中国特色城镇化研究中心副主任，上海交通大学政治经济研究院常务副院长、教授；

姚雨灵，上海交通大学国际与公共事务学院博士生。

---

[1] Pierson, P. *Politics in Time: History, Institutions, and Social Analysis*. Princeton, NJ: Princeton University Press, 2004, pp. 205-222.

第七章 认同性参与：城市公共生活的活力[*]

颜玉凡 叶南客

一、问题的提出

公共文化服务是国家文化治理模式转变进程中政府着力实施的一项重要举措。为使这项公共服务具备持久的生命力，各级政府越来越重视居民的参与，期冀通过创建广泛的城市社区样本（如公共文化服务示范区）来引导公共文化建设。其目的不仅是要提升社区公共文化设施和各项服务的发展水平，更是希望获得广泛意义上的公众参与，将居民培育成富有公共精神和集体意识的现代公民，为重塑社区文化生活的公共价值奠定基础。政府推进的公共文化服务建设早已不停留于"一个社区建一个文化活动室"的简单层面，而是越来越关注居民文化生活，力图通过提供门类齐全的文化产品和硬件设施、开展多样化的文化活动来获得居民的认同。然而在实际的公共文化生活中，居民参与呈现出总体上参与不足[1]和部分群体参与热情较高并存的景象。中老年人、残疾人、重病患者等积极参与者对文化活动的热情与其他居民的冷漠相比耐人寻味。特定居民的积极参与固然与政府提供的多样化服务有关，但也不仅

---

[*] 本章内容最初刊于《社会学研究》，2019年第2期，第147-170+245页。

[1] 向德平、高飞：《社区参与的困境与出路——以社区参理事会的制度化尝试为例》，《北京社会科学》，2013年第6期，第63-71页。

仅是外部力量支配的结果。事实上，笔者观察到，许多居民往往会充分发挥能动性，运用不同的行动策略，建构具有认同感的日常生活，重建可以彰显自我价值的生活秩序，而这种认同感又会推动其不断深入参与下去，进而形成了他们的持久参与逻辑。故而，笔者认为，有必要真实呈现这些个体在认同感驱使下持续参与公共文化生活的过程，通过对个体认同性参与逻辑及其行动特征的解读，发现不同类型的居民群体[1]持久参与的共通性机制。

基于此种认知，本研究关注持续参与的居民背后的认同性参与逻辑，以及该逻辑背后隐藏的持久性参与机制。具体来说，笔者试图厘清三个问题：① 行动者为什么参与公共文化生活？② 行动者如何在参与中建立起不同类型的认同感？③ 在认同感驱使下，引导居民持续参与的行动机制是什么？笔者希望能够借此阐释居民对公共文化服务的共同期许，寻找可以带动更多居民持久参与的普适性途径。

二、文献回顾与资料来源

在公共文化服务实践中，居民参与现象日趋复杂和多元，同时也出现了一系列问题，譬如居民"参与难"[2]与"弱参与"[3]问题。因此，学者们愈发重视居民的有效参与问题，在公共文化服务弱参与的原因、社区参与的意义等方面做了深入探究。然而，因视角和方法所限，现有研究还不足以解释居民整体参与不足与部分群体参与热情较高形成反差的现象。这需要研究者深入社区生活中，运用恰当的研究方法来深描居民的参与过程，考察居民积极参与公共文化生活的行动逻辑，挖掘其行为背后隐藏的价值主旨，建构具有本土解释力的持久性参与理论。

---

[1] 本研究论及的不同类型的居民是指拥有不同年龄、性别、身体状况、职业和教育程度的社区居民，并非不同社区类型的居民。

[2] 姚华、王亚南：《社区自治：自主性空间的缺失与居民参与的困境——以上海市J居委会"议行分设"的实践过程为个案》，《社会科学战线》，2010年第8期，第187-193页。

[3] 唐亚林、朱春：《当代中国公共文化服务均等化的发展之道》，《学术界》，2012年第5期，第24-39+254-255+265-266页。

（一）既有研究审视

1. 有关公共文化服务弱参与原因的探析

既有研究大多认为居民社区文化生活参与普遍存在参与认知缺乏、参与态度冷漠、对参与意义的诉求缺乏理性认识等弱参与特征。有学者认为居民参与的动力是满足其文化需求，提出以满足需求来调动居民的参与积极性[1]。随着研究的深入，学者们逐渐意识到，从表面上看，居民参与是由其主观意愿决定的，但实际上他们的参与行为是与周遭环境相联系的一种嵌入性行为，制度结构的运行机制、文化传统的延续转型等因素都会对其产生影响。换言之，研究居民参与不仅要审视形态各异的参与行为，还须着重分析制度环境与文化变迁对行为的复杂影响，进而从社会宏观结构中探究激发个体主动参与的机制与方法。

制度主义视角是解读居民公共文化参与行为的一个重要视角。作为该理论的代表，玛丽·道格拉斯认为，制度赋予人们身份，它在生活实践中以其凝固性和稳定性给予人们基本范畴上的共识，进而不断强化人们对某些领域和规则的记忆，制约人们的思维方式和行为习惯。[2] 持这一视角的学者从行政管理角度对弱参与现象进行了解释，把公众参与不足归咎于制度缺陷：包括制度文本建构的多重缺失与基层政府的执行不力、居民和各类社会组织缺乏主动参与的渠道和制度环境、政府的建设理念和管理方式不科学等。[3] 同时，另有学者从文化服务的供给机制入手，把政府供给的文化产品与居民的多层次文化需求相对照，研究社区文化服务与居民需求之间的契合度。以此为依据设计能够促使政府合理均衡地分配文化服务资源的供给体制，并期冀政府投入更多具备"真诚情感"的社会营销手段，构建政府与居民良性互动的民主参与机制。[4]

---

[1] 吴理财：《群众基本文化需求和区域、群体性差异研究——基于20省80县（区）的问卷调查》，《社会科学家》，2014年第8期，第8-12页。

[2] 玛丽·道格拉斯：《制度如何思考》，张晨曲译，北京：经济管理出版社，2013年。

[3] 张莉：《我国有限社区参与框架探析》，《社会科学战线》，2015年第7期，第264-267页。

[4] 冯敏良：《"社区参与"的内生逻辑与现实路径——基于参与—回报理论的分析》，《社会科学辑刊》，2014年第1期，第57-62页。

文化视角是解读居民弱参与的另一重要视角。文化社会学普遍认为，文化可以塑造人的行为。人们日常活动的形塑不仅受到个人社会地位的影响，还受到身处其中的文化情境的影响，因而一个群体如何思考和处事是由该群体的文化所决定的。[1] 据此，有学者指出，居民参与文化活动的行动逻辑与中国社会长期存在的价值观念、信仰体系和交往方式有关，传统思想的"私民"意识制约了居民参与的主动性。因此，对居民参与逻辑的理解应建立在把握转型期传统与现代交融情境下中国文化特征的基础上，由文化情境所造成的社区归属感和认同感缺乏才是导致居民参与主动性不足的关键因素，所以应加强国民素质教育，使居民正确认知公共文化价值，重塑居民的社区认同，以此来促进积极有效的居民参与。[2]

2. 对社区参与价值意义的探讨

虽然探讨弱参与原因对公共文化生活参与不足现象具有一定解释力，据此完善制度供给与政策设计有助于激发居民参与热情，但是仅着眼于外部制度与结构特征的考察并不能诠释林林总总的个体参与行为。随着该项公共服务的推进，学者们发现参与是居民的一种行动选择，其过程是双向的。居民参与过程既是外部体制环境、文化传统对其参与意愿的鼓励或限制过程，也是个体根据文化服务蕴含的价值意义来维系或消解参与意愿的过程。个体会根据参与对其自身的价值意义来选择积极参与、消极参与甚至不参与。故而一些学者探析了公共生活蕴含的有利于居民积极参与的价值意义，研究参与行动与意义建构之间的关系，并讨论了个体能动性对形构参与意义的重要作用。

有学者运用西方理性选择理论分析了居民参与的不同类型及其价值诉求。其中，桂勇[3]的"利益依赖"理论指出，某些自身缺乏资源的群体对邻里及邻里最主要的组织化行动者——居民委员会存在资源依赖

---

[1] Mead, G. H. *The Philosophy of the Act*. Chicago: University of Chicago Press, 1938.

[2] 付诚、王一：《公民参与社区治理的现实困境及对策》，《社会科学战线》，2014年第11期，第207-214页。

[3] 桂勇：《邻里政治：城市基层的权力操作策略与国家—社会的粘连模式》，《社会》，2007年第6期，第102-126+208页。

性，这种依赖使他们与邻里具有更密切的利益关联，从而也更有可能成为社区活动的积极参与者。另有学者围绕利益分化将社区参与者分为生计型和权责型两类，分析了他们在因个体事务及利益诉求所产生的社会行动中的优势与劣势及其参与特征。理性选择理论虽然在分析弱势居民为争取关系其生存的资源配置和利益格局重构方面的参与行动较为有效，但无法有效解释积极分子参与时常有的超越经济理性而无私奉献的行为动因。还有研究尝试用社会资本理论阐释个体的社区参与行为。持此观点的学者认为，社会资本的提升有助于促进居民的社区参与，而社会资本缺失是导致参与积极性较低的重要原因。[1] 学者们发现集体性社会资本是一个多维度概念，可以用于解释多种类型公共事务居民的参与动机。但是，社会资本类型不同，其作用也不尽相同，它们之间互动关系的性质、特征及其对基层治理的影响也不同。[2] 总之，社会资本理论认为，个体关心公共事务并形成互惠合作的关系网络是居民有效参与的前提条件与基本特征，活跃的居民参与是获得良好制度绩效的保证。

3. 构建持久性参与逻辑的本土性解读框架尝试

（1）关注持久性参与逻辑。

现有研究着重分析了公共文化参与的重要性、复杂性和能动性，尝试从社会结构和个体特征层面分析参与的性质与特征。其中，大部分研究致力于探究社区弱参与的特征与破解方法。然而笔者认为，与以往得到重点关注的问题同样重要的是：为什么有的居民会选择"持久性"参与？这些居民在积极参与中有没有共通的价值诉求和意义建构？而有关持久性参与逻辑的研究，显然可为政府或参与者鼓励或动员他人参与提供重要的路径参考。

（2）在本土化情境中探析持久性参与逻辑的形成机制。

笔者通过田野调查发现，在转型期中国特殊的文化场域中，公共文

---

[1] 涂晓芳、汪双凤：《社会资本视域下的社区居民参与研究》，《政治学研究》，2008年第3期，第17-21页。

[2] 陈捷、卢春龙：《共通性社会资本与特定性社会资本——社会资本与中国的城市基层治理》，《社会学研究》，2009年第6期，第87-104+244页。

化参与呈现鲜明的本土特色。例如，从参与群体来看，热衷于公共文化生活的居民主要包括党员骨干、退休老人、家庭主妇等，而中青年居民则较少，参与群体具有明显的代际特征。这说明若要全面解读城市居民的持续参与逻辑，应深入阐释他们在公共文化生活中的意义追逐和价值诉求，研究者们既须重视城市社区地方性文化对居民参与过程的深刻影响，也要结合能体现居民个体特征的微观视角，通过深描参与过程来发掘居民参与逻辑的形成机制与决定性力量，在社会结构与个体特征相结合的统一框架中，构建具有本土解释力的居民持久性参与理论。然而，如何将地方性文化情境与个体特征有效勾连起来，还需要进一步探索能够阐释居民内心持久性参与动力来源的关键理论。

4. 运用认同理论挖掘持久性参与的关键动力

有学者发现，来源于地方性文化情境和个人情感特质的"认同"，是促使居民持久参与社区活动的一项重要动力[1]，进而人们尝试运用认同理论来分析参与行为。笔者认为，"认同"理论是一种根据个体认知和社会机制之间的交互关系来解释个体社会行为的研究视角，它可以将参与者的个体特征与地方性社会结构勾连起来，因此适合作为分析公共文化生活中居民持久性参与逻辑的理论工具，厘清居民的认同感与其持久参与行为之间的交互作用机制。

在认同理论的视域中，自我会分化成属于特定实践活动（如规范或角色）的多重认同，故而在社会学和心理学领域中并存着多种认同理论，被广泛接受的是社会认同理论、角色认同理论和个人认同理论。

社会（群体）认同理论研究个人对其所属的社会类别或群体的认同意识，以及这种认同意识对个体行为的影响。它强调群体是认同的基础，关注持有共同认知观念的群体成员的行为，试图将个人的心理历程和社会力量结合在一起。

角色认同理论认为角色才是认同的基础，人们在社会中扮演着各种角色，并根据社会互动中他人给予的判断和评价做出行动，在此过程中

---

[1] 唐有财、胡兵：《社区治理中的公众参与：国家认同与社区认同的双重驱动》，《云南师范大学学报（哲学社会科学版）》，2016年第2期，第63-69页。

形成了各自的自我认知，它试图解释社会结构如何影响自我，自我又如何影响社会行为，认为社会为个人充当的角色提供了认同和实现自我的基础，而实现自我的个体也会成为社会行为的积极创造者。[1] 故而，角色认同被认为是可以连接社会结构（包括地方情境和社会运行机制）和个人行动的关键力量。

个人认同理论作为一种对个体化"自我"的阐释，关注个人在认同过程中的主体地位，并注重社会因素对认同过程的影响。认同是"一种熟悉自身的感觉，一种知道个人未来目标的感觉，一种从他信赖的人们中获得所期待的认可的内在自信"[2]。个人认同既是一个动态行动过程，又是一个相对稳定的行动结果。它试图整合个体层面与社会层面的作用，以构建一个涵盖双重层面的"个人认同"，并对个体产生相应的影响。

上述理论从不同角度阐释了个体与认同的关系，三者都认为个体与社会之间的互动是形构认同的重要机制，而认同的形成又影响着个体行为。其中，社会（群体）认同理论更重视通过自我归类激发个体的社会情感，角色认同更强调通过他人评判来建构自我的社会意义，而个人认同的形成则以个体社会意义的确认与社会情感生成的共同实现为基础，是个体自觉并自愿地建构认同感的结果。因此可以说，上述三种认同是个体社会归属感在不同维度上的实现。

本研究根据上述认同理论所着眼的社会（群体）、角色和个人三个维度，将居民认同性参与逻辑划分为来自过往生活的群体认同、来自社会交往的角色认同和来自同命相惜的个人认同。在此基础上，力图揭示老一代人是如何借由集体记忆来探寻和实现其群体认同的；积极分子是如何在获得社会报酬时完成其角色认同的；弱势群体又是如何在对自身存在价值的执着追寻中建构个人认同的。这些参与者正是在公共文化生活中获得了不同维度的认同，并进而在多重认同驱使下进一步参与，寻找个体的社会归属感。

---

[1] Stryker,S. *Symbolic Interactionism:A Social Structural Version*. Palo Alto:Benjamin/Cummings,1980,p.385.

[2] Erikson,E. H. *Identity and life Cycle*. New York:Norton,1959,p. 118.

需要指出的是，本研究根据经典认同理论划分了三种"理想型"认同，重在揭示持久参与中的一些动力机制，并探讨此类机制推广到其他行动者和活动类型的可能性。有三点需要说明：其一，本研究中呈现的是社区公共文化生活的参与者较为典型的认同类型，这些认同在参与中产生并通过参与得到强化，而依据不同的研究视角，认同的类别纷繁庞杂，本研究不可能也没必要涵盖所有类型的认同；其二，本研究根据田野调查，描绘了群体认同、角色认同和个人认同在社区参与中的建构过程，发现了集体记忆、社会报酬和自我价值重塑在三种认同的生产与再生产中的重要作用，但这并不意味着集体记忆是群体认同的唯一来源、角色认同的实现只能依赖社会报酬、个人认同只能通过自身存在价值重塑来达成；其三，在实际生活中，参与者在三个维度上的认同感并不是绝对区隔的，而是紧密交织在一起的，同一个体的参与动机和参与特征往往是多种认同共同作用的结果。

（二）资料来源

对居民认同性参与逻辑的研究需要在地方性文化情境下，对公共文化生活中不同类型居民的参与过程和具体事例进行细节探析。本研究选取"过程—事件"的研究策略，通过"事件性过程"的质性研究来观察和体验居民们的文化生活方式，发现对其认同感真正起作用的隐秘机制，进而揭示由认同所驱使的持久性参与逻辑。对于"过程—事件"策略而言，最合适的研究方法就是深度个案法。因此，笔者通过搜集整理集合性个案，关注不同个体以何种共通的方式参与公共文化生活，挖掘他们共有的行动逻辑，寻找其持久性参与的动力源泉。

本研究主要资料来源于 2015 年 5 月至 2016 年 11 月笔者在 NJ 市 JY 区的 JQ、XD 等 8 个社区开展的田野调查。NJ 市是较早推行城市社区公共文化服务的城市，文化服务水平较高。主城区 JY 区是全国公共文化服务体系示范区，建设成绩突出，居民参与度很高。这 8 个社区都是 2002 年后新建的商品房社区，居民构成的多元化特征显著。笔者陆续与近 300 位居民一起参与文化活动，加入了 10 个广场舞团队，参加了各种规模的文艺排演与比赛活动。在此过程中，笔者通过对生活事件的观察，与居民进行交流和旁听对话，撰写田野日记，收集了第一手资料，建立了类型丰富的居民个案群。笔者还对JY区的4位街道办事处主任、8个社区的6位社区居民委员会党委书记和11位公共文化活动联络人进行了深度访谈。通过NJ市文化广电新闻出版局的介绍，笔者得以以"半官方"身份深入接触社区工作人员，探寻到了社区基层工作人员与居民之间在文化生活中的微妙关系。

值得一提的是，笔者发现参与社区公共文化活动的居民大多是退休或无业的中老年居民、重病患者[1]和残疾人。当然，在社区文娱团体中也有一些因为业余爱好而参加的中青年，有些特殊群体也会因特定原因而参与，但是中青年群体的参与度并不高。而本研究的研究对象是公共文化生活的实际参与者，故以中老年和弱势群体为主，但对这些居民的参与行为起作用的那些隐秘的认同机制，也可能适用于所有人群。

三、基于认同的居民参与逻辑

居民的公共文化参与是嵌入于居民的日常行动中的，所以对它的研究不应仅依照由政府话语建构出来的理想意义上的参与场景，而应从居民的生活经历、社会交往和际遇处境等个体微观生活层面入手，理解其在参与过程中体现出来的、由认同感所驱使着的复杂行动逻辑。

（一）来自过往生活的群体认同：让老一辈人心灵相通的集体记忆

"个人"的记忆是关乎每个生命内在意义的重要维度，它借助语言及多种社会群体的手段保存、架构和延续，事实上是一种集体的社会行为。拥有社会属性的集体记忆建立在人类记忆功能的基础上，作为一种强有力的意义创造工具，影响和形塑着群体的集体认同。在此意义上，公共文化生活中参与者的群体认同，往往是以集体记忆作为中介而形成的。认同观念一旦形成，就会进一步促使居民持久参与。

具体而言，在集体记忆视域中，个体在公共文化生活中的参与行为

---

[1] 本研究所关注的重病患者是指身患重病但仍有一定行动能力、积极参与公共文化生活的居民。他们身患癌症或其他慢性病，一般在刚得知患病时就因各种原因参与到社区公共文化生活中，随着病症的加重，其参与时间会变少，直至完全丧失行动能力或生命终结。

不仅受到现时社会制度运作的影响，而且还是特定历史经验与时空情境塑造的产物。由于过去的记忆不是被完全保留、恢复或再现的，而是行动者基于现实情境所重新建构的，所以参与者会不断用集体记忆回味过去，在当下情境中不断有意或无意地重新审视或加固个人对过去的历史感知。更重要的是，拥有着相同时代记忆的人们，因共享了某一时代的生活经验或社会秩序，使得他们在一个与过去的事件有因果关系的脉络中体验着当下的公共文化生活，过去的因素（经历的或听闻的）时刻都在影响或塑造着他们的感受。

在公共文化生活中，老一代人会通过参与来寻找和演绎集体记忆，在此过程中感受"过去"时代的组织归属感，建构属于他们这一代人的群体认同。故而，通过解读中老年人在集体记忆影响下于公共文化生活中所采取的交往方式和价值取向，剖析其认同感的建构过程，可以发现他们的群体认同逻辑。

1. 在集体记忆与群体认同的互构中找回旧有的组织归属感

集体记忆生产与建构着群体认同。集体记忆是一种带有群体性特征和情感符号的意义系统，它所提供的事实、情感为群体认同奠定了基础，可以成为给群体中的每个成员生产价值取向的体系，同时形塑了群体的价值观。在公共文化生活中，参与者通过回忆沉淀下来的有关"那个年代"的集体记忆，共享和传播着群体特殊的价值观和情感取向，在此基础上形成了相应的群体认同。而且，在特定的互动范围内，这些群体认知指引着参与者的内心体验和外在参与，并借用认同力量来维持和丰富群体成员的集体记忆。

> 在这里感觉就像在以前的单位，大家互敬互爱，怎么出去、什么时候集合都有人负责，好像回到了我们那个年代，找到组织了。（GY小区张某，62岁）

中老年参与者思想意识里的"那个年代"虽无法直接认知，但我们仍能从他们对往事带有"社会文本"痕迹的个体化叙述中，了解其壮年时期所处年代被社会认同的价值理念，即那些映衬着"那个年代"的社会关系运行痕迹的回忆，可以帮助我们领悟老一代人的集体记忆。而集体记忆为个体的回忆提供了相应的叙事框架,从参与者有关过去的追述中可以看出"组织感"在他们内心占据着重要位置,无论是以前担任过领导或文艺骨干的退休干部,还是普通工人,"组织"都是他们回忆的主韵律,这也成为其群体认同的基石。

群体认同在某种程度上决定了集体记忆的性质。以群体认知来表征的集体记忆,是由群体所生产并在群体成员之间相互传递的。这意味着在某些时刻,为了加固认同感,群体成员会不自觉地选取和裁剪记忆,来显示我群与他群不同的价值观念和行为模式。而沿着他们的记忆枝蔓,可以明显感觉到这些鲜活的个体通过对组织符号的裁剪来加固群体认同的痕迹。

进一步说,那个年代在他们的回忆中是有组织的年代,单位制结构在使个人绝对服从单位意志和规则的同时,也让他们产生了奇妙的归属感。虽然单位制已在社会体制的变革中逐渐瓦解,但他们在过去年代对单位的全方位依附所建构的权威依赖型人格被遗留下来,并作为对现代生活方式的回忆式批判深植于他们的思想意识中。旧日时光虽一去不返,但内心烙印难以抚平。而且,参与者还会在群体认同感的诱导下不断剪裁和维护集体记忆,而这些经过重构和加工的集体记忆又会促使群体成员在持续的参与中寻找组织归属感。

2. 通过发扬过往时代精神品质使集体记忆与群体认同协同发展

集体记忆是一个处于不断建构与发展变化中的范畴,它的建构和维护过程引导着群体认同的发展方向。在拥有特定集体记忆的群体中,其成员往往会保持与群体整体上一致的思想倾向和态度特征,以此为策略来维护他们的集体记忆。在此过程中,由共通的思想倾向、态度特征和情感思维构成的认同观念进一步被加固。比较普遍的表现是,特定历史时期的一代人会将共同经历的具体事件沉淀在意识底层,并形成他们共通的坚固观点。[1] 例如,一些老年参与者会通过对"我们这一代"的认同使自己与流逝的年代相联结,进而以积极和确定的自我形象在宏大

---

[1] 王汉生、刘亚秋:《社会记忆及其建构一项关于知青集体记忆的研究》,《社会》,2006年第3期,第46—68+206页。

的社会结构和历史发展进程中为自己定位,并依此在日常生活中展开对"我们这一代"意义的追寻。因此,以广场舞为代表的团队活动就成为部分中老年人建构他们这一代人积极、上进、充满正能量的思想品质之舞台。

集体记忆也是对群体认同进行再生产的社会机制。特定群体会通过集体记忆的变迁与重构来明确其群体认同的边界,将特定的"优秀品质"作为获得群体资格的标准,并以此作为该群体认同的叙事表征。在当代社会,由于代际存在着记忆阻隔,各代人群之间实现跨越性交流更加困难。在老一代人的记忆中,自己是吃苦耐劳、遵纪守法的一代人。他们对于同代人优秀品质的歌颂,隐含着对年轻人品行的评判。在此过程中,这些居民往往会通过普鲁斯特[1]意义上的"无意的(不由自主的)记忆"来回忆和解释过去,因而记忆就成为一项可以生产和再生产"我们这一代"之群体认同的社会机制。

此外,群体认同又会影响集体记忆的发展方向,积极的群体认同会巩固集体记忆,反之,消极的群体认同则会消解集体记忆。诸如"学习雷锋""为人民服务""为社会主义事业添砖加瓦"等计划经济时代的意识形态主旋律不仅是共和国的伟大史诗,更是深藏在从那个年代走过来的居民们心底里的个体感悟。这些中老年居民会在我群(老一代)与他群(年轻一代)的互动中感知和印证集体记忆的力量,并将这种群体记忆固化为持续参与公共文化生活的行为模式和处事原则。

3. 借助承载集体记忆的仪式操演来延续和传承群体认同

集体记忆研究者认为,每一种社会群体皆有其对应的集体记忆,该群体借此才得以凝聚及延续。集体记忆看似是时间维度上的,但其也蕴含着多重且复杂的社会因素。对于过去发生的事情来说,记忆常常是选择性的、扭曲的或是错误的,因为每个社会都有一些特别的心理倾向或心灵的社会历史结构。因此,在社会发展进程中,群体的共同记忆如何被遴选和重构,也是集体记忆研究的另一关注点,它的实质是对社会变迁中群体持续性行为的传承与延续的探究。

---

[1] 马塞尔·普鲁斯特:《追忆逝水年华》,沈志明译,上海:上海译文出版社,2012年。

进一步说，集体记忆依赖媒介、图像或仪式来保存、强化或重温，群体会通过惯例性和仪式性活动不断遴选和重温其成员的共同记忆，在此基础上传承和延续有着共通思维倾向、行为模式的群体观念。当然，仪式对群体成员产生作用以他们在身体上习惯于仪式的操演为前提，或者说仪式要通过群体成员的身体实践才能延续和生产集体记忆。这种仪式化的身体实践意味着个体在追忆往昔时，可以通过当下的言行举止来重演过去。例如，广场舞就发挥了仪式的这种功能，不断传递着这类人群特定的群体性意义。很多舞者都提到了一种风靡NJ市的"僵尸舞"，它很像"文革"时期的"忠字舞"。参与者对旧时舞蹈的下意识热爱，超脱于社会主流的话语实践，通过身体语言的重演，使得那一代的集体记忆得以重现。那些在年轻人眼中喜欢扎堆凑热闹的大妈们实际上也曾拥有青春岁月，在"不爱红装爱武装"的话语训导和物质条件贫乏的年代错失美好年华，又在现代社会中日渐老去。而今共同的记忆使她们不约而同地选择广场舞作为释放压抑心灵的方式，这种舞蹈所带来的积极情绪感染着仪式中的每个人。

如前文所述，集体记忆会在个体回忆中建构群体性情感，并在仪式操演中对个体进行价值"赋予"和"渗透"，进而在个人的身体实践中延续和传播这种情感，最终将重建的群体情感认同和价值观镌刻到群体成员的行为和生活体验中。如此，群体认同就在集体记忆的推动下产生，而承载集体记忆的仪式也成为群体认同传承延续的重要手段。于是，被延续了的群体认同使成员更愿意加入带有所属群体的价值观和情感指向的文化生活中，持续完成集体记忆的生产与重构。

（二）来自社会交往的角色认同：驱策人们积极参与的社会报酬

"理性人"假设认为，追求利益是人们行动的终极目标，行动者会依据其花费的精力、拥有的技能和投入的资本来预期回报。然而，笔者发现，公共文化生活的参与者所能获得的物质报酬往往非常微薄。比如，从排练到表演，领队要带着队员训练3个月，报酬最多不超过每人100元，一些积极分子经常会倒贴生活费来组织活动。可见，以经济利益驱动下的理性行为视角去解读这类居民的参与行为并不恰当，他们在社会交往中追逐的那些隐性利益并非仅仅是单纯的物质回报可以实现的。事实上，公共文化生活的参与者更看重的是参与过程带来的能够承载有关尊重、价值、能力等要素的"角色符号"，即社会报酬。社会报酬是一种潜在报酬，更多地与尊重、责任有关，是一种在交往中不断体现人生存在意义的价值范畴。一些参与者会将社会报酬视作社会期望与其个体的社会角色相统一的象征，而角色认同正是代表了个体将自我归属于一个特定社会角色的特性。从这个意义上说，社会报酬已然成为个体获取角色认同的手段。

在公共文化生活中，一些参与者期盼能够发挥自身能力，通过种种策略与他人或政府形成良性互动，获取更多的社会报酬，用以帮助其完成社会角色的建构。在此过程中，行动者首先参与到文化活动中获取他人的赞许（社会报酬），初步形成在文化生活中的角色认知，然后积极参与其他活动，与他人产生互动，最终确立了角色认同，也稳固了参与积极性。于是，对社会报酬的争取与维系就架构了行动者通过参与以实现角色认同的路径，构成了其持久参与的重要行动逻辑。

1. 有面子与丢面子——来自他人赞许与认可的角色认同

中国人尤其看重的"面子"，是用外界的看法来评判自身价值的重要工具。在文化生活中，面子是参与者追逐的重要社会报酬，亦是个体在社区人际交往中建构角色认同的重要手段。

与西方推崇用个人固有的品德去判定个体价值不同，在传统中国社会，个人生活在儒家伦理和传统宗法的束缚与规制中，其角色认同离不开家族和邻里的认可。中国人更倾向于根据社会评价来评判自身的价值。故而，"给面子"或"不给面子"显现了个人在他人心中的地位，是自我或自我涉及的对象所具有且为自我所重视的人格属性。个体在认知并重视他人对其角色属性的评价后，会形成一种具有社会或人际意义的角色认同。在组织文化活动的过程中，很多积极分子更看重面子带给自己的表达性收益。面子是一种体现与其他参与者之间良好关系的符号象征，是维系其与社区之间关系并参与公共文化生活的重要动机。他们在活动中会因别人给自己面子而感到满足和快乐。

> 前不久,朱主任临时要找40个人做志愿者。我打电话找他们,(他们)都非常积极,说一定要给我面子。后来向朱主任汇报,他说我群众基础好。(我)真是脸上有光!(JQJY小区袁某,65岁)

积极分子的角色认同是其在与社会、他人互动的过程中参考他人的评判来完成的。如果感觉到团队的其他人对其品行和能力的认同,积极分子会更愿意主动参与。这些看似不起眼的脸面问题已深深嵌入他们的参与逻辑中,通过居民对其组织活动成效的肯定态度,积极分子们在心理上建立起"有面子"的自我角色认可,又因为居民们认真完成了其分派的任务,使他们在社区基层干部那里也"有面子"。由此,"有面子"作为一种社会报酬成功形塑了他们对自我角色的积极认同,这让他们在文化活动中保持着持久性的积极情绪和处事态度。进一步而言,赢得"面子"作为一种实现角色认同的手段,是以他人的正面评价作为回报的。如果认真勤恳的付出没有得到肯定,甚至因此在其他居民面前感到很"丢脸",积极分子的参与热情就会被削弱,甚至导致消极参与或不参与。

2. 权威性荣誉和认可——来自政府制度性激励的角色认同

在现代社区,原子化社会与市场资源的多元化流动使得旧有的、完全依赖行政组织权威来动员的效力逐渐下降。于是,许多社区都会通过非正式的、依靠人情关系的地方性互动网络,将居民纳入公共文化生活中来。然而,这并非意味着政府已经完全抛弃了其在日常生活系统的行政权威。相反,与人情式动员相结合的制度性动员力量已成为转型情境下适应城市社区变迁的新型权力技术。社区基层将影响居民参与意愿的两个因素——居民对所在社区的情感认同和利益关联粘连在一起,给予积极分子以制度权威所认可的荣誉。

在社区动员居民参与时,荣誉授予的作用往往比经济报酬更显著。尽管"优秀党员""优秀志愿者"等行政体系颁发的荣誉称号很少附带物质奖励,但是它们能给获奖者带来社会性激励[1]——政府权威认可

---

[1] 曼瑟尔·奥尔森:《集体行动的逻辑》,陈郁、郭宇峰、李崇新译,上海:生活·读书·新知三联书店、上海人民出版社,1995年,第71页。

的社会地位、声望和尊严。居民可以凭借这些荣誉不断获取"不可估量的社会资源、非制度性的社会支持"[1]和一定程度的日常权威。这些外在的权威性荣誉会不断地促使居民将积极的自我标定内在化,让他们形成积极的角色认同,由此权威性荣誉便成为动员居民参与文化生活的关键性动力。

因为意识到了权威性荣誉对居民角色认同的重要作用,一些社区会利用政府掌握的权威资源,在活动开展期间探望参加者,为他们提供物质支持,并联系社会力量拉赞助,对这些参与活动的居民进行激励。在此过程中,那些对单位制有着浓厚的依恋感、归属感的居民,其旧有的荣誉意识一旦有了合适的机会就会被唤醒,这时他们会主动承担组织公共文化活动的任务,并将其内化为对自身角色的认知。而且,他们对某一特定角色的投入程度越高,对这一角色认同的显著性就会越高,同时这一角色认同又会进一步影响他们的角色行为。[2] 由此,权威性荣誉不仅通过促使积极分子建构角色认同来影响其参与行为,同时还能令他们充满干劲地调动其他居民的参与热情,从而带动整个参与群体为争取社区荣誉齐心协力。当团队获得奖项时,成功的愉悦体验和荣誉感也会内化为每个成员对继续参与活动的积极情绪,最后达成"社区需要我们"这一重要的角色认同。

居民的积极参与还来自政府领导对文化活动的权威性认可。笔者发现,各社区基层对待文化活动的态度取决于社区居委会现任书记对文化活动的态度。有的书记对此非常重视,不但运用政府资源组织活动,还着力打造艺术团队,并聘请专业老师辅导。在 JY 区拥有文化团队最多的 YA 社区,仅广场舞队就有 8 支。队长们说书记很给力,经常来看演出。在艺术节举办期间,社区还会提供后勤保障。居民们在演出时都努力为社区争取荣誉,认为这样才不会辜负"领导的关心"。

---

[1] 翟学伟:《人情、面子与权力的再生产——情理社会中的社会交换方式》,《社会学研究》,2004 年第 5 期,第 48-57 页。
[2] Stryker, S. Identity theory: developments and extension. In Yardley, K. & Honess, T. (eds.), *Self and Identity: Psychosocial Perspectives*. New York: Wiley, 1987.

3. 一家有难十家帮——来自社区邻里互助的角色认同

现代文明渗透下的城市社区因公共生活的匮乏，使得居民联结不断弱化。在此背景下，公共文化生活为居民提供了一个既可以达成地方性共识又能共享社区资源的制度性平台。活动中，居民既可以收获彼此间相互吸引的情感，也可以互帮互助。换言之，居民参与社区文化生活不仅愉悦身心，更是基于对社会互助的共同诉求来展开社会交往，是为了得到类似"友谊"等交往范畴中的社会报酬。这种社会报酬有助于居民建立互帮互助的类群体，在他人遇到危难时，群体成员会采取一致的互助行为模式。笔者的许多访谈对象都在活动参与中不同程度地帮助过他人，并由此获得了内心的充实感和愉悦感，在得到他人的关爱时实现了自己"好人缘"的角色认同；同时，也因受到过他人帮助而更积极地参与到公共文化生活中。

文化生活的参与者在其付出的爱和获取的爱大抵相等时，就会履行达成友谊的第一个基本要素——平等互助。在居民文化团体中，互助行为给成员带来的安全感并非徒具抽象意义，而是由很多心地善良、热心真诚的居民所采取的具体行动来实际体现的。而且，这种互助的意义在一些特殊环境下还会产生意想不到的外溢效应，比如会促使居民齐心协力地保卫社区安全，为居民生活规避风险。显然，社会吸引、社会互信和社会互助所建构的社区角色认同，是引导居民们主动进行社会交往并使他们扩大交往范围的强大力量。

> 去年冬天我们跳完舞在水果店休息，8栋的老张带着3岁的小孙子买水果。把孩子放在身后挑水果的工夫，小孩儿就不见了。老张大喊孩子丢了。老张的老伴是我们队的，大家都认识他孙子，就十几个人一起找。没多久，在东面一个面包车上发现了孩子，老吴赶快把小孩抱了下来。你说邻里互相照应多重要，要不是我们人多，恐怕孩子早就被抱走了。（JDM社区TSY小区苏某，55岁）

（三）来自同命相惜的个人认同：弱势群体对自身存在价值的重塑

作为政府提供的一项惠民措施，公共文化服务的侧重点始终是那些迫切需要文化生活的弱势群体。对于那些在日常生活中备受煎熬、在社会情境中面临着个人认同失落的弱势人群而言,之所以积极参与公共文化生活是因为其中存在一些固有的特征,有益于他们重拾内心深处触动灵魂的个人认同。个人认同的形成需要行动者在特定场域中通过积极的社会交往来表现自我、寻找精神寄托、分享情感,在心理上正面解读他人对自己的看法,并将这一判断作用于之后的自我认知。因此,公共文化生活可为居民尤其是弱势群体提供一个获取他人正面评价的持续性交往场域,老年人、残疾人、重病患者等可以在其中通过各自的社会交往方式来重构其积极的个人认同。从这个意义上说,个人认同是解读居民持久性参与的另一个重要逻辑。

1. 后喻文化时代里自我价值的追寻

在前喻文化[1]的传统社会,老人是人类生存技术和生活经验的集大成者,社会的每一次有限进步都必须内化于长者的记忆和行为模式中才能得以留存和继承,他们因而成为古老社会年轻人尊崇和学习的楷模。随着科学技术的快速发展以及移民、战争等社会形态的急剧变迁,旧有的生活方式已无法适应新的生活模式,前辈越来越无法向后辈提供在新社会行之有效的技能,前喻文化随之崩解,年轻人的行为开始以同辈为标准,人类社会进入并喻文化时代。老一代人须接受他们习惯的行为方式失效了的现实,而这往往意味着对其自身价值的否定。此后,伴随着生产技术的日新月异,社会文化传递方式再次发生根本性变革,年轻人代表着社会发展的新方向,他们不断将新兴知识文化传递给前辈,社会进入了后喻文化时代。与之相伴的是长辈在社会变迁中日渐孤立,并与年轻人之间产生了无法跨越的鸿沟。

在中国,市场经济理念、快捷的传媒手段和社会交往模式的变迁深刻改变了老年群体的生活样式,传统的构成老年人人生意义的文化活动方式被青年人视作愚昧、落后的象征,老年人逐步被边缘化。在这个代际冲突愈演愈烈的后喻文化时代,他们被抛进传统文化已失、现代文化

---

[1] 美国人类学家玛格丽特·米德按照文化的传递方式,将人类文化划分为前喻文化、并喻文化和后喻文化三种类型,并尝试用其解释人类历史各阶段年青一代与老年一代在生活方式、行为理念和价值观等方面的差异与冲突。

又陌生难适的尴尬境地，一些年轻人甚至给他们贴上"孱弱""落后""无用""坏脾气"等负面标签，这些消极因素使他们难以获得肯定性的社会评价，阻碍了他们对自我价值的认同。

当下，参与公共文化生活已成为老年人通过展现自我、积极互动交往来重塑个人认同感的重要途径。他们会通过参与中的自我表现、有效的社会互动以及兴趣团体的建立等方式来重寻个人价值。在此过程中，他们得以深入挖掘自我潜能，获得他人或制度对其能力的认可，进而对自己做出"老有所为"、发挥"余热"等肯定性自我判断，使社会感受到"老年人"内涵的积极改变，从而达成新的个人认同。笔者在访谈中发现，老年人积极参与文化活动，心理年龄会趋于年轻化，其个人认同也更容易重建，同时也会积极动员其他人加入。此外，参与公共文化生活也是老年人争取年轻人对其存在价值的认同、实现代际沟通的重要路径。随着社会的变迁，在主客观因素共同作用下产生的个人认同也是一个不断修正、动态变化的过程。老年人在文化生活中的优秀表现，可以让年轻人重新认识他们的社会价值，这为代际的良性沟通和相互理解提供了契机。老年人在参与中若能不断获得来自年轻人的赞扬和认可，就会感受到久违的成就感，进而憧憬着实现自我、持续丰盈自己的内心，幸福感和自豪感油然而生，最终完成其个人认同的建构。这种积极向上的内心活动对其自我认同的真诚期待一旦孵化，他们参与公共文化活动的积极性就会更加高涨。

> 演出完，现场的观众被震撼了！儿子跟我说："妈妈你在台上太美了！"老公告诉我："谈恋爱的时候你都没有这么漂亮。"我的眼泪唰唰地流下来了，感觉自己比年轻时更出色，真幸福！（YA社区YAHY小区王某，64岁）

2. 残缺生命里的精神归宿

身体是一个承载着个人认同的象征系统，在特定时空的多项因素作用下，它既包括个人固有的、或先天或后天形成的生理特征，也包括现有的社会规则对个人身体特征的价值判断。这意味着从属于个人身体的活动也受到特定社会文化秩序的严格限制和有效调节。故而，多数情况下，身体健全状况对个人自我价值判断的影响会被既定的社会观念和伦理框架所约束。正因如此，当身体变得残缺时，一些人会倾向于以社会既有的思想观念和人际关系变化来能动地判断自我价值。不难理解，那些对身体健全与否的社会观念和思想意识既可能是残障人士建构个人认同的基础，也可能造成他们的个人认同危机。

在当代中国固有的认知体系中，残疾人常因"残缺""不健全"的身体或精神状况而遭受歧视或排斥。一些人在潜意识中会将残障人士的身心缺陷与缺陷所指的负面特征联系起来，并给他们贴上诸如"吓人""丑陋"等贬低性、侮辱性标签。因此，残缺的身体在特定社会中就象征着不光彩。在此氛围下，要消解残疾人在生活中的困惑和焦虑，既需要批判根深蒂固的歧视性思想观念，改变社会业已形成的价值评判标准，也需要重塑残障人士的日常社会交往结构。

一方面，公共文化服务为残障人士提供了稳定和确定性的社会生活，为个人认同的重塑奠定了重要前提。公共文化服务所宣传的价值观念使公共文化生活成为一个轻松、平等的公共空间。在这里，残障人士可以通过平等互助的社会生活来重塑人际关系，这为他们重新认识生活意义提供了契机。这种社会交往参照体系和参与中获取的生活支持，让他们感受到生活是安全有序的，而这正是其实现个人认同的必要条件。当实现了关于存在感的个人认同后，残障人士参与的心理基础会更加稳固，而这种认同也成为其参与正常文化娱乐生活和其他生活的前提条件之一。

另一方面，公共文化生活给遭际相同的残障人士提供了情感交流的空间，稳固了他们的个人认同。当下许多人更多关注如何追逐物质财富以摆脱风险社会中的不安全感和不确定性，但对那些身体残障个体的物质与情感生活缺乏人文关怀。在家庭层面，身体的缺陷尤其是后天导致的缺陷改变了残障个体在家庭中的地位，不能正常生活的心理落差及由此导致的自我价值缺失使其有时不被家人认同。笔者在访谈中发现，即使是他们的至亲，在辛苦照料他们身体的同时，也因残障人士巨大的精神压力和如影随形的自卑心理而不愿去触碰他们的内心世界。此时，公共文化服务，特别是那些免费的技能培训类文教活动，还有社工的体贴照顾，使残障人士感受到了温暖，这有利于帮助其找回尊严。身处其中，他们暂时忘记了身体的残缺及其带来的种种烦恼，并在学习技能和展现自我的过程中逐渐重构起新的个人认同。总之，公共文化生活让残障人士重新认识到自我人生价值，填补了他们的情感空虚，而这也成为撕下世俗社会贴给他们的"残废之人"标签的重要途径。

3. 患难与共的情感慰藉

对于那些身患慢性病或重症的人而言，疾病成为挫伤他们个人认同的重要危机。健康状况的恶化，意味着病人所占有的巨额财富、拥有的社会名望甚至是信仰的崇高价值观念都随之消逝，个体也就失去了现实存在的一切物质基础。所以，"慢性病是一个破坏性的事件，它破坏了日常生活的结构以及作为其基础的知识形式，意味着病人要接受痛苦和苦难，甚至死亡"[1]。然而笔者发现，虽然病人的生活境遇在社会交往结构的调整中被迫改变，但许多病人并未消沉，他们一边勇敢地面对病痛，一边顽强地运用多样化资源、采用多重策略去适应新生活。参与公共文化生活就是他们在适应症状和面对治疗方案冲击时，以积极的行动来实现个人认同的手段之一。

参与公共文化生活有助于病患在与病友互助群体的交往中重塑个人认同。社区公共文化生活空间可以将那些具有类似病痛的个体聚集起来，由相似的不幸经历而产生的亲近感使他们彼此间可以平等、真诚地相处，并使他们可以在现有的社会文化系统中延续其适应能力，获得属于此类人群的个人自我认同。具体而言，经历相似的病友在参与过程中会组成具有典型特征的互助群体。群体成员之间的倾诉、交流和互助，不断为成员们生产着信念支撑和价值指引，这有助于他们重塑被疾病所破坏的个人社会功能，增强个人和彼此的认同，从而使病友群体交往成为一个患难与共、分担忧愁、稳固个人认同的意义系统。

> 死亡每天都在拉扯着我。我每天哭，和外界都断了联系。后来我参加了癌友合唱团，在这里认识了很多朋友。我们都很珍惜

---

[1] Bury, M. Chronic illness as biographical disruption. *Sociology of Health and Illness*, 1982(2), pp. 167–182.

（眼前的生活）、很乐观。我们经常给敬老院的老人表演，活着做点好事，死了就能去天堂了。（癌友合唱团队员林阿姨，68岁）

参与公共文化生活是病友承担彼此痛苦、建构共通情感的路径。在此个案中，参加癌友合唱团使林阿姨结识了一群经历类似的病友。同伴之间的倾诉、情感的共鸣是合唱团集体意识得以形成并维持的重要机制。在加入团体之前，他们将自己封闭在家中，身体的病痛和对死亡的恐惧时刻纠缠着他们。而在参与合唱团活动后，他们找到了同病相怜的倾诉对象，相似的苦恼使他们彼此之间产生了共鸣。病友们分享的倾诉内容虽苦痛不堪，却是心灵共通的情感体验。这种相互倾诉将每个人承受的身心折磨分摊到整个群体，这让他们如释重负。在这个类群体里，他们长期在家庭和社会生活中感受到的孤立感、排斥感、绝望感和自卑感得到了有效缓释。由此，病友群体的公共文化生活就成为他们储存、安放、寄托其苦痛感受的容器，可以在成员间生产令人"珍惜"的人际关系。这种在情感和生命价值意义方面的重建和共享，使他们结成了一个同病相怜、彼此理解的集体。

四、认同性参与的持续产生机制

（一）对多维认同的追逐是持久性参与的主要动因

认同并非个体或者群体所固有的特质，而是在特定的、具体的社会文化情境中通过人际、群际的相互作用而得以建构与再建构的过程与结果，即认同具有建构性特征。笔者根据认同理论，通过深入探寻居民参与公共文化生活的行动过程，发现了他们的三重认同性参与逻辑：一是中老年人经由集体记忆，形构着在过往生活基础之上的群体认同；二是积极分子在获取社会报酬中，通过积极的社会评价实现着角色认同；三是弱势群体在重塑自身存在价值的过程中，借由对其人生意义的崭新诠释，重拾了个人认同。在公共文化生活中，不同类型的居民在这三种逻辑驱使下，完成了参与中多维认同的建构与形塑，从而在持续参与过程中追求着自我价值的实现。

在更深层次上，参与过程中的认同还具有鲜明的能动性特征。作为认同主体的居民并非被动意义上的接受者，为了寻找心理确定性，他们在建构认同时，会对参与中的各种外界因素能动地做出适当解释，并据此选择是否参与及如何参与。也就是说，居民或主动或被动地参与社区公共文化活动，于其中建构了与自己成长经历、社会身份、身体状况或价值观念相一致的认同感。而在此过程中，他们又将主体能动性发挥得淋漓尽致，并根据在参与中所形构的认同观念，评判参与行动对其自身认同形塑的正面或负面意义，进而决定其后续参与行为。由此，基于认同的持续参与机制就产生了。

总之，如果居民在参与过程中建构了自身的群体认同、角色认同和个人认同，就会在此基础上能动地做出继续参与的选择，并在新的参与中再次完成其多维认同的再生产，继而持续地参与。可见，居民在参与过程中产生认同感并在认同感驱使下主动参与，意即认同在公共文化生活中的生产与再生产是持久性参与的重要动力机制。

（二）认同和参与的循环互构是基于认同的持久性参与的重要特征

需要指出的是，前文所述的居民类型或群体类别与研究发现的三重认同性参与逻辑之间并非一一对应关系。在一般情况下，某一居民或群体参与公共文化生活不单是受到单一认同逻辑的影响，而是多重逻辑共同作用的结果。这是因为在居民由认同感而驱使的持续性参与中，认同和参与的关系具有双重特征。第一，对于每一个个体而言，持久性参与以个体参与行为产生为起点，参与和认同循环互构。参与者首先或主动或被动地参与到公共文化生活中，通过重温集体记忆、获得社会报酬或重拾自我存在感，生产多维度认同，即参与中的认同。然后，居民又在认同感驱使下继续甚至更加积极地参与，并发动其他居民共同参与，在持续参与中完成认同的再生产，即认同下的参与。第二，对于认同性参与本身而言，它是一种参与下认同和认同下参与不断互构的循环机制。居民在其认同感推动下的持久性参与恰恰是三重认同的生产和再生产过程。简言之，在以认同为核心动力的持久性参与中，参与下的认同和认同下的参与是互为因果的关系，实现参与和认同的良好互构关系，是使公共文化服务拥有持久生命力的根本保障。

(三) 认同和参与形成互构关系的关键力量是自我价值实现

本研究分析了个体在参与公共文化生活中建构群体认同、角色认同和个人认同的过程，明确了集体记忆、社会报酬和自我价值重塑在三种认同生产中的关键作用。研究发现，中老年居民在集体记忆重构中建构了群体认同，并按照群体认同来维护集体记忆，不断寻找组织归属感，在群体交往中实现了自我价值；以积极分子为主的居民通过社会报酬的获取实现了角色认同，在积极的社会评价中觅得了自我价值；以弱势群体为主的居民在对自身价值的重塑中再建了个人认同，在重新诠释的自我生存意义中重拾了自我价值。显然，居民的多维认同在参与中的循环生产也是他们的自我价值在群体、社会、自我等多重范畴中不断建构或重塑的过程。于是，居民在参与过程中持续实现自我价值，就成为促使他们持续进行参与和认同之间互构的力量之源。

(四) 社区公共文化服务创新思路与着力点

一方面，社区公共文化服务应致力于构建居民的多维认同，帮助他们在参与中实现自我价值。认同性参与逻辑说明，只有使居民在参与中建构并实现其多重认同感，才能延续并持续提升他们的参与动力。而要使该项服务持续得到居民认同，政府或社会组织就要不断丰富其内容和形式。这要从三个思路入手。第一，公共文化生活的话语特征可将居民们的群体归属感和时代记忆作为着眼点，注重发挥延续过往仪式的作用，帮助他们重构集体记忆，以完成其群体认同。第二，公共文化生活空间应有利于居民在社会交往中获取社会报酬，帮助他们赢得他人的赞许、争得制度性荣誉、组建平等互助的居民群体，以此为重要举措实现居民的角色认同。第三，公共文化生活的价值关怀应以帮助弱势群体重新认识其自身价值为侧重点，重构其个人认同。这些有利于居民自我价值实现的举措，是提高该项服务的居民参与度、共建社区共同体的有效之举。

另一方面，社区公共文化服务应以挖掘各类居民的集体记忆、社会报酬和自我价值重塑为着力点，带动更为广泛的居民参与。这意味着应该重视与居民相关的生活经历、社会评价和身体状况等要素在建构居民多维认同中的重要作用，这也是激发更加广泛的居民群体主动参与公共文化生活、完成他们的多维认同在参与中的生产与再生产的重要路径。具体而言，这项服务的创新方向应致力于挖掘不同年龄层次、不同职业身份之群体的社会记忆，拓展受到社会广泛认可的社会报酬的形式，发动各类型居民在社区生活中积极重塑自我，以吸引更多居民参与进来，从而改变现有居民参与主体的年龄和阶层特征。

五、基于认同的持久性参与逻辑的普适意义

在现实的公共文化生活中，参与者的代际特征与职业区分都比较明显，笔者记录与研究的居民群体以中老年人和弱势群体居多。但是，居民认同性参与逻辑呈现出的通过建构集体记忆、获取社会报酬和重塑自我价值来完成认同的生产与再生产，以及认同与参与在居民文化生活中的互构关系，对各类居民都具有普适意义。

公共文化服务只有使居民们在参与中建构并实现其多重认同感，才能延续并提升其参与动力，而居民之所以愿意持续参与，完成认同的生产与再生产，主要是因为可以从不同领域找到归属感，实现其自身价值。这为此项服务如何通过激发居民认同感来动员文化品位不同的人群参与公共文化生活提供了借鉴。更重要的是，当代社会文化日趋多样性和复杂化，人人都在通过追逐不同维度的认同来丰盈自我价值。本研究所阐释的居民在公共文化生活中的认同性持久参与模式，则为各类居民通过参与具有公共性质的活动来建构群体归属感、实现自我价值开辟了可供参考的途径。通过重构基于过往生活的集体记忆来维系群体认同感，实现群体意义上的自我价值；通过取得社会认可的社会报酬以获得角色认同，实现社会意义上的自我价值；通过自身价值重塑建构个人认同，感受人生存在意义上的自我价值——这三条路径对于各类居民的多重认同感的维系或重塑都具有借鉴意义。而且，认同性参与为居民们实现自我价值提供了一种公共空间。参与者可以在此公共空间通过共享他们曲折坎坷的心路历程、鲜活多彩的过往时光，呈现他们在文化生活中相通的故事经验和意义诉求，重塑群体认同和个人心理归属感。由此，各个群体都有可能建立一个人人互相认识、互相扶持的日常网络，重建

人与人之间的温情纽带，使每个人都能在人际交往中重新构筑自己生活信仰的意义世界。

作者简介：颜玉凡，河海大学马克思主义学院教授；
　　　　　叶南客，南京大学历史学院、南京市社会科学院教授。

第八章 公共文化空间再造的情感之维[*]

曾 莉 周慧慧 龚 政

一、问题的提出

社区的形成本质上源于人们的聚合，社区治理是对社会变迁导致的社区消极情感的回应。由于城市社会分工的细化及有机团结社会的弱化，滕尼斯意义上的"共同体"逐步消失，社区内邻里情感淡漠、居民互不相识，帕特南所描述的"独自打保龄球"现象普遍存在，生活在同一社区的居民成了城市中"最熟悉的陌生人"。党的十九大对社会治理创新高度重视，基层治理单靠传统的行政化模式已难以为继，搭建社区交往平台，形成情感融合的共同体之必要性呼之欲出。社区公共文化空间，作为居民情感交流和文化凝聚的重要载体，不仅仅是一个简单的物理空间概念，也是富有深刻文化意涵的社区意象空间和精神家园，其承载着一个社区的历史、现在与未来，对促进居民交往、建立互信、重构有温度有亲情的社区人际关系至关重要。

天平社区位于上海市衡复历史文化风貌区，社区文化资源丰富，但同时也存在居民社区意识淡薄、邻里关系疏远等问题。为了提升社区居民的参与度、认同感和凝聚力，在充分挖掘、整合社区优质资源的基础上，天平社区于2007年创造性地提出了"名家坊"概念，其由社区名

---

[*] 本章内容最初刊于《中国行政管理》，2020年1期，第46—52页。

家引领,将情感治理融入社区公共文化空间再造的全过程,社区居民通过参与各类文化活动增进情感交流与互动,在达成情感共识的过程中逐渐消除陌生感,形成情感联结和社区认同。情感治理视角下社区公共文化空间再造的实践逻辑是什么?如何立足情感治理推进社区公共文化空间的可持续发展?本研究立足天平社区公共文化空间再造实践,基于第一手调查资料,力图呈现社区公共文化空间再造的内在机制,以期为我国社区情感治理实践提供经验借鉴,助推新时代基层治理的能力提升。

二、理论构建

(一) 基本概念

关于公共空间的已有研究,主要涉及政治、社会、文化等诸多领域。政治学角度的研究认为,公共领域是行动者透过言行展现自我、与他人协力行动的领域[1],它是作为公众的"私人"聚集在一起,就公共事务进行讨论,最后达成共识的场域[2],即公共空间是公民自由讨论事务、参与政治的活动空间。社会学角度的研究认为,公共空间是所有人能合法进入的区域,以及熟人和陌生人碰面的地方[3][4],人们的互动促使空间充满活力[5],"可达性"是公共空间的前提条件,人本主义是公共空间建设的出发点[6],城市公共空间本身会影响和塑造社会关系[7]。公共文化角度的研究强调,公共空间通过公共文化使人们更好地理解现代城市的历史渊源[8],公共文化是公共空间的灵魂,公共空间是公共文化的载体。不难发现,以上不同角度的研究强调的重点

---

[1] Arendt, H. *The Human Condition*. Chicago: University of Chicago Press, 1958.
[2] 尤尔根·哈贝马斯:《公共领域的结构转型——论资产阶级社会的类型》,曹卫东等译,上海:学林出版社,1999年。
[3] Goffman, E. *Relations in Public: Microstudies of the Public Order*. New York: Basic books, 1971.
[4] 刘荣增:《西方现代城市公共空间问题研究述评》,《城市问题》,2000年第5期,第8-11页。
[5] 格奥尔格·齐美尔:《社会学:关于社会化形式的研究》,林荣远译,北京:华夏出版社,2002年。
[6] Geddes, P. *Cities in Evolution*. London: Williams & Norgate, 1915.
[7] 扬·盖尔:《交往与空间》,何人可译,北京:中国建筑工业出版社,2002年。
[8] Briggs, A. *Victorian Cities*. Harmondsworth: Penguin Books, 1968.

各异，但都是围绕"人"和"人的交往"展开的。

对于社区公共文化空间的理解，就传统的认知而言，文化空间原本指一个具有文化意义的物理空间、场所、地点[1]，但更多的学者认为文化空间是指一个社会群体的文化现象、文化需求和历史记忆在一定区域的空间表现，以及社会成员在这个空间进行文化交往的表达方式[2]，即文化空间不是单纯意义上的物理空间，还有人、文化活动、交往互动等诸多要素。社区公共文化空间，是集文化与社区交往于一体，兼具文化建设与价值情感生成的有机体。具体而言，社区公共文化空间包括物理场域、文化活动和服务、参与主体等三个元素。[3] 其中，物理场域是开展文化活动和服务的空间平台，也是空间各方参与的物质载体；文化活动和服务是连接参与方和物理场域的重要媒介，在参与中实现交往和价值情感的生成；参与主体既是物理场域和文化活动的建设者及提供者，同时也是物理场域和文化活动的受益者或服务对象。三者相辅相成，组成公共文化空间不可或缺的要素。可见，社区公共文化空间是一个体系，包括文化设施、活动场所、依托设施和场所展开的文化活动及其背后的系列文化制度等元素，它是承载社区情感、凝聚社区共识、促进社区自治和共治的有效载体。

城市社区公共文化空间再造，是指在既有的社区特色和建筑格局的基础上，通过提升多方主体参与度、重构各主体角色关系、改善公共文化服务质量、增进社区交往和认同等途径，对城市社区公共文化空间进行重塑，以实现其"公共性、服务性、交往性"的过程。为此，首先，应立足居民需求。再造的全过程应回归人本主义，满足社区居民的文化和情感交往需要，服务最广泛的居民群体。其次，应处理好多方主体之间的关系，即厘清政府、居民与社会组织等各主体的角色定位，明确权

---

[1] 向云驹：《论"文化空间"》，《中央民族大学学报（哲学社会科学版）》，2008年第3期，第81-88页。

[2] 王少峰：《公共政策与文化空间——以北京的人文奥运建设为例，兼论节日与社会生活的公共性》，《传统节日与文化空间："东岳论坛"国际学术研讨会专辑》，北京：学苑出版社，2007年，第116-117页。

[3] 陈波、张洁娴：《城市社区公共文化空间的建设现实与未来设计——基于全国17省46社区的考察》，《山东大学学报（哲学社会科学版）》，2017年第6期，第23-31页。

责关系，达成互利合作的良好氛围。最后，应明确再造的最终目标。社区公共文化空间再造是以参与提升情感融入、以交往促进社区认同的集体行动，其最终目标是消除冷漠，打造社区交往共同体。可见，居民情感融合是城市社区公共文化空间再造的落脚点和归属，立足情感治理，推进社区交往共同体发展，也是城市社区公共文化空间再造的应有之义。

（二）分析框架

近年来情感治理在学界备受关注，相关研究主要聚焦两个维度。一是国家维度的研究，其认为在理性主导的西方国家治理实践中，情感治理始终是一个边缘议题，但在"情本体"的中国文化中[1]，情感治理是无处不在的，是中国式治理术的重要组成部分，老百姓对国家和政府的预设并不只是基于权力和利益，国家还是道德化的情感维系对象。[2][3] 二是基层维度的研究，其有诸多成熟的理论，如社区失落论[4][5]、社区继存论[6][7]和社区解放论[8]等。当前，国内学者更多聚焦基层视角，强调基层治理的情感维度，追求正向情感最大化以实现社会凝聚。所谓基层情感治理，是指以"居民"为本，通过对社区情感再生产的干预，来协调和重建居民之间、居民与行政人员之间、居民与其他相关群体之间的关系，增强成员社区认同感的过程。基层情感治理的实现路径体现为：促进社区权力结构的重组、重构人际关系、凸显居民主体性、增进社区情感认同等。[9]

---

[1] 李泽厚：《人类学历史本体论》，北京：人民文学出版社，2019年。

[2] 项飚：《普通人的"国家"理论》，《开放时代》，2010年第10期，第117-132页。

[3] 何雪松：《情感治理：新媒体时代的重要治理维度》，《探索与争鸣》，2016年第11期，第40-42页。

[4] 格奥尔格·齐美尔：《桥与门——齐美尔随笔集》，涯鸿等译，上海：上海三联书店，1991年。

[5] Louis, W. Urbanism as a way of life. *American Journal of Sociology*, 1938(1), pp. 1-24.

[6] Lewis, O. *Life in a Mexican Village: Tepoztlan Restudied*. Urbana: University of Illinois Press, 1951.

[7] Herbert, G. *Urban Villagers*. New York: Free Press, 1962.

[8] Wellmanand, B. & Leighton, B. Networks, neighborhoods, and communities. *Urban Affairs Review*, 1979(3), pp. 363-390.

[9] 文军、高艺多：《社区情感治理：何以可能，何以可为？》，《华东师范大学学报（哲学社会科学版）》，2017年第6期，第28-36+169-170页。

社区情感治理包含四大要素：一是自主治理，即强调社区居民主体地位的凸显；二是重构主体关系，即基层政府、社区工作人员与居民之间的关系，以及居民内部的关系重构；三是社区情感的再生产过程，而不仅仅是人际情感的简单回应；四是情感内生机制，即社区情感的内源性发展，形成稳健坚韧的情感联结。面对社区事务及诸多难题，情感联结能够发挥润滑剂和调节器的作用。情感治理是社区治理的创新方式之一，在社区治理中通过柔化权力结构、重构主体关系、增进社区认同等，使社区正向情感最大化，实现社区情感的内生发展，以达成基于情感联结的社会凝聚和活力。

本研究的分析框架见图1。情感治理的基本流程体现为实线框中的四个步骤，即以情感柔化权力结构、重构主体关系、增进社区主体认同和社区情感内生。关于虚线框环节，正向情感最大化是衔接性步骤，凝聚共识以激发社区活力是结果性步骤。本研究将立足社区公共文化空间的三个元素，围绕情感治理的基本流程及四大要素，分析社区公共文化空间再造的实践逻辑。

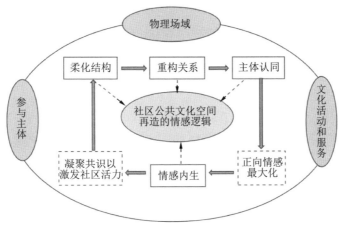

图1　本研究的分析框架

三、天平社区公共文化空间再造的历史变迁

天平社区坐落于上海市徐汇区，于1994年由原天平路街道和永嘉路

街道合并而成，下设居委会 21 个，户籍居民 27 892 户共 86 192 人[1]。这个仅有 2.68 平方千米的社区，却是名流汇聚之地，人文底蕴深厚，红色基因繁多。陈毅、宋庆龄、蒋介石、宋子文、马歇尔等百位历史名人都曾在这里居住；宋庆龄故居、盛宣怀故居、新四军驻上海办事处旧址等 78 处不可移动文物都留驻于该社区。如今，天平社区又进驻了一批新的名人，中国花腔女高音歌唱家及声乐教育家周小燕；影视、话剧表演艺术家秦怡；南派笛艺代表人物之一，享有"中国魔笛"美誉的笛子演奏家陆春龄……这一切都在讲述着这个名流社区的城市文脉记忆，揭示这个名流社区的前世今生传奇。然而，丰富的文化资源并未得到有效整合，居民文化活动处于"无序化"状态，居民交往和情感交流有限，社区治理仍未摆脱行政命令的制度依赖。事实上，社区治理的核心目标是促进关系协调和积极社群的达成，情感交流是居民形成共同价值观和人生态度的独特方式，其在居民面对社区难题或困顿时给予情感支持甚或行动增能。可见，社区情感交流的不可或缺和现有交往模式的局限性决定了城市社区发展需要在居民日常交往的基础上强化情感交流的根植和介入。天平社区公共文化空间的再造历程便生动地呈现了社区居民如何实现从"消极陌生人"到"积极共同体"的微妙变化与演进。

（一）政府管控阶段（1994—2007 年）：搭建场域，内容单一，很少参与

天平社区于 1994 年成立之初，在上海市广元路 153 号创立社区文化活动中心。公共文化空间建设初期，国家或政府以绝对权威的身份出现，文化空间的建设者与受众处于一种不对等的关系，文化服务在时间、空间和内容等方面存在严重的供需错位问题。一方面，时间上严重错位，即活动场所开放时段与社区居民的工作时段基本一致，造成工作日门可罗雀，利用效率低下，而休息日居民的文化需求又得不到充分满足。另一方面，物理空间供给不足和布局不合理。广元路 153 号的文化活动中心位于天平社区的最西端，面积 350 平方米，不仅难以满足居民的文化需求，而且距离居住在社区东端的居民较远，由于交通不便，严

---

[1] 资料来源：《天平街道年鉴（2017）》，内部发行。

重影响了居民的参与积极性。为实现居民就近享受公共文化服务，徐汇区于2003年提出"打造15分钟文化圈"的概念，启动了第一轮居（村）委文化活动室建设工程，借此天平社区实现了综合文化活动室的全覆盖。但由于面积有限、设备简陋、服务供给与居民的文化需求相去甚远等原因，再加上服务内容缺乏新意、过于单一，服务体验度不高，参与者不多。其直接的后果便是，居民几乎处于一种"集体沉默"状态，且普遍认为那些活动对自身没多大好处，对社区公共文化空间不了解、不积极、不认同。总之，此阶段的特点是，文化空间的设施配套基本到位，但文化活动和内容有限，居民很少参与，社区认同度不高，公共文化空间再造尚处于"物理空间"打造期。

（二）政府主导阶段（2007—2010年）：完善设施，拓展内容，被动参与

随着空间再造的不断推进，公共文化空间在品牌打造和居民情感融入方面备受期待。2007年，社区积极整合优势资源，成立了天平社区文化名人服务指导机构——"名家坊"，其中，周小燕、秦怡、尚长荣等十多位艺术家成了"名家坊"首批成员，他们以普通居民的身份，通过演出、讲座、沙龙、原创节目等方式参与社区文化活动。"名家坊"以高雅艺术活动为载体，以名家的影响力和号召力吸引居民参与文化活动，为居民互动搭建交往空间，促使居民在活动中消除隔阂，拉近交往距离。2009年，徐汇区制订并启动了《徐汇区公共文化服务设施建设三年行动计划（2009—2011）》，天平社区通过"扩、盘、腾、购"等方式整合社区场地资源，加强居委会综合文化活动室建设，逐步实现居委会综合文化活动室的全面达标。在物理场域持续发力的基础上，为了满足不同层次、不同爱好、不同年龄居民的文化需求，2010年伊始，天平社区开始聘请多领域的中青年文化艺术名家进驻"名家坊"。其中，陈燮阳、何占豪、辛丽丽、马晓晖、蔡金萍、唐元才、赵丽宏、王珮瑜等名家相继加入，"名家坊"的辐射面和影响力逐年提升。同年，天平社区文化活动中心在居民和众多名家的呼吁下得以扩建，从1994年不足400平方米扩建到2519平方米，服务水平也得以大幅提升，居民们开始关注并参与到社区公共文化空间中来,社区认同感逐步提升。可见,此阶段的特点是,依托"名家坊"等本土文化资源开发活动空间,不断丰富活动内容,吸引居民积极参与,空间再造从"实物"层面走向"精神"层面,社区公共文化空间的另一元素"文化活动和服务"得以呈现。

(三) 多方共建阶段(2010—2016 年):自组织涌现,供需对接,主动参与

随着天平社区公民文化团体的不断发展,社会组织不断壮大,自 2010 年开始,政府角色逐渐从"主导"转变为"培育和扶持",公共文化空间打造也相应从设施和场地建设向文化服务平台搭建转变。在"名家坊"的推动下,天平社区成立了社区文化体育界联合会,统筹整合社区驻地单位、社会团体和名人名家资源,努力构建政府引导、多方共建、居民参与的社区文化空间发展新格局,涌现出排舞队、扁鼓队、旗袍队、滑稽沙龙等一大批特色团队和品牌项目,社区文化服务日益规范化、规模化、专业化,形成了健康活泼、文明和谐、高雅时尚的社区文化氛围。同时,社区以"居民在文化建设中唱主角"为宗旨,精心培育植根群众、服务群众的文化载体和样式,搭建由居民策划、组织、登台表演的缤纷大舞台,开展"天平社区文化能人"评选活动,积极调动社区群众自我展示、自我教育、自我服务的主动性和创造性,居民主体性得以充分发挥。居民的主动参与也使得文化空间的公共性、文化性、交往性日益凸显,进而助推了居民自组织的成长,社区公共文化空间的情感凝聚功能初现。在此阶段的空间再造实践中,政府主要发挥引导和培育作用,借助社区自组织的力量,扩大活动影响面,拓宽活动参与范围,改善活动形式,公共文化服务在一定程度上实现了"半自动"供给,服务效率和质量明显提高,社区公共文化空间的重要元素"参与主体"的能动性得以呈现。

(四) 共治共享阶段(2017 年至今):动力内生,主导型参与,迈向自主治理

随着社区自组织的不断壮大,公共文化空间再造进入了共治共享阶段，即政府掌舵把握方向，居民自主供给多样性文化服务，参与成员不断增加，参与广度和深度不断加强，空间再造迈向自主治理。2017年11月24日，在"名家坊"成立十周年主题活动上，天平社区为尚长荣颁发"名家风范奖"。当主持人请尚长荣代表"名家坊"致辞时，年近80岁的尚长荣站在舞台上铿锵感言："我为自己作为徐汇天平社区的居民感到骄傲！"在"名家坊"走过的十年里，"政府引导、多方协同、居民受益"的模式使公共文化空间参与主体间的合作更为顺畅，关系得到重构，社区文化空间逐步迈向自主治理时代。同时，天平社区公共文化空间建设也从"名家坊""名家坊+"逐步拓展丰富，形成了"都市之光""创邑邻里汇"等凝聚力强、影响力大、辐射面广的"1+21+X"公共文化空间群，即1个社区文化活动中心、21个居委综合文化活动室、若干个特色公共文化空间。政府、社会精英、社会组织、居民等多方主体参与社区公共文化空间的积极性大幅度提升，各主体逐渐以平等的身份参与空间建设，"共治共享"的空间治理格局正在逐渐形成。

四、天平社区公共文化空间再造的行动逻辑

（一）柔化权力结构，激发再造活力

基层政府是公共空间再造的统筹者和引导者。针对社区意识淡漠、情感冷漠等问题，天平社区突破传统的"命令—服从"模式，依托社区居委会，立足本土优势资源，围绕物理场域、参与主体、文化活动和服务等空间元素，不断创新公共文化空间建设的载体和模式，为公共文化空间再造提供资源、制度、能力等支持，培育社区交往共同体，将宏观的社会结构与微观的个体行动串联起来。居民对基层政府的信任在参与中得以强化，社区凝聚力和归属感不断提升，社区参与困境得以破解，工具理性主导的管理模式逐渐淡化，"国家—社会"的刚性权力结构得到柔化。

首先，整合社区资源，搭建活动空间。名家云集、名宅汇聚，丰富的人文资源是天平社区的独特优势。天平社区多方筹措，借脑接力，将社区文化活动中心从过去的350平方米扩充到2 519平方米，并通过

"扩、盘、腾、购"等方式，整合社区内场地资源，形成了"1+21+X"的社区公共文化空间群。物理空间的扩充为公共文化空间再造打下了基础。同时，社区立足资源优势，依托"名家坊"等特色文化品牌搭建公共文化空间，通过名家亲授指导、居民学习交流的形式，拓展居民交往空间，促进居民情感交流。

其次，动员参与主体，激发社区活力。一是立足居民需求，实现双向互动。在搭建公共文化空间的过程中，天平社区采取"大走访""大调研"等形式，定期入户走访，实现社区文化服务供给与居民需求接轨；二是培育社会组织，巩固发展交往共同体。从"名家坊"到"名家坊+"，再到"都市之光"和"创邑邻里汇"，天平社区从依靠名家个人力量逐步转向多元力量的互助合作，进而通过整合"再生复合型资源"推进交往共同体发展。

最后，自组织发力，提升活动和服务质量。天平社区以"名家坊"为契机，持续有效地打造社区公共文化空间，提供社区居民情感融合的平台，提升交往和文化服务的质量。一方面，社区积极借助名人的社会影响力，提升社区知名度和服务质量。"名家坊"内有电影表演艺术家秦怡、京剧表演艺术家尚长荣等33位德艺双馨的艺术大家。天平社区借助名家的影响力，不断提升社区的知名度、美誉度，使得居民的社区认同感和荣誉感逐步提升。另一方面，社区凭借名人的资源优势，实现内外资源互动，如音乐教育家周小燕邀请自己的学生廖昌永及其团队进社区进行文艺演出。更多有资源、专业强的社会组织被吸纳进来，社区公共文化空间活力得以激发。

总之，社区各项策略的齐头并进使得空间建设备受称赞，治理氛围更具人情，居民公共情感也潜移默化地转向积极的一面。自下而上的社区自治与自上而下的行政管理，在以情感为纽带的社区参与中实现了有效对接，国家与社会的鸿沟在不经意间得以柔化。

（二）重构主体关系，推进社区互动

天平社区公共文化空间再造的主体包括居民、社区工作者、社会组织等。各主体之间的信任、真诚、包容、互助、共享等是情感联结的基本元素,也是文化空间再造的灵魂。一般而言,社会互动中的情感将对社会结构产生影响,进而形塑微观社会秩序。[1] 情感是在互动的情境中产生的,互动的频率和时间都对情感联结有重要影响。天平社区借助积极的情感联结,加强社区工作者与居民、社会组织的良性互动,重塑社区主体关系。社区工作者逐渐改变过去大包大揽的管理方式,由"划桨"转向"掌舵",积极调动居民参与热情,培育和扶植社会力量,为社会组织参与搭建平台。

在多方参与的空间再造实践中,主体间的良性互动至关重要。如何实现其良性互动?一方面,天平社区依托本土资源打造"名家坊""创邑邻里汇"等特色文化品牌,开拓文化空间,丰富活动内容,进而吸引社区居民积极参与。另一方面,在服务供给的基础上,天平社区结合居民的服务需求,采取"大走访""大调研"等形式,开通居民需求表达渠道,实现服务供给与需求的有效对接。在居民之间、居民与社区工作者之间的互动交往中,社区依托日益深入的文化活动,强化居民的社区认同感和归属感,引导居民从被动参与转向主动参与,激发居民为空间改进建言献策,并主动申请和组织文化活动,由此推进社区工作者与居民之间的良性互动。于是,信任、真诚、包容、互助、共享等情感元素将社区中的每一员紧密联结在一起,社区公共文化空间再造不再是社区工作者的独角戏,作为自治主体的居民逐渐成为空间再造舞台上的担当者。伴随社区互动的日趋深入,居民、社区工作者、社会组织等主体之间逐渐形成互信、包容、合作、积极的情感联结,社区人际关系也变得更加润滑,交往共同体不断成长,重塑后的主体关系在面对社区治理难题时也将彰显出更强的韧性。

(三) 增进社区认同,居民积极行动

公共文化空间再造的成效取决于社区居民的情感融合与社区认同。为此,天平社区以公共文化空间再造为切入点,不断增进居民间的情感交流。

---

[1] Scheve, C. The social calibration of emotion expression: An affective basis of micro-social order. *Sociological Theory*, 2012(1), pp. 1–14.

其一,借助公共文化空间,提升居民参与度。天平社区公共文化空间为居民提供了交流、交换、交往的场所与空间,居民不仅获得了情感表达的机会与渠道,而且基于情感的人际互动带来的被重视感进一步强化了居民的社区参与意愿和行动。"名家坊"以高雅艺术活动为契机,促进居民间互动交流,其直接成效体现为居民对文化活动的高参与意愿与参与度。以"名家坊""都市之光""创邑邻里汇"等品牌项目引领的"1+21+X"公共文化空间群有效推进了居民间的交往互动,其将有共同兴趣爱好和生活期望的居民聚集在一起,为居民深度交往乃至以情感联结重构人际互动关系创造了契机。

其二,立足居民满意,培育内生动力。社区情感治理不仅旨在重建社区社会网络,增进社会资本,提升社区认同感和归属感,更致力于实现社区居民的情感满足,重塑居民在社区治理中的主体地位。社区参与的积极性很大程度上由居民对社区提供服务的期待和满意度所决定,因此,天平社区在重塑社区公共文化空间的实践中,致力于提高再造满意度,在为居民提供优质服务的基础上强调居民的情感融入与满足,同时注重发挥社区精英的榜样作用,由此吸引更多的居民主动参与空间再造。"名家坊"是天平社区文化名人聚集的舞台,周小燕、秦怡、尚长荣等众多家喻户晓的文化艺术大家秉持奉献精神,在社区公共文化空间再造中发光发热。文化名家们发挥自身专业优势,通过实际行动致力于社区文化服务,促进了居民间的正向情感交流。同时,"文化能人"和"文化活动积极分子"发挥辐射和带动作用,促进居民情感联结,最大限度地激发群众的文化创造力和生命力,社区居民真正成为文化繁荣发展的主体,相互信任、互动合作、乐于奉献的社区精神和凝聚力逐步形成。

(四) 情感力量根植社区,打造交往共同体

情感交流是社会关系网络、交往共同体形成的黏合剂,也是居民从寒暄式交往转向深层次沟通的体现。为破解"最熟悉的陌生人"困境,打造共建共治共享的社会治理格局,天平社区循序渐进,采取三步走战略,将情感力量根植社区治理,依托社区公共文化空间再造构建社区交

往共同体。

首先，空间制造情感，减少居民隔阂。城市化、市场化的快速推进使社区居民的流动性加快、疏离感增强，进而形成了"陌生人"的社会环境。[1] 为此，天平社区通过公共文化空间再造，为居民提供人际交往的场域和载体，空间上的集聚打破了原来互不相识的"陌生人"状态，增进了居民间的熟悉程度，进而基于文化活动的交往互动和社区参与进一步消减了彼此间的隔阂，"原子化"的个体间开始产生联结点。

其次，化解情感冷漠，助推居民互动交流。居民交往对象固定、互动范围狭窄是现代社区交往普遍存在的问题。为此，天平社区充分发挥艺术大家、文化能人、文化活动积极分子的引领作用，不仅带领居民走出家门，更依托丰富多彩的文化活动广泛发动群众，激发社区居民参与文化建设的热情。通过扩大居民交往范围，天平社区公共文化空间再造帮助居民在活动参与中结识了新朋友，从依托公共空间的交往互动发展到自我发起的交流沟通，从简单随意交往发展为频繁深入交往，交往互动的持续推进也慢慢化解了居民间的情感冷漠，"原子化的陌生人社会"逐渐过渡到"半熟人社会"。

最后，嵌入情感交流，共筑交往共同体。在交往互动中嵌入情感交流，依托情感力量深入互动，是构筑稳健交往共同体的重要保障。天平社区在打破陌生人界限、化解情感冷漠、扩展交际范围的基础上，积极嵌入情感交流，通过居民情感互动，重塑和维系饱含温情的社区关系网络；通过打造社区交往平台——"创邑邻里汇"，促进社区治理与民生服务深度融合。在改善社区环境的过程中，由于居民的全程参与，社区价值认同和归属感得到进一步提升，同时社区活动也成为扩大居民参与、凝聚民智民力、推动社区自治共识的有益尝试。社区公共文化空间再造带来的持续、频繁、深入的居民交往，为天平社区共筑交往共同体提供了强劲动力，情感交流在"原子化"的居民之间创造了坚实的联结点，冰冷的"陌生人社会"依靠情感联结逐渐转变为有温度的"熟人社

---

[1] 张景平：《社区公共空间治理中居民集体行动的困境与出路》，《城市问题》，2015年第9期，第81-85页。

会",居民情感渐渐苏醒。

五、天平社区公共文化空间再造的可持续推进：情感再生产讨论

情感治理与社区公共文化空间再造是一个双向互构的过程，天平社区以情感力量根植服务供给与社区治理，实现了从情感障碍到情感融合的巨大跨越。但是，由于情感柔化机制尚未制度化、多方主体参与动力和能力有限、情感内生机制尚未成熟等，天平社区公共文化空间的未来发展依然面临诸多挑战。为此，以下将立足情感治理视角，探讨天平社区公共文化空间再造的可持续推进策略。

（一）夯实支点，提升居民参与意识

居民参与意识的形成有赖于寻找居民普遍关注的公共议题，通过这一支点撬动多个共同话题，进而联动各方资源，找到促成多方参与的动力，由点到线再到面，形成普通居民与社区精英的共享意识和行动同盟，进而推进整个社区层面的自治共治，这是社区公共文化空间再造可持续推进的首要举措。自"名家坊"开始，天平社区就以资源优势为支点，成功带动文化传承、互动交流、志愿服务等相关议题，实现了社区主体间的情感交流与互动。因此，天平社区可继续夯实支点，通过进一步提升居民主体参与意识来增进社区认同感和归属感。① 挖掘社区优势资源以寻找支点。在挖掘、考察、确定自身优质资源的基础上，设定本社区的模式建构方向，进一步依托热点议题提升社区居民的参与动力。② 打造社区品牌特色以契合并引导需求。在对社区资源有效开发整合的基础上，进一步创新资源运作模式，打造社区特色品牌。一方面，在广泛征求居民意见的基础上明确品牌活动的方向、内容、宗旨，使品牌活动成为社区象征，以品牌效应增进居民的社区认同。另一方面，社区品牌创建与居民的公共需求相契合，通过将具有共同兴趣爱好和生活期待的居民聚集在一起，为居民的深度交往和情感交流创造契机。③ 规范运作以推动品牌长效发展。一是依托社区品牌活动制定相关规章制度，在资金流转、人员配置、项目运作等环节规范参与主体行为，确保社区公

共文化空间再造的制度化、规范化。二是以主题内容为支点，不断创新活动形式，拓展衍生项目。三是充分运用互联网、微博、微信等新媒体进行宣传报道，扩大社区品牌效应，实现内外资源互动，并通过塑造社区品牌形象，增强居民的社区归属感和自豪感。

（二）拓展渠道，提高居民参与能力

在钢筋混凝土铸就的城市社区里，社区认同感和归属感的缺乏导致的"陌生人社会"，是社区公共文化空间再造可持续推进的一大瓶颈。因此，建立切实可行的参与机制，帮助居民借助社区参与满足各自的需求，实现各自的愿景，培育积极的参与者，势在必行。[1] ① 扩充参与途径，开通参与渠道，丰富参与形式，引导更多的社区居民特别是外来务工人员走出家门，增进交流，融入社区。为此，社区工作者必须重视居民的差异性需求，采取定期实地走访等形式深入社区，广泛征求居民需求和意见，据此建立多元化公共服务供给模式，构建复合型公共文化空间。进而以情感为纽带，以多样化的文化服务为载体，让居民在获得情感满足和精神愉悦的基础上，增强社区认同感、归属感和依附感。② 立足社区资源，鼓励居民需求表达和主动参与，提升居民参与意识和参与能力。通过激发居民参与公共空间建设的热情，明确居民主体地位，增强居民社区意识，培养居民自治能力，助推社会组织发展，在社区自治增能的基础上，为社区公共文化空间再造提供内生动力。

（三）理顺关系，营造多方参与的制度环境

以情感柔化国家与社会的权力结构关系之关键，在于明确国家与社会关系的发展方向，引导多方力量互相联结、彼此合作，进而构建多方主体有效衔接和良性互动的网络体系，实现社区文化空间的共治共享。① 明确各主体的角色定位，厘清权责边界。基层政府应扮演引导者的角色，负责方向引导、制度保障和内生动力培育，逐渐从外部"多予"向

---

[1] 理查德·C. 博克斯：《公民治理：引领21世纪的美国社区》，孙柏瑛等译，北京：中国人民大学出版社，2005年。

内部"放活"转变，由社区工作行政化向社区工作社会化转变。[1] 居民作为参与主体，应发挥核心作用。通过激发居民主体意识，激励居民由被动参与转向主动参与乃至主导型参与，促进资源流动由单向流动发展为多向流动，引导参与主体成为直接的社区资源供给者和接受方。社会组织是社区公共文化空间再造的实施者，应利用专业理念和运作方式，整合内部资源，导入外部资源，协助居民培育自治组织，助推协商规则、参与规则和组织规则的建立。② 加大政策支持，引导共识达成。一方面，充分发挥社区工作者在空间再造中的引领、支持、监管、矫正作用，通过政策优惠，鼓励社会组织参与合作，实现内外资源的有效整合，确保空间再造的可持续推进；另一方面，通过强化空间再造中的宣传指导，激发居民自主建构和维系社区交往共同体的责任意识，形成覆盖全社区、多层次、多主体的社区交往共同体建构共识。③ 携手多方互助，打造复合型公共空间。一方面，借助品牌活动效应吸纳优质人才和资金支持，形成内外资源整合互动的长效机制；另一方面，积极倡导社区工作者、居民、社会组织等多方主体的合作共治，共同打造复合型社区公共文化空间。

（四）情感再生产，推进空间功能再造

社区公共文化空间再造的成效，取决于人们对社区文化的认可与支持。公共文化空间再造必须与居民的情感需求紧密结合，让空间再造的整个过程成为居民情感融合和再生产的过程。① 依附公共文化空间，消除邻里隔阂。社区工作者要致力于引导多方主体共同构建社区公共文化空间，借助多样化的文化活动将居民聚集在一起，在活动参与中融入情感交流，消除邻里隔阂，增进社区认同感和归属感，促使集体记忆和共享意识逐步成为社区成员彼此紧密相连的情感纽带。② 强化服务质量，提升居民归属感。一是社区工作者要深入了解各类群体的不同需求，通过提供各具特色的文化服务，凝聚最广泛的社区认同。二是依靠加强人才队伍建设、引入社区居民满意度评价等机制，推动服务质量的全面提

---

[1] 陈伟东、尹浩：《"多予"到"放活"：中国城市社区发展新方向》，《社会主义研究》，2014年第1期，第96-102页。

升。三是依托社区公共文化空间及其品牌活动，鼓励居民参与公益项目和社区自治，做社区主人，变被动参与为主动参与。③ 推进居民自治，激发情感再生。社区通过积极构建多方共治的空间再造格局，搭建社区参与网络，建立互信互惠规则，使信任得以扎根、互动合作得以加强。同时，人与人的交往互动也催生了社区的关爱与温情，形成了坚韧的情感联结，培育了有温度、有生命力的社区美好愿景，进而情感内生机制逐步形成，情感再生产乃至基层动员成为可能。

六、结语

社区是一个包含社会联系的地域空间，蕴含了基于亲密关系的社会团结、情感分享、自愿合作等属性。社区共同体的核心是共同情感，社区治理的要义在于促进共同情感的生产，形成情感联结，提升治理能力。就此而言，社区治理也即情感治理。当前我国社区治理在资本和权力的主导下，普遍存在社区共同体异化问题，如物权与治权分离、居民边缘化、社区情感消失等。因此，情感治理对我国社区治理而言，有着非常特殊的现实意义。在社区治理中切入情感维度，一是有助于增进社区认同，激发居民参与的能动性，强化居民的主体性地位，增进社区互动和社会融合；二是有助于资源整合，促进社区资源的合理配置和有效利用，转变工具理性主导的单向管理模式，实现社区共治；三是有助于形成坚韧的情感联结，柔化国家和社会的刚性权利结构，缓解社会日益多元化与科层组织高度同质化之间的张力。当然，情感治理不是"情感控制"，也非"人治"。它强调以"人"为本，通过情感再生产机制来协调和重构多元主体之间的关系，增进社会关系的互动；强调在技术治理中嵌入情感逻辑，通过理性与情感的融合，达成多元化、立体式的社区治理格局。

同时，情感治理与国家治理的有效性和合法性密切相关。情感作为形塑中国人行为和认知的三个重要维度（法、理、情）之一，其在中国文化乃至国家治理中的地位远超于西方的"理性"传统。[1] 自古以来，我国基层社会中的家族、邻里、社区等关系网络便通过缔结社会联结，形成了互助、合作、信任、分享的文化传统，克服了人们在生产和生活中的诸多难关，这对社会统合乃至经济发展而言意义非凡。另外，在国家层面，情感都被视为动员资源的一种传统，情感动员能力也是推进国家建构和国家发展的独特能力。无论是历代封建王朝的兴盛，还是近代革命战争的取胜，甚或当代和平建设时期的发展成效，情感治理都发挥了至关重要的作用。改革开放四十多年来，我国在经济社会领域取得的诸多成就有目共睹，然而在国家宽松政策环境带来的地方政府积极作为背后，或许中国文化产生的巨大社会支持功不可没。政府积极作为的推动，更多依赖于强劲的基层动员能力，而社区支持、邻里互助、家庭资源分享等社会志愿机制，提供了强制机制之外的社会安全网，密切深厚的人际关系网络被用来动员资源、共享资源、彼此扶持，这在很大程度上缓冲了政府的压力。因此，转换传统法理型的基层治理视角，回归"情本体"的中国文化，立足情感逻辑，探寻中国基层治理的强大社会基础，是对中国传统智慧之韧性和国家持续发展的自信，也是推进基层治理能力现代化的重要途径。

作者简介：曾莉，华东理工大学社会与公共管理学院副教授；
　　　　　周慧慧，华东理工大学社会与公共管理学院硕士研究生；
　　　　　龚政，上海市徐汇区人民政府天平路街道办事处主任科员。

---

[1] 史华罗：《中国历史中的情感文化——对明清文献的跨学科文本研究》，林舒俐等译，北京：商务印书馆，2009年。

第九章 情境嵌入的治理理性*

李慧凤

一、问题的提出

作为中新两国政府间的旗舰型合作项目，苏州工业园区（下文也称"园区"）被赋予了改革开放试验田的重要职能。从早期的国家级经济开发区，到纳入国家级高新区序列，再到获批自贸试验区，从"引进来"到"走出去"，展现出"本地园区"与"合作园区"齐头并进、"本土创新"与"离岸创新"融合推进的势态，苏州工业园区实现了从中新合作到国际合作、从学习借鉴到品牌输出的重大跨越，其改革经验在全国得到推广和复制。2019年，园区成为江苏省开展社会主义现代化建设试点中唯一的开发区，其功能定位为世界一流高科技产业园区。同年，经国务院公布设立的苏州自贸片区全部位于苏州工业园区范围内。苏州工业园区在国家级经济开发区综合发展水平考核评价中获得五连冠（2016—2020年），在国家级高新区综合排名中位列第四，并跻身建设世界一流高科技园区行列。

苏州工业园区发展的强劲态势吸引了学术界和实践者的广泛关注，人们开始尝试寻找园区发展实践成功背后的动力和密码。早期的研究主要聚焦中新合作及园区政府体制机制改革，探讨了亲商政府、政企分

---

* 本章内容最初刊于《公共管理学报》，2021年第4期，第152-164页。

离、机构设置等问题。[1][2][3][4] 随着园区实践的推进，一些研究开始关注园区的创新做法，对创新过程中出现的诸多现象进行分析。例如，有研究检验了中新合作中的知识转移，发现默许知识很难发生转移，伙伴间的合作互动问题能够促进或阻碍知识转移[5]；也有研究考察了园区的国企转型[6]、"飞地经济"模式[7]以及创新导向的再开发规划路径等[8]。这些研究从不同角度选取园区发展过程中的某一创新实践进行分析，力图寻找这一创新行为背后的动因。然而，从园区发展的历史性、动态性角度对园区近30年创新发展的演进过程和实践逻辑的探讨尚显不足，难以系统性地解释促成园区强劲发展的机理。而且，已有解释理论与现实实践之间的缺口还很明显，管理理论指导实践的能力日渐式微，这是由于科学理性与实践理性之间存在着张力。传统的本体—认识论主张，通过客观、超然的观察和分析来获取关于世界的客观、有效的知识，被视为知识获取的科学典范，是现代科学发展的驱动力。[9] 因此，科学理性超然于实践的知识创造，将知识从其生存的社会情境中分割出来，将人类存在变成一种认知性知识。[10] 而实践理性主张情境化能够弥合正式知识与应用知识之间的缺口，即在探索组织实

---

[1] 朱永新、刘伯高：《苏州工业园区政府组织的机制与特色》，《中国行政管理》，1999年第10期，第15-18页。

[2] 谢家宾：《苏州工业园区的开发建设及其影响》，《苏州大学学报（哲学社会科学版）》，1999年第1期，第105-109页。

[3] 金太军、王建润、汪波：《寻求公共管理创新与经济发展的良性互动——中新苏州工业园区的成功探索及启示》，《中国行政管理》，2003年第3期，第44-48页。

[4] Wong, T. C. & Goldblum, C. The China-Singapore Suzhou Industrial Park: A turnkey product of Singapore? *Geographical Review*, 2000(1), pp. 112-122.

[5] Inkpen, A. C. & Wang, P. An examination of collaboration and knowledge transfer: China-Singapore Suzhou Industrial Park. *Journal of Management Studies*, 2006(4), pp. 779-811.

[6] Pereira, A. A. Transnational state entrepreneurship? Assessing Singapore's Suzhou Industrial Park project(1994—2004). *Asia Pacific Viewpoint*, 2007(3), pp. 287-298.

[7] 杨玲丽：《超越"嵌入性"约束，共建产业园——苏州工业园"飞地经济"促产业转移》，《经济体制改革》，2014年第3期，第105-109页。

[8] 施一峰、王兴平：《创新导向的开发区再开发模式研究——以苏州工业园为例》，《现代城市研究》，2019年第7期，第118-125页。

[9] Bourdieu, P. *Practical Reason*. Cambridge: Polity Press, 1998, pp. 127-140.

[10] Sandberg, J. & Tsoukas, H. Grasping the logic of practical: Theorizing through practical rationality. *Academy of Management Review*, 2011(2), pp. 338-360.

践何以形成及被推进的过程中能够捕捉到实践逻辑中最本质的部分。[1]实践理性强调连贯一致的本体—认识论,是对科学理性的反思与超越。基于此,本研究借鉴实践理性理念,基于情境化视角,总结园区经验,探索苏州工业园区创新与发展的实践逻辑,使理论既能发端于实践,也能深刻地展现实践的丰富性,进而建构以实践逻辑为基础的地方治理创新理论。

本研究采用政策文本研究、参与式观察法和访谈法对园区实践进行细致刻画,通过深度访谈、政策文本、走访调研等三个途径获取数据来源。通过全面展现园区近30年的创新实践,深度挖掘其创新实践背后的机理,探讨中国地方治理创新的理论建构,本研究实现了从"观察实践"到"解释实践"再到"建构理论"的升华。

二、情境嵌入的苏州工业园区创新实践

(一) 发展阶段与三个转型

苏州工业园区开发建设以来的27年,根据发展情境可以划分为四个阶段:

(1) 第一阶段(1994—2000年):奠定基础阶段,以基础设施建设为主。1999年,中新双方签署《关于苏州工业园区发展有关事宜的谅解备忘录》,确定从2001年1月1日起,中新苏州工业园区开发有限公司实施股比调整,中方财团股比由35%调整为65%,中方承担公司的大股东责任,自此,园区发展进入新的阶段。

(2) 第二阶段(2001—2005年):跨越发展阶段。2003年,园区主要经济指标达到苏州市1993年的水平,相当于十年再造了一个新苏州。2005年,园区启动制造业升级、服务业倍增和科技跨越计划,为下一阶段的转型升级拉开序幕。

(3) 第三阶段(2006—2011年):转型升级阶段。经国务院批准,中新合作区规划面积在首期8平方千米基础上扩大10平方千米,这为

---

[1] Sandberg, J. & Tsoukas, H. Grasping the logic of practical: Theorizing through practical rationality. *Academy of Management Review*, 2011(2), pp.338-360.

园区发展提供了更大的空间。2009年,园区取得了地区生产总值超千亿元、累计上交各种税收超千亿元、实际利用外资折合人民币超千亿元、注册内资超千亿元等"四个超千亿"的发展成就。

(4) 第四阶段(2012年至今):高质量发展阶段,2014年,国务院批复同意苏州工业园区建设苏南国家自主创新示范区。2015年,国务院批复同意苏州工业园区开展开放创新综合试验。

园区在四个不同的发展阶段历经了三个重要的实践转型:一是从政策创新向制度创新转变;二是从借鉴新加坡经验到超越新加坡模式,并开始对外输出园区模式;三是从被动的合作者成长为主动的合作方,积极开拓新的合作平台,结盟新的合作伙伴。考察这三个实践转型的形成逻辑,不难发现,都与不同阶段的发展情境密切相关。

(二) 从政策创新到制度创新:宏观发展

1994年,中国和新加坡两国政府正式签署《关于合作开发建设苏州工业园区的协议》,设立了三个层次工作机构[1]:最高层次为中新联合协调理事会,由中新两国副总理分别担任中方、新方主席,两国政府有关部门、江苏省和苏州市及新加坡裕廊镇管理局的负责人参加,负责研究苏州工业园区的重大发展方向,协调解决园区发展遇到的重大问题;中间层次为中新双边工作委员会,由苏州市市长和新加坡贸工部常任秘书共同主持,定期联系协商推动具体合作项目,并向中新联合协调理事会两位主席报告工作;第三层次为苏州工业园区借鉴新加坡经验办公室(简称"借鉴办")和新加坡贸工部软件项目办公室(简称"软件办"),双方密切配合,研究确定借鉴新加坡经验的具体领域和培训计划,向中新双边工作委员会报告工作、提出建议(图1)。这种通过顶层设计设立的高位协调、职能清晰的三层工作机构,自上而下地为政策创新和制度供给提供了保障。

---

[1] 本书编写组:《迈向社会主义现代化:苏州工业园区的实践与探索》,上海:上海人民出版社,2020年,第7页。

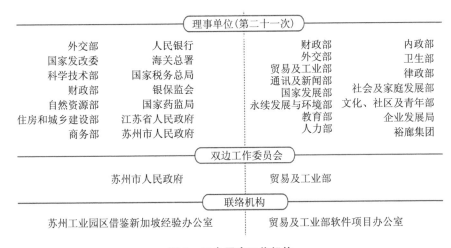

图 1　三个层次工作机构

资料来源：苏州工业园区管理委员会网站（http：//www.sipac.gov.cn）

中央的政策供给为地方的政策创新提供了实施平台。2014年，习近平总书记视察江苏，要求园区在开放创新、综合改革方面发挥试验示范作用。2015年，国务院批复同意在苏州工业园区开展开放创新综合试验，这是国务院第二次专门为园区发文，园区累计细化实施了235项重点改革任务。2018年，商务部发文在全国复制推广苏州工业园区开放创新综合试验11条改革经验，园区30项试点经验在省级以上层面复制推广。2019年，中国（江苏）自由贸易试验区获批成立，苏州自贸片区全部位于园区。这些重要的政策节点在很大程度上激发了园区的自主政策创新（表1）。据不完全统计，园区制定了接轨国际通行规则、符合中国国情和园区实际的110多项规章制度，在基础设施贴息、能源供应、物流通关、金融创新、科技创新等领域进行了一系列政策创新，赋予127项先行先试政策功能（表2）。

表1　重要政策节点（1994—2020年）

发展阶段	时间	重要政策
第一阶段	1994年	国务院下发《关于开发建设苏州工业园区有关问题的批复》（国函〔1994〕9号），同意江苏省苏州市同新加坡有关方面合作开发建设苏州工业园区
	1999年	中新双方签署《关于苏州工业园区发展有关事宜的谅解备忘录》

续表

发展阶段	时间	重要政策
第二阶段	2001年	中新苏州工业园区开发有限公司实施股比调整，中方财团股比由35%调整为65%，中方承担公司的大股东责任
第三阶段	2006年	经国务院批准，中新合作区规划面积扩大10平方千米，为苏州工业园区推进自主创新和现代物流等生产性服务业发展提供了更大的发展空间
第四阶段	2014年	习近平总书记视察江苏，要求园区在开放创新、综合改革方面发挥试验示范作用；国务院批复同意苏州工业园区建设苏南国家自主创新示范区
	2015年	国务院批复同意苏州工业园区开展开放创新综合试验，要求探索建立开放型经济新体制，构建创新驱动发展新模式
	2018年	商务部发文在全国复制推广苏州工业园区开放创新综合试验11条改革经验，园区30项试点经验在省级以上层面复制推广
	2019年	国务院批准设立中国（江苏）自由贸易试验区，其中苏州片区（面积60.15平方千米）全部位于苏州工业园区

表2　苏州工业园区政策创新

政策领域	重要政策文件及政策创新
科技创新政策	2001年，制定实施《苏州工业园区鼓励技术创新、促进科技发展的若干意见》； 2006年，出台《关于增强自主创新能力、建设创新型园区的决定》
人工智能产业政策	出台《苏州工业园区关于推动人工智能相关产业发展的若干意见》及《苏州工业园区人工智能产业发展行动计划（2017—2020）》，推进人工智能在智能制造、软硬件终端和服务业等领域的应用
企业上市政策	2007年，出台《关于鼓励和扶持企业上市的实施意见》； 2011年，出台《关于进一步鼓励和扶持企业上市的实施意见》； 2018年，出台《关于进一步促进企业上市的行动计划（2018—2020年）》，不断完善政策支持体系
企业发展和培育政策	先后出台《科技企业孵化器认定和管理办法》《高新技术企业培育和认定奖励实施细则》《瞪羚企业培育工程实施细则》《独角兽企业培育工程实施细则》等启动企业发展全生命周期的重大培育工程以及独角兽企业、瞪羚企业培育工程； 2019年发布《苏州工业园区关于实施企业上市苗圃工程的计划》，启动金色苗圃工程，推出"苗圃企业贷款""苗圃企业人才贷""苗圃企业对接券"，动态筛选和培育一批上市的"后备梯队"

续表

政策领域	重要政策文件及政策创新
人才政策	2007年，推出"科技领军人才创业工程"； 2011年，实施"金鸡湖双百人才"评选，出台《吸引高层次和紧缺人才的优惠政策意见》，形成由1个人才计划（金鸡湖双百人才计划）和1个人才优惠政策（人才优惠政策意见）组成的"1+1"人才政策体系； 2020年，出台《关于加快集聚高端和急需人才的若干意见》（简称"人才新政30条"），制定19项外国人才工作生活便利化服务举措，创新实施金鸡湖合伙人计划
土地节约集约政策	实施差别化土地资源分配制度，将企业划分为A类（优先发展类）、B类（支持发展类）、C类（提升发展类）、D类（限制发展类）四类，建立以亩均效益为核心的工业企业综合评价机制； 实行有差异的污水处理费、气价、电价、排污权有偿使用价格和信贷支持政策，用市场机制倒逼企业转型，加快落后产能淘汰退出； 创新"10+N"弹性供地制度，产业用地出让采用"《土地出让合同》+《产业发展协议》"双合同模式
环保政策集成	2019年，园区入选江苏省产业园区生态环境政策集成改革试点，建立"13N1"（1个枢纽、3个门户、N个子应用和1个数据中心）智慧环保信息系统，集成整合建设项目审批、排污许可证发放、现场执法检查、行政处罚、环境信访等功能； 通过设立环保引导专项资金，与金融机构达成绿色金融战略合作，设立环保贷，对企业为实施环保技术改造而办理的银行贷款给予利息补贴，完善环保领域的园区企业信用建设管理体系
"亲商"服务政策	2000年，在江苏省首创"一站式服务"大厅； 2002年，开创国内"授权审批"的先河，成立"一站式服务"中心； 2003年，开通"一站式服务"的官方网站； 2008年，网站升级，实现了授权业务100%内网审批流转； 2012年，"一站式服务"作为"非凡城市SIP"唯一政务服务系统上线，将政务服务推向手机应用； 2014年，首次实现了单项业务全程电子化审批； 2015年，成为首批国家相对集中行政许可权改革试点地区； 2019年，发布中英文版"营商环境30条"； 2020年，发布优化营商环境创新行动"新30条"，明确提出营商环境改革的时间表和施工图，推出国内首家"一站式"政务服务站——融驿站，打造了以"线下一站式+线上E站式"服务，规模型企业和中小型企业分类服务及全生命周期智能化服务，跨区域、跨部门、跨层级智能协同服务为特色的亲商服务体系

可以看出，持续不断的政策创新促使园区从"摸着石头过河"逐渐走向"创新、巩固、可持续"[1]的发展战略路径，并在政策创新的基础上进行了一系列制度创新（表3）。从政策创新到制度创新的转变体现出，随着宏观发展情境的改变，尤其是中央政策供给的持续加码及国际国内经济形势的变化，加之科技手段的不断更新迭代，园区实践从关注政策创新逐渐转向强调创新成果的巩固与输出，通过制度创新形成可持续的创新环境，以政策创新推动制度创新，以制度创新保障政策创新。

表3 政策创新推动下的制度创新

制度领域	制度创新
投资贸易领域	园区依托自贸片区，提高投资自由化水平，出台了首个设立外商独资经营性职业技能培训机构的实施办法，建设了国际互联网数据专用通道，开展了保税检测区内外联动模式、保税维修试点，提升了贸易便利化水平
科技创新领域	园区加大政策资金保障，建设重大创新平台，强化金融支撑作用；在成果转化上，建设配套齐全、生态良好的成果转化孵化器、加速器；创新财政科技资金投入方式，构建"政府、银行、创投、担保、保险"五方业务联动机制和政策性贷款、市场化投资的联动接力机制；下放成果处置权与利益分配权，让创新者"名利双收"，价值得到充分实现
重点产业领域	制订推动新兴产业高质量发展三年行动计划，促进数字赋能产业升级
营商环境领域	深化"放管服"改革，在全省率先实现"证照分离"改革本级事项全覆盖，实现工程审批制度改革"864"目标，率先实现审批服务"1220"目标。在"互联网+政务服务"模式创新上，构建"全生命周期""整合一类事""办成一件事""办好单事项"四级多维政务服务体系
重大培育工程	在组织保障上，设立党工委领导挂钩服务独角兽企业制度，建立由管委会主要领导牵头、各功能区和相关局办参加的独角兽瞪羚企业培育联席会议制度，统筹推进园区企业发展；在产业创新体系上，加强重点产业领域科技研发投入，深化科技创新产品政府首购试点，优先采购企业首次投放市场的自主创新产品和服务；在金融支撑体系上，设立30亿元"独角兽企业专项投资基金"，提供最高2亿元的"扎根贷"支持

[1] 访谈记录：园区管委会工作人员，2021年6月29日。

续表

制度领域	制度创新
营商服务领域	园区提出"2333"改革目标，即实现企业2个工作日内注册开业、3个工作日内获得不动产权、33个工作日内取得工业生产建设项目施工许可证；随后提出"1220"的服务升级，即1个工作日内完成开办企业，2个工作日内完成不动产登记，20工作日内完成工业建设项目施工许可；园区从率先实现所有税收业务"一厅通办""一网通办"，到构建"一枚印章管审批，一支队伍管执法，一个部门管市场，一个平台管信用，一张网络管服务"的治理架构，形成"大部制保障、信息化支撑、不见面审批、专业化服务、平台型监管"的园区特色，营造出国际一流的"亲商"制度环境

园区从借鉴新加坡经验开始，历经27年探索，实现了从学习借鉴到引领示范的升级，这是园区基于宏观发展情境在不同发展阶段进行政策创新和制度创新的必然结果。综观园区从政策创新到制度创新的实践逻辑，可以看出，自上而下的政策供给激发了园区的自主政策创新，不断加码的政策供给促使园区既积极进行政策创新，又努力巩固已有政策创新的成果，使政策创新与制度创新互为促进，从而使园区既能够有选择地学习吸收包括新加坡在内的先进国家和地区的成功经验，也能够建立基于中国国情的现代化治理制度；考虑到国内外宏观经济形势变化，园区通过政策创新加快驱动产业转型升级及发展动能转换，从而能够在复杂多变的经济环境下获得源源不断的发展动力；中新两国之间的文化交融使园区在政策创新过程中获得多维视角，新加坡的"亲商"文化与吴地文化的结合促使园区形成了多元包容的发展理念，而这一理念在很大程度上也促进了园区模式的对外输出；此外，科技领域的创新迭代使园区能够更好地运用新兴科技手段融入国际合作、区域合作以及产业链和创新链的合作中，使园区在第四阶段得以迅速创新发展（图2）。在宏观发展情境下，园区实践体现出"借鉴、创新、圆融、共赢"[1]的特点，即政策上借鉴，经济上创新，文化上圆融，科技上共赢。园区经验表明，宏观发展情境促成了园区不同发展阶段的演进与跨越，园区创新的可持续既需要持续不断的政策创新，更需要巩固政策创新的成果，

---

[1] 本书编写组：《迈向社会主义现代化：苏州工业园区的实践与探索》，上海：上海人民出版社，2020年，第76页。

通过制度创新形成可持续的创新环境。

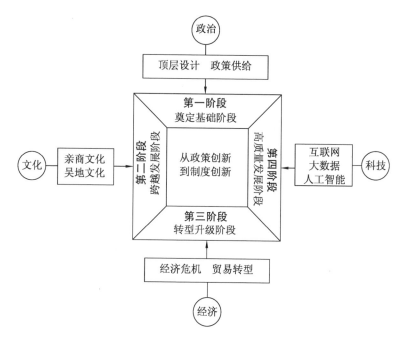

图 2　宏观发展情境与实践逻辑

（三）借鉴与超越：中观发展情境下的实践创新

中新两国《关于合作开发建设苏州工业园区的协议》提出，园区借鉴运用新加坡经济和公共行政管理方面的知识和经验，应结合中国国情和实际需要，有选择地逐步进行。由于具有较强的自主性，园区分层次借鉴了新加坡经验：第一层次是城市规划建设管理经验，第二层次是经济发展管理经验，第三层次是公共行政管理经验。在借鉴过程中，园区基于"借鉴中有创新"的原则，通过本土化创新实践，建立起高标准的城市规划体系、招商亲商服务体系、行政管理体系、社会保障体系、科技创新体系、公共服务配套体系、环境保护体系、国有资产管理体系、人力资源体系、社会治理体系等，积累了一系列创新性、探索性的实践经验。鉴于中新合作开发建设的任务情境，园区从借鉴学习到自主探索，开创了贸易的"双循环"格局。园区早期以液晶显示、集成电路、汽车和航空零件等资本密集型的高端制造业作为招商对象，随后向国际、国内两个市场延伸转型，从"低端"加工贸易向功能多元化、制造服务化转型，形成"2+3+1"[1]的产业体系。2020年，园区外贸进出口总额达920亿美元，增长5.6%，利用外资19.7亿美元，增长100.6%，外贸规模、增速继续领跑苏州，占江苏省外贸增量的70%。

随着园区企业日益增多，劳资关系在很大程度上会影响园区的营商环境和企业责任，为此，园区建立了以薪酬调查研究、工资指导、灵活工资、企业和职工集体协商及行业最低工资标准为核心内容的工资指导服务机制，创新劳动争议调解模式，完善多层次的调解体系，建立多元化的调解队伍，健全信息化的调解平台，探索劳动关系协调智慧管理模式。据不完全统计，园区在建设小微企业和谐载体、打造劳动关系和谐评估体系等方面探索创新了55项工作举措，在2015年获批成为全国构建和谐劳动关系综合试验区，2019年被列为全国首批深化构建和谐劳动关系综合配套改革试点地区。可见，企业责任作为任务情境的一个重要输出在一定程度上促进了组织的创新实践。

资源的可及性也会影响实践的创新成效。园区在资源开发和利用上实施了招商引资及"引进来、走出去"的战略创新。在招商引资上，园区采用择商选资和以资引资策略，重点瞄准世界500强企业及其关联项目，引进居产业核心地位的龙头项目，聚焦重点企业、主导产业相关的配套项目，实现了从优惠政策招商向产业集群招商、综合环境招商、以资引资招商的转变。园区还发挥国资国企的平台功能和融资黏合剂功能，创设母基金和各类专业基金，打造多渠道、市场化的融资环境。在"引进来、走出去"战略上，园区将中新合作的成功模式复制推广到国际合作项目中，依托高位协调机制，创新双边、多边合作形式，积极搭建合作架构，畅通交流合作渠道。从2006年与江苏省宿迁市合作共建苏宿工业园区以来，园区累计共建了中新嘉善现代产业园（浙江嘉兴）、中新苏滁高新技术产业开发区（安徽滁州）、新疆霍尔果斯经济开发区、苏银产业园（宁夏银川）、苏通科技产业园（江苏南通）、苏相合作区（苏州相城）等7家境内产业园区。此外，园区还将"无限园区"由境

---

[1] "2"是新一代信息技术、高端装备制造，"3"是生物医药、纳米技术应用和人工智能，"1"是现代服务业结构优化。

内拓展到了境外,先后共建了缅甸新加坡工业园区、中国—印尼"一带一路"科技产业园等5家境外合作园区,从"引进来"到"走出去"仅用了12年。2020年,园区共有337家企业在50多个国家和地区投资522个项目,中方协议投资额累计111亿美元。

由于园区独特的社会情境,一方面要遵循中新两国政府对园区的区域规划,一方面要受到园区自身条件的影响(如人口密度、社会结构、地理环境等),因此,园区自开发建设之初就摒弃了单一发展工业的模式,创造性地进行产城融合整体设计,采用带状组团式的开发模式,由西向东规划三个片区依次滚动开发,通过"一步规划、分步实施",以工业集聚带动人口集聚、以人口集聚促进商气繁荣,以产业发展积累的资金促进城市转型发展,形成了以人为核心,以产兴城、以城促产、产城相融的城市、产业、环境良性互动发展态势。产与城的融合是园区借鉴国际理念在空间规划布局上的实践创新,即开放创新产业城市融合,生产、生态、生活并进,将园区优化布局为高端制造与国际贸易区、独墅湖科教创新区、阳澄湖半岛旅游度假区、金鸡湖商务区四大功能区,形成了"特色鲜明、功能互补、管理高效、竞相发展"的格局。考虑到园区地域空间有限和人口密度激增而创新溢出明显的情况,园区创新了"飞地经济"模式,形成本地园区、合作园区"两个园区"协同发展的格局,并因地制宜,探索出政府主导、企业主导、对口支援等多种"飞地经济"模式(表4)。输出经验、输出品牌是"飞地经济"的重要内涵,它打破行政区划限制,推动两地资源互补和经济协调发展,实现了从学习借鉴到引领示范的跨越、从有限园区向无限园区的飞跃。

表4 "飞地经济"的三种模式

"飞地经济"模式	运作主体	运作方式	运作案例
政府主导模式	以政府合作为主，双方共同组成领导小组	苏州工业园区输出政府管理团队和开发主体，合作园区获得"充分授权、封闭运作"，实施大部制，审批流程扁平高效，通过投资主体多元化、投资方式多样化积极引进各类项目	苏宿工业园就是典型的政府主导模式，运作以苏州市为主，主要依托苏州工业园区组织实施，设立两市联合协调理事会、双边工作委员会、苏宿工业园党工委和管理委员会等三个管理层级，党工委和管理委员会主要领导以及规划建设、招商引资、综合管理等主要部门负责人由苏州工业园区派驻干部担任
企业主导模式	以市场化开发主体合作为主	苏州工业园区主要输出品牌、资金、人才、管理与招商经验，由双方成立合资股份公司，负责规划开发、招商引资和经营管理等工作	中新苏滁高新区是企业主导模式，由中新集团与滁州市城投公司组建合资公司开发，中新集团主导合资区域的产业招商、项目落地、企业服务等，并据此获得相应的收益
对口援建模式	园区政府	在规划编制、产业合作、投资促进、人才交流、信息互通等多领域全方位形成帮扶机制	新疆霍尔果斯经济开发区是对口援建模式，园区将"输血"与"造血"、"硬件"建设与"软件"建设、物质支援与文化交流相结合

由于受到时空的物理局限，园区还开创了本土创新与离岸创新"双轮驱动"的开放创新体系。一方面，集聚高端创新资源，增强本土创新动能，园区引入国家队、国际队，形成创新资源集聚效应，引进国际顶尖的高等院校和科研机构[1]，战略布局一批重大科技基础设施和重大创新载体；另一方面，在硅谷、特拉维夫等国外智力和创新资源相对密集的区域设立了15个海外离岸创新中心，组建了苏州海外人才离岸创新创业联盟，实体化运营苏州工业园区常青藤离岸创新产业研究院。通

---

[1] 园区成为国内科教资源最集中的区域之一，拥有哈佛大学、牛津大学、麻省理工学院、加州大学洛杉矶分校、新加坡国立大学、西交利物浦大学、中国科技大学等中外知名院校31所，中科院苏州纳米所、中科院电子所苏州研究院、华为苏州研究院等科研院所52家，中外合作创新中心21家，集聚微软苏州研发中心、苹果苏州研发中心等新型研发机构559家。

过内聚外联,国内循环与国际循环相互促进,扩大区内企业、科研机构与离岸基地内外资机构的合作网络,推动本土创新产业项目和高新技术成果转化向海外延伸、进入国际市场,仅2020年,园区就完成年度80项创新任务,累计形成制度创新案例66项,"首创率"达60%以上。

梳理园区从借鉴到超越的实践逻辑,可以发现,尽管园区早期更多是借鉴运用新加坡经验,但在任务选择方面具有较强的自主性,这也造成新方意图输出"理念软件"与园区意图输入"操作硬件"之间产生偏差。同时,由于宏观环境变化导致任务具有不确定性,园区在实践创新中需要采用更加弹性的策略[1],如"双循环""引进来、走出去"等来降低单向借鉴引致的诸多风险。此外,考虑到园区的区域规划特征及时空局限,园区实践的创新溢出需要通过打破物理意义上的时空局限来超越已有的经验模式,正如新加坡早期对外输出经验的做法一样。然而,与新加坡的输出方式不同,园区对外输出的方式更加多样化,且具有明显的园区特色(图3)。

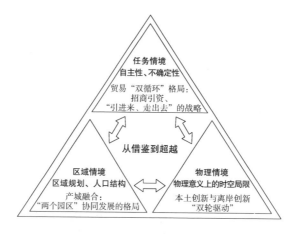

图 3 中观发展情境与实践逻辑

(四)在合作中成长:微观发展情境下的实践行动

中新合作是园区开发建设的特色。在这一认知模式下,园区开展了一系列先行先试的合作探索,并与时俱进赋予合作新的内涵,将中新合

---

[1] Mergel,I.,Ganapati, S. & Whitford, A. B. Agile:A new way of governing. *Public Administration Review*,2020(1),pp.161-165.

作的重点逐步向科技创新、金融开放、服务贸易、社会治理等领域拓展。2015年，由中国科技部和新加坡贸工部牵头，新加坡国立大学与园区合作共建"新加坡—中国（苏州）创新中心"，下设国际技术转化中心、国际产业孵化中心和国际科技交流中心。中新双方从顶层设计入手，创新合作机制，畅通交流渠道。2018年，苏州市政府与新加坡贸工部签署《关于通过新加坡政府官员赴苏州深化交流培训的谅解备忘录》，新加坡开始选派官员来苏开展访问交流。园区创新了国际经验与本地创新的合作机制，使以往单向输出的借鉴模式转变为相互学习的双向交流模式。

在合作的沟通方式上，园区更加突出合作主体间的优势互补。园区开发建设之初，中新双方分别成立财团组建合资公司——中新苏州工业园区开发集团有限公司（简称"中新集团"）[1]。中方财团由中国部分大型企业集团出资组建，新方财团由新加坡政府控股公司、有实力的私人公司和一些著名跨国公司联合组成。目前，园区建立了政产学研金的协同合作体系，由政府、企业、大学、研发机构、人才、金融等多元主体组成。具体而言，就是以"政"服务、以"产"主导、"学研"为基、"金"输动力，形成校企人才培育体系、产学研合作体系、科技金融支撑体系、政府科技服务体系等四大体系。为了支持企业组建合作创新团队，园区通过政策供给对参与园区企业合作的大学和科研院所创新团队提供积极的激励政策，如2008年出台《关于鼓励在苏州工业园区设立研发机构的试行办法》，2012年出台《关于鼓励大中型企业建设研发机构的意见》，2015年出台《关于发展众创空间推动大众创新创业的实施意见》，2016年出台《关于促进园区科技成果转化的实施细则》，2018年出台《苏州工业园区企业研发机构管理实施细则》，政策不断创新，力度也不断加大。

在合作的主体方面，国资国企作为重要的行为主体，兼具了园区投资者、建设者、服务者、运营者等多重角色。园区先后组建了科技发展

---

[1] 2008年6月，中新集团实施股份制改造，引进新加坡、中国香港和苏州本地的战略投资者。2019年，中新集团在上海证券交易所挂牌上市。

有限公司、生物产业发展有限公司和纳米科技发展有限公司。这些国资国企承担平台载体开发建设和全过程服务双重功能，特别在基础设施建设、创业投资和公共服务领域，不仅充分运用公司化、市场化机制，运用国资注入、银行融合等方式承担了苏州工业园区基础设施、孵化载体的开发建设任务，还引进专业服务人才，承担招商引资、园区运营管理、企业服务等任务。此外，园区也非常注重高新技术企业培育，据不完全统计，2018年高新技术企业总数突破1 000家、2019年高位增加到1 400多家，2020年累计达2 630家。其中，中小民营科技企业、高新技术企业、瞪羚企业、独角兽企业、上市公司等科技创新"五大力量"持续壮大。截至2020年，上市企业有50家，独角兽及独角兽（培育）企业有86家，瞪羚及瞪羚（培育）企业有512家，国家高新技术企业有1 837家，科技创新型企业有6 400家。同时，园区打造了新一代信息技术、高端装备制造两大千亿级主导产业集群，尤其是生物医药、纳米技术应用、人工智能三大新兴产业。截至2020年，三大新兴产业实现总产值2 494亿元，增长22.9%。

考察园区在合作中成长的实践经历，可以看出，随着创新实践的不断推进以及宏观、中观发展情境的变化，园区的主观认知模式也发生了改变，从被动地接受合作转变为主动寻求合作。中新合作交流方式从园区派官员到新加坡学习转变为新加坡和园区互派官员相互学习，单向学习变成了双向交流，足以说明园区在合作中的身份和地位都发生了改变。在主动寻求合作的认知模式下，园区创新了多维开放的沟通方式，基于此建立了多元主体协同合作体系。此外，行为主体在合作中得到成长与发展，这又进一步推动了合作创新（图4）。

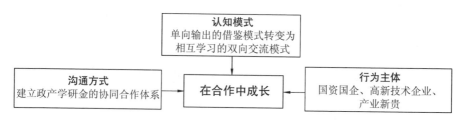

图4　微观发展情境与实践逻辑

三、实践理性下的地方治理创新

(一) 基于实践理性的实践逻辑

实践理性是对科学理性的反思和超越。科学理性认为,人类世界由具有各自属性的分立实体组成,主—客体关系是认识世界的最基本方法,实践逻辑是由认识论上的主—客体关系所构成的。[1] 因此,通过自外而内的方式观察客体世界,并将之以理论的形式呈现是科学理性的逻辑。然而,由于科学理性低估了行动者所处的关系特性,以及忽略了行动者所处行为环境的独特性,且没有考虑行动者的时空体验,因此受到了诸多批评。批评者认为,科学理性关注那些缺乏时空特性而又分立存在的实体所具有的抽象特性,而行动者的活动情境具有不可还原性,所以放到一个层面上来考察是不恰当的。[1]

实践理性在很大程度上基于存在—本体论,即主—客体关系是由存在的更为基本的形式"在世"衍生而来[2],"在世"强调存在的最基本形式是交织,即我们在实践世界中是与其他事物交织在一起的,不是孤立存在的。[3] 在这个意义上,交织作为一种引入、容纳差异的方式,为行动者提供了某种导向,使实践既体现在采取行动的主体上,也体现在具体行动上。寻找交织是实践理性方法的一个重要维度。寻找交织通过强调行动者如何参与其所在的关系总体,从全局观察各种实践活动间的联系及影响实践的关键力量,将实践作为分析的起点,关注行动者与工具的交织,聚焦行动者如何借助工具来完成活动,发现影响实践逻辑的关键因素。[4] 实践理性方法的另一个重要维度是暂时间断,即发现

---

[1] Sandberg, J. & Tsoukas, H. Grasping the logic of practical: Theorizing through practical rationality. *Academy of Management Review*, 2011(2), pp. 338-360.

[2] Heidegger, M. *Being and Time*. New York: SCM Press, 1996, pp. 49-58.

[3] Sandberg, J. & Dall'alba, G. Returning to practice anew: A life-world perspective. *Organization Studies*, 2009(12), pp. 1349-1368.

[4] Nicolini, D. Zooming in and zooming out: A package of method and theory to study work practices. In Ybama, S. D., Wels, Y. H. & Kamateeg, F. (eds.), *Organizational Ethnography*. London: Stage, 2009, pp. 120-138.

从"全心投入实践"转向"深思如何实践"的间断。[1] 暂时间断使"全心投入"模式转向"介入性专题深思"模式,使实践的关系总和即刻呈现出来。[2] 通常情况下,暂时间断是自然发生的,表现为行动者对预期受挫、出现偏离及觉察差异做出的反应。考虑到情境嵌入,下文将通过寻找交织和暂时间断两种实践理性方法来探寻园区创新实践逻辑,进而基于实践逻辑来尝试建构地方治理创新理论。

(二) 寻找交织

首先,从行动者的交织来看,园区在开发建设之初就建立了自上而下、职能清晰、高位协调的三层工作机构:高层设立中新联合协调理事会为协调机构,中层设立中新双边工作委员会为执行机构,基层设立园区借鉴办和新加坡软件办为联络机构。三层工作机构的设立形成了高效的管理体制,园区借鉴新加坡精简统一效能和"小政府、大社会"的原则,组建成立管委会,作为苏州市政府派出机构,只设立7个职能部门和1个非常设机构(借鉴办)。随着园区管理体制不断改革深化,园区管委会职能部门扩大到18个,但全区行政工作人员数量只相当于同类型区域党政机关的三分之一到二分之一。园区形成了大经济发展、大规划建设、大文化管理、大行政执法、大市场监管等大部门制工作格局和"一个部门管审批、一支队伍管执法、一个部门管市场、一个平台管信用、一张网络管服务"的管理体制机制,以构建密集交织的行动网络,优化协同高效的组织架构,提升政府行政效能。

其次,从行动者与工具的交织来看,园区把人才、产业、资金、技术深度融合起来,形成"亲商与亲才""资本+科技"双轮驱动的发展模式。园区意识到"要素红利"将让位于"创新红利","人口红利"也将让位于"人才红利",因此在发展实践中更加凸显营商环境的重要价值。园区主动作为,积极推动政府职能转变,在"放管服"上整合资源,提升服务效能,扩大有效供给,做到有求必应,打造国际化、法治

---

[1] Heidegger, M. *Being and Time*. New York:SCM Press,1996,pp. 74.

[2] Feldman, M. Organizational routines as a source of continuous change. *Organization Science*,2000(11),pp. 611-629.

化、便利化的营商环境。在"资本+科技"上，园区强化人才与科技金融协同，以金融推动项目，以项目集聚人才，以人才引领产业。围绕产业科技创新，园区设立了全国首个创业投资引导基金、首个国家级股权投资母基金"国创母基金"、首个国家重点人才计划创投中心、首个中外合作非法人制股权投资基金"英菲尼迪——中新创业投资基金"和全国唯一由地方政府主导的"2011 计划"协同创新中心，并成为全国首批国家知识产权投融资试点园区。

再次，从创新行为的交织来看，园区采取了阶梯式递进、螺旋式上升的创新驱动发展，实施从引进创新到本土创新，再到本土创新与离岸创新的双轮驱动。从园区"引进来"到"走出去"的创新开放格局可以看出，一方面，园区在合作机制上不断创新，通过做好顶层设计，加强沟通协调，确保合作共建有序推进，并发挥企业主体作用，充分调动企业积极性，建立互利共赢长效发展机制；另一方面，园区考虑到国际市场各类风险，注重提供专业化和精准化服务，保障高质量"走出去"。这种交织的创新行为既保持了国际合作的持久活力，又开创了符合时代特征、具有中国特色的开放合作之路。

最后，考察行政化与市场化的交织。市场企业决定着竞争力，而政府的有效行政影响着活力。园区政府主动作为是园区战略性新兴产业能够在较短周期实现从无到有、从弱到强的宝贵经验。一方面，园区发挥了国资国企在投资、建设、服务、运营方面的重要作用，既通过行政化方式促进国资国企改革，又引入市场化机制，建立起一套科学有效的现代企业治理和管理制度，从而保证国资国企拥有内在活力和持久创新力；另一方面，园区积极促进企业创新发展，发挥不同企业的独特优势[1]，吸引各类企业、各类人才集聚园区，促进高水平产业创新合作，便利小微企业创新创业融资，发挥开放型创新经济优势，建设多元融资体系，增强政府和第三方服务能力。

---

[1] 外资外企的优势在于高起点、规模化和带动力，民营企业的优势在于自主创新的内在活力和灵活机制，国有企业的优势在于打造平台、夯实基地。

（三）暂时间断

一是知识转移受挫。中新合作项目的一个重要目标是将新加坡的经济管理和公共管理经验通过知识转移途径分享给苏州工业园区。知识转移的内容包括土地规划、发展调控、环境规制、工业资产的规划和管理、新城镇和公共设施的管理，以及人力资源管理。管理经验等"软件"知识转移是新加坡与苏州工业园区开展合作的重要目标，正如李光耀所说，中新项目不仅仅是帮助园区建设房地产和高科技工厂，更重要的是，"要转移新加坡经验，在中国传播新加坡的观念、模式。如果我们没有向园区官员转移新加坡的思想、概念等，尽管我们成功建设了一个美丽的园区，我们最终也是失败的，因为一旦新加坡要素和官员离开，我们在中国将什么都没有留下"[1]。然而，实践表明，这种默会知识的转移相当困难，新加坡官员发现苏州官员更倾向于获得关于道路、建筑、基础设施建设等"硬件"知识。有研究认为，知识转移受挫是新加坡后来大幅度退出合作项目的原因之一。[2]

二是行动惯例与跨界创新。行动惯例无法先验性地在事前被清晰界定，而是在一定程度上随着参与社会实践逐渐显现出来。以园区的贸易活动为例，园区最初主要从事低端加工贸易，随后以液晶显示、集成电路、汽车和航空零件等资本密集型的高端制造业为主要招商对象。然而，面对加工型电子信息产业增长动能渐趋弱化的现实，园区开始转型优化，围绕生物医药、纳米技术应用、人工智能等前沿特色产业，形成全链条、全周期式的特色产业招商推进机制。2006年，园区专门设立科技招商中心，高标准、高要求引进和扶持科技创新型企业，还在科技招商中心内部打破处室业务边界，将所有具有专业产业知识背景的招商员分为若干个产业小组，小组成员定期开会沟通，深入调研产业发展，搭配合作伙伴共同参与招商项目的洽谈和服务。此外，园区基于产业集群招商理念，聚焦电子信息、装备制造两大主导产业和生物医药、纳米技术应用、人工智能三大新兴产业，以招引高水平的大项目、高水平的创

---

[1] Inkpen, A. C. & Wang, P. An examination of collaboration and knowledge transfer: China-Singapore Suzhou Industrial Park. *Journal of Management Studies*, 2006(4), pp. 779-811.

新创业领军人才为根本出发点，发挥龙头项目和领军人才的行业牵引作用，吸引产业链上的关联企业汇聚园区。

三是差异觉察与高科技产业发展。研究行动者如何回应所觉察到的不同实践，有助于了解在特别实践中，什么对行动者而言是重要的。综观园区 27 年的发展，从建立循序渐进的分层次借鉴新加坡经验模式（以城市规划建设管理为第一层次，经济发展管理为第二层次，公共行政管理为第三层次），到提出新发展理念[1]，园区在理念和实践上都发生了许多变化。这些变化一方面源自经济社会发展和科技进步引起的情境变化，另一方面受到自上而下政策导向的影响。科技创新供给不足、资源集聚度低是早期园区面临的最大短板，为此，园区瞄准世界一流高科技园区的目标，通过引进和培育高科技企业，力图把短板变成长板。园区针对初创期、成长期、成熟期等不同阶段的企业，实施"科技企业—高新技术企业—瞪羚企业—独角兽企业"[2] 成长链条培育，并实施企业上市专项行动。此外，园区通过"金融综合信息服务平台"对企业资源库实现分层次、分行业、梯队式的线上动态管理，以此深化地方金融供给侧结构性改革，增强金融服务创新型实体经济能力。

综上分析，基于寻找交织和暂时间断两种实践理性方法的分析，在多重情境嵌入下，地方治理创新的实践逻辑体现为，根据不同的发展情境，采用不同的实践理性方法与策略，从而使实践能够更好地适应情境并推进实践开展（图5）。

---

[1] 即把创新发展作为现代化建设的强劲动能，把协调发展作为现代化建设的内在要求，把绿色发展作为现代化建设的必要条件，把开放发展作为现代化建设的活力源泉，把共享发展作为现代化建设的根本追求，推动园区从外向带动向创新驱动、从园区制造向园区创造、从高速增长向高质量发展转型。

[2] 本书编写组：《迈向社会主义现代化：苏州工业园区的实践与探索》，上海：上海人民出版社，2020 年，第 94 页。

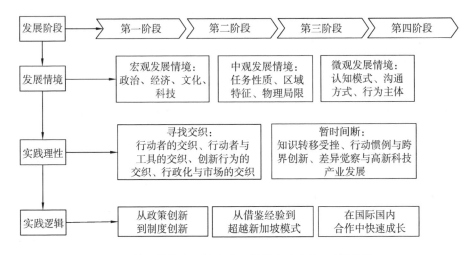

图 5 基于情境嵌入的实践理性构建地方治理创新框架

四、中国方案的理论解释及其与既有理论的对话

（一）中国方案的理论解释

地方治理创新是一个重要的政治现象，也是研究的热点议题。[1]当前中国地方治理创新实践层出不穷，无论从学术视角还是实践视角来看，我们都需要对这些治理实践所处的情境、参与主体、治理特征及治理过程等问题进行研究，以形成中国方案的理论解释，在此基础上，与既有理论框架进行对话，构建中国地方治理创新理论，这对于治理实践与治理理论的发展都非常重要。园区的实践表明，地方治理创新实践需要遵循地方发展的客观规律，依据情境采取创新行动，实现系统性可持续发展。

地方治理创新是情境与实践交织的结果。在实践过程中，政策、技术、工具等要素并不具有决定其如何被应用的内在特性，而是在某一情境下和行动者共同搭建了一个源于人和特定要素间进行互动的"交织结构"。从园区实践中可以看出，这一"交织结构"在不同发展阶段呈现出不同的特征：在发展早期主要体现为行动者之间的交织，即在组织架

---

[1] 陈国权、黄振威：《地方政府创新研究的热点主题与理论前瞻》，《浙江大学学报（人文社会科学版）》，2010 年第 4 期，第 14-26 页。

构上设立了高位协调的三层工作机构，在合作伙伴上建立了政府与国资国企的良性合作关系，在机构设置上形成了"小政府、大社会"的行政管理体系；在发展中期更多地体现为行动者与工具的交织，即把人才、产业、资金、技术深度融合起来，构建"亲商与亲才""资本+科技"的双轮驱动发展模式；在发展的中后期，大量的创新行为开始交织，如分阶段、分步骤实施了"引进来"到"走出去"、本土创新和离岸创新双轮驱动、本地园区和合作园区协同发展的战略，实现了从"经验输入"向"经验输出"的转变；在整个发展过程中，一直伴随着行政化与市场化的交织，既有自上而下、高位协调的领导机制，也引入市场化机制和现代企业治理制度，促进有为政府与有效市场相结合。可见，"交织结构"具有明显的情境特征，是基于情境嵌入形成的实践理性。基于此，地方治理创新既要挖掘出一般规律（适用于不同的实践活动），又要考虑到情境性（适用于特定情况下的实践），从而丰富和优化地方治理创新理论。

尽管情境会对实践产生限制作用，但实践理性有助于激发行动者的能动性。在园区实践中，早期借鉴新加坡经验尤其是新加坡理念的输入在一定程度上会限制园区实践的自主性，但实践表明，受限制的自主性会形成一种强势情境，反过来对行动者的创新行为产生刺激效应，促使园区立足自身发展比较优势进行特色创新，打造最强劲的竞争优势。例如，在第一阶段，由于新加坡意图输出经济管理和公共管理经验等"软件"知识，而园区更倾向于获得关于道路、建筑、基础设施建设等"硬件"知识，新加坡在输出经验时遇到知识转移受挫，加之其他方面的原因，新加坡随后大幅度退出合作项目，园区便进入了自主探索阶段。在第二阶段，由于在产业和贸易上的行动惯例（传统制造业加工）使园区发展遭遇瓶颈，强势情境下的行动激励促使园区采取跨界创新策略，向生物医药、纳米技术应用、人工智能等前沿特色产业转型优化。在第三、四阶段，由于觉察到发展情境的差异，园区在理念和实践上都发生了许多变化，大力发展高科技产业就是在经济社会发展和科技进步引起的情境变化及自上而下政策导向的影响下进行的创新实践。可见，实践理性能够对情境变化做出反思和回应，修正不同情境下的创新行为，地方治理创新的实践逻辑正是基于情境嵌入的实践理性而形成的。

创新是一种常态，但创新的发生强调时空的客观存在性，因此，地方治理创新需要通过情境嵌入的实践理性来解决新出现的问题。园区自1994年建设开发以来，有三个重要的时间节点：一是2001年，中新苏州工业园区开发有限公司实施股比调整，中方财团股比由35%调整为65%，中方承担公司的大股东责任，园区进入大动迁、大开发、大建设、大招商、大发展阶段；二是2014年，习近平总书记视察江苏，要求园区在开放创新、综合改革方面发挥试验示范作用；三是2019年，中国（江苏）自由贸易试验区获批成立，其中苏州片区全部位于园区。在这三个时间节点上，园区模式从最初的"借鉴—输入"模式，转变为"自主创新—对内输出"[1]模式，再转变为"开放创新—对外输出"[2]模式。借鉴新加坡经验输出做法，园区通过"飞地经济"推动园区资源的溢出辐射，以合作园区的方式促进园区经验的复制推广，在本地园区基础上，拓展园区发展空间，使本地园区和合作园区资源互补、共享经验。园区由输入新加坡模式转变为对内、对外输出园区模式的经验表明，针对特定情境下具体治理问题的解决方案已逐渐成为可以向国内外复制推广的中国方案。正是由于园区的创新实践是基于情境嵌入的实践理性形成的，能够捕捉到实践逻辑中最本质的部分，因此具有较强的借鉴性和调适性。

基于情境嵌入的实践理性的地方治理创新框架，我们得出，多重情境嵌入下的实践理性是理解地方实践逻辑的关键因素。这一基本结论首先突破了"正式知识"与"应用知识"的二元逻辑，发现"情境"和"实践理性"对消解"正式知识"与"应用知识"二元对立的关键作用。更为重要的是，这一结论探索了治理"理论—实践"背后的关联机制，丰富了治理的观点，有助于扩展性地讨论地方治理创新的两个重要理论问题：第一，解释不同情境下地方治理创新的可能性和持续性；第

---

[1] 建立苏（州）宿（迁）工业园、苏（州）（南）通科技产业园、苏（州）（无）锡（南）通科技产业园、中新苏（州）滁（州）高新技术产业开发区、中新嘉善现代产业园、苏（州）相（城区）合作区、新疆霍尔果斯经济开放区、苏（州）银（川）产业园。

[2] 建立中（国）哈（萨克斯坦）合作中心、中（国）白（俄罗斯）合作工业园区。

二，对现有关于地方治理创新的制度学和组织学解释进行补充式修正。

（二）与既有理论的对话

关于地方治理创新理论的制度学解释主要聚焦制度变迁和制度创新两个方面。[1][2] 诺斯认为，"制度在社会中具有更为基础性的作用，它们是决定长期经济绩效的根本因素"[3]，而"良序运作的市场需要政府，这就需要设计一些政治制度为良序运作的经济所必需的公共物品的供给奠定基础"[4]。因此，从制度视角来理解现代社会发展的关键在于弄清从"受限进入的社会秩序"向"开放进入的社会秩序"的转型。制度创新主要包括组织行为的变化、组织与环境关系的变化、组织在环境中支配行为与相互关系的规则变化三层含义[5]。在制度学解释框架下，地方治理创新的理论研究产生了两条截然不同的路径：一条是政府主导创新型路径，另一条是自下而上的自主创新型路径。由于制度具有"不可逆转的自我强化趋向"[6]，因此，"改革能否成功，不仅取决于改革者的主观愿望和最终目标，而且依赖于一开始时选择的路径"[7]。制度学解释框架强调环境影响和演化路径，为地方治理创新研究提供了宏观视野，然而，由于其仅强调制度对实践的决定性影响，而忽视了实践对制度的能动性作用，在解释力上仍有不足，正如有学者指出，"未能结合中国行政改革和地方政府制度创新的实际进行本土化语言的转化和学科之间的有效对接"[8]。本研究将制度作为多重情境嵌入地方治理

---

[1] 郁建兴、黄亮：《当代中国地方政府创新的动力：基于制度变迁理论的分析框架》，《学术月刊》，2017年第2期，第96-105页。

[2] 郭小聪：《中国地方政府制度创新的理论：作用与地位》，《政治学研究》，2000年第1期，第67-73页。

[3] North, D. C. *Institutions, Institutional Change and Economic Performance*. Cambridge：Cambridge University Press, 1990, p.107.

[4] North, D. C. *Understanding the Process of Economic Change*. Princeton, NJ.：Princeton University Press, 2005, p.85.

[5] 拉坦：《诱制性制度变迁理论》，科斯、阿尔钦、诺斯：《财产权利与制度变迁：产权学派与新制度学派译文集》，上海：上海人民出版社，2004年，第374页。

[6] Witt, U. *Evolutionary Economics*. Cheltenham：Edward Elgar Publishing Limited, 1993, p.2.

[7] 吴敬琏：《路径依赖与中国改革——对诺斯教授演讲的评论》，《改革》，1995年第3期，第57-59页。

[8] 傅大友、袁勇志、芮国强：《行政改革与制度创新：地方政府改革的制度分析》，上海：上海三联书店，2004年，第41页。

创新实践，加入实践理性对情境的适应与调整，提出情境与实践理性相结合来影响地方治理创新的实践逻辑，发现制度与实践之间的中介变量，即实践理性，强调制度与实践的双向互动。

组织学的解释框架在地方治理研究中形成了相对成熟的视角，如组织制度、府际关系等理论框架，用以解释地方治理的创新动机、创新行为和创新扩散等问题。在组织制度方面，委托代理理论、公共选择理论等强调创新行为特质，如有研究发现，技术创新与治理创新的重要性在逐步提升，党政机构仍然是中国地方政府的主力军。[1] 府际关系强调政府间的分权与竞争，如"蒂伯特模型"与"内生增长理论"就对竞争给出了不同解释，前者认为只要居民可以择区而居，那么各辖区的政府之间就会出现竞争[2]，而后者认为地方政府的财政竞争会影响资源流动[3]。在府际关系框架下，政府间关系会影响创新扩散和创新的可持续性，有研究发现，政府创新扩散存在显著的实践需求导向与渐进展开的次序逻辑。[4] 组织学的解释框架强调组织创新的内生性，其核心特质是持续的结构变革和网状的组织模式[5]，弱化了外在环境。本研究发现，一方面，园区创新实践的成功在于不断的政策创新引致的创新要素的延续和扩散；另一方面，中新两国领导的支持、优惠政策倾斜等也是园区创新得以持续的重要因素，良好的发展情境对于地方治理创新的成功非常重要。正如有研究指出，政府创新是因变量，其成功与持续首先取决于宏观政治环境。[6]

---

[1] 吴建南、马亮、苏婷等：《政府创新的类型与特征——基于"中国地方政府创新奖"获奖项目的多案例研究》，《公共管理学报》，2011年第1期，第94-103页。

[2] Tiebout, C. M. A pure theory of local expenditure. *Journal of Political Economy*, 1956(5), pp. 416-424.

[3] 黄纯纯、周业安：《地方政府竞争理论的起源、发展及其局限》，《中国人民大学学报》，2011年第3期，第97-103页。

[4] 刘晓亮、侯凯悦、张洺硕：《从地方探索到中央推广：政府创新扩散的影响机制——基于36个案例的清晰集定性比较分析》，《公共管理学报》，2019年第3期，第157-167页。

[5] Capra, F. *The Web of Life: A New Synthesis of Mind and Matter*. London: Harper Collins, 1996, p. 213.

[6] 俞可平：《中国地方政府创新的可持续性（2000—2015）——以"中国地方政府创新奖"获奖项目为例》，《公共管理学报》，2019年第1期，第1-15页。

五、结论与展望

从20世纪90年代中新合作建设园区,到中新合作模式与经验在全国复制推广,园区的创新实践充分证明了园区经验的巨大价值和园区模式的强大活力。总结园区经验,提炼园区开放创新的实践逻辑,有助于我们构建基于实践逻辑的地方治理创新框架,使理论既能发端于实践,也能深刻地展现实践的"丰富性",从而缩小理论与实践的缺口。考虑到多层次情境之间的相互依赖性和嵌入性,本研究从多重情境细致刻画了园区自1994年开发建设以来发生的情境变化,突出情境特征对实践的促进或阻碍作用。事实表明,园区遵循地方发展的规律,以"一张蓝图绘到底"的理念[1],从政策到实践[2],使创新实践具有系统性和动态性特征,这是园区能够持续开放创新的一个关键因素。

在国家治理体系和治理能力现代化进程中,我们需要面向新时代中国特色社会主义建设的实践历程,回应新时代实践提出的现实问题。[3]园区的开放创新体现出从政策创新到制度创新,从借鉴新加坡经验到超越新加坡模式并输出园区经验,以及在合作中快速成长的实践逻辑,而党的领导、积极有为的政府、和谐的政企关系、开放包容的理念、金融和科技相互促进作为园区创新实践的有益经验,既具有特殊性也具有典型性。构建中国地方治理创新理论不仅需要基于科学理性逻辑,更要基于地方治理创新的实践理性逻辑,促使强理论和本土实践相结合。今后的研究将进一步对园区经验展开多维度研究,并将其与其他地方的治理创新实践进行比较,尝试提炼地方治理创新的一般规律与特殊经验,以期建构以实践逻辑为基础的中国地方治理创新理论。

---

[1] 本书编写组:《迈向社会主义现代化:苏州工业园区的实践与探索》,上海:上海人民出版社,2020年,第121页。

[2] Kettl, D.F. From policy to practice: From ideas to results, from results to trust. *Public Administration Review*, 2019(5), pp. 763-767.

[3] 孙柏瑛:《新时代中国公共行政的实践逻辑》,《行政论坛》,2021年第4期,第50-57页。

致谢：本研究得到苏州工业园区管委会及相关部门工作人员的大力支持，特此表示感谢。

声明：本研究中关于苏州工业园区的数据和资料产权归属于苏州工业园区。

作者简介：李慧凤，苏州大学政治与公共管理学院副教授，苏州大学苏南治理现代化研究基地暨苏南发展研究院研究员，江苏省新型城镇化与社会治理协同创新中心研究员。

第十章 "红色管家" 何以管用？*

张　晨　刘育宛

一、问题的提出

中共十九大和十九届四中全会以来，打造共建共治共享的社会治理格局，"完善党委领导、政府负责、民主协商、社会协同、公众参与、法治保障、科技支撑的社会治理体系，建设人人有责、人人尽责、人人享有的社会治理共同体"，成为新时代党和国家推进国家治理体系与治理能力现代化的一个重要维度。因此，通过网格化管理[1]、基层协商平台构建[2]与大数据技术的应用[3]等实践探索，创新社会治理体制，持续改善社会治理绩效，成为当前众多地方政府回应中央政策要求的行动策略。

然而，在这一系列创新探索中，不少案例即使获得诸如"中国社区治理十大创新成果奖"，也经常发生创新中断和"异化"的问题。中国

---

* 本章内容最初刊于《公共行政评论》，2021年第1期，第2-22+217-218页。

[1] 田毅鹏：《城市社会管理网格化模式的定位及其未来》，《学习与探索》，2012年第2期，第28-32页。

[2] 韩福国、张开平：《社会治理的"协商"领域与"民主"机制——当下中国基层协商民主的制度特征、实践结构和理论批判》，《浙江社会科学》，2015年第10期，第48-61页。

[3] 李传军、李怀阳：《大数据技术在社会治理中的价值定位——以网络民主为例》，《电子政务》，2015年第5期，第10-17页。

的基层社会治理创新依然面临制度性、组织性和个体性的障碍[1]，容易陷入"脱实务虚，文字创新；不求实效，形式创新；难获推广，孤独创新；难以持续，短命创新"的窘境当中[2]。因此，基层社会治理创新已经走向了"内卷化"。[3] 这不仅浪费社会资源，也会陷入"创新低效—认同危机—实践萎缩"[4] 的恶性循环。

那么，基层治理创新如何才能规避"内卷化"风险呢？

基于上述认知和思考，研究者从2018年3月到2018年6月期间，以智库人员的身份加入S区党工委组织部委托给S区社会创新发展中心的"红色管家"（简称"红管"）项目组，并进行长达3个月的持续调研。通过参与式观察和对项目利益相关方开展深度访谈等方法，研究者对"红管"项目这一地方的基层治理创新项目从设计、试点到实施的全过程开展田野调查，试图通过对"红管"项目个案的考察，揭示基层治理创新"内卷化"风险破解的可能机制。

二、基层治理"内卷化"：一个理论综述

"内卷化"（involution），又译"过密化"，原意是"转或卷起来"，一开始主要描绘一种内部不断精细化的文化现象。格尔茨系统研究了农业经济过程中的"内卷化"问题[5]，此后，黄宗智提出中国小农经济的"内卷化"问题，并用劳动（力）的边际收益递减来界定"内卷化"[6]。杜赞奇则认为政权"内卷化"是一种不成功的或背

---

[1] 王滢淇、翁鸣：《协商治理：当前中国社会治理创新的方向与路径》，《社会主义研究》，2016年第1期，第85-90页。

[2] 林冠平：《地方政府创新的现存障碍与推动机制》，《中国行政管理》，2014年第2期，第79-81页。

[3] 李利文、申彬、彭勃：《城市基层治理创新中的"认知内卷化"——以上海XH区物业管理深化改革为例》，《社会科学研究》，2016年第2期，第39-51页。

[4] 付建军、张春满：《从悬浮到协商：我国地方社会治理创新的模式转型》，《中国行政管理》，2017年第1期，第44-50页。

[5] Geertz, C. Agricultural Involution: The Processes of Ecological Change in Indonesia. Berkeley: University of California Press, 1963.

[6] 黄宗智：《华北的小农经济与社会变迁》，北京：中华书局，2000年，第317页。

离现代国家政权建设目标的失效行为，国家徒有扩张，没有收益。[1] 综上，"内卷化"表达的均是一种非理想的变革状态，即没有实际增益的发展。

（一）表征

关于基层治理"内卷化"的表征，大致可归纳为以下三种意见：

第一，组织"内卷化"。中国城市基层自治组织——居委会的变革实际上走向了"内卷化"，组织变革真正要指向的组织性质和实际运作机制没有根本改变，原有的组织性质（如行政化）还得到了加强[2]；农村社区内生性组织也遭遇生存空间被挤压、总体性功能衰竭和社区公共性衰落等"内卷化"困境[3]，合作经济组织制度化的过程中，没有出现农业现代化的革新和演变[4]；当前社会组织数量的增加也并不意味着我国社会组织具有良好的发展前景，实际上陷入了一种没有发展的增长[5]；在项目制运作方式的严格约束下，社会组织提供公共服务的活动规模在逐渐变大，最终收效却是公共服务的"内卷化"[6][7]。

第二，利益"内卷化"。取消农业税后，乡村治理机制出现一个地方政府与地方势力结盟的结构，这个结构如果不加限制将会不断侵蚀乡村社会公共利益，导致乡村治理"内卷化"[8]，由乡村不良势力和权力

---

[1] 杜赞奇：《文化、权力与国家：1900—1942年的华北农村》，王福明译，南京：江苏人民出版社，1996年，第233-245页。

[2] 何艳玲、蔡禾：《中国城市基层自治组织的"内卷化"及其成因》，《中山大学学报（社会科学版）》，2005年第5期，第104-109页。

[3] 马良灿：《农村社区内生性组织及其"内卷化"问题探究》，《中国农村观察》，2012年第6期，第12-21页。

[4] 樊红敏：《新型农民专业合作经济组织内卷化及其制度逻辑——基于对河南省A县和B市的调查》，《中国农村观察》，2011年第6期，第12-21页。

[5] 陈尧、马梦妤：《项目制政府购买的逻辑：诱致性社会组织的"内卷化"》，《上海交通大学学报（哲学社会科学版）》，2019年第4期，第108-119页。

[6] 李春霞、巩在暖、吴长青：《体制嵌入、组织回应与公共服务的内卷化——对北京市政府购买社会组织服务的经验研究》，《贵州社会科学》，2012年第12期，第130-132页。

[7] 吴月：《社会服务内卷化及其发生逻辑：一项经验研究》，《江汉论坛》，2015年第6期，第131-137页。

[8] 贺雪峰：《论乡村治理内卷化——以河南省K镇调查为例》，《开放时代》，2011年第2期，第86-101页。

寻租等主体与乡村治理组织形成利益同盟,共同占有国家自上而下的惠农政策资源和地方发展成果,致使基层治理丧失合法性[1][2][3][4];在脱贫攻坚的背景下,农民获取扶贫资源的权利和机会遭遇梗阻,农村精英俘获扶贫资源使自身获得发展[5],而村集体经济收入虽有增长却没有实质发展,这主要是行动者在政策执行过程中的目标替代策略所造成的[6]。

第三,权力"内卷化"。保护型经济体制下的国家政权非但不能控制乡村非正式组织,反而被其不断侵蚀[7],这种"内卷化"困境一度被中国共产党的动员型策略所消解。然而,国家政权在重新将其权力渗透到基层社会的"把国家找回来"过程中[8],依靠的是在社区中复制或扩大旧有的国家与社会的关系来延伸其权力触角,造成权力"内卷化"[9];在农村地区,乡镇政权开始偏离其管理社区、组织社区生活的公共职责[10];互联网时代国家权力在向网络空间扩张的时候,也出现了"内卷化"[11]。

---

[1] 李祖佩:《混混、乡村组织与基层治理内卷化——乡村混混的力量表达及后果》,《青年研究》,2011年第3期,第55-67页。

[2] 耿羽:《灰黑势力与乡村治理内卷化》,《中国农业大学学报(社会科学版)》,2011年第2期,第71-77页。

[3] 夏柱智:《乡村合谋视角下的混混治村及后果——基于中部G村"示范点"的调查》,《青年研究》,2014年第1期,第10-21页。

[4] 陈锋:《分利秩序与基层治理内卷化:资源输入背景下的乡村治理逻辑》,《社会》,2015年第3期,第95-120页。

[5] 周常春、刘剑锋、石振杰:《贫困县农村治理"内卷化"与参与式扶贫关系研究——来自云南扶贫调查的实证》,《公共管理学报》,2016年第1期,第81-91页。

[6] 张立、郭施宏:《政策压力、目标替代与集体经济内卷化》,《公共管理学报》,2019年第3期,第39-49页。

[7] 杜赞奇:《文化、权力与国家:1900—1942年的华北农村》,王福明译,南京:江苏人民出版社,1996年,第233-245页。

[8] 曹海军:《"三社联动"的社区治理与服务创新——基于治理结构与运行机制的探索》,《行政论坛》,2017年第2期,第74-79页。

[9] 陈宁:《国家—社会关系视野下的社区建设:走向内卷化的权力秩序——基于对长春市J社区的研究》,《兰州学刊》,2010年第7期,第109-113页。

[10] 郑自俭、李丽:《近代以来中国乡村基层政权的三次转型》,《河北学刊》,2007年第4期,第47-49页。

[11] 郭栋:《运动式治理、权力内卷化与弥散性惩罚——当前微博规制检视》,《国际新闻界》,2013年第12期,第123-131页。

（二）成因

关于基层治理创新"内卷化"的成因，有几种理论视角可供我们理解。

第一，历史制度主义。观念体系内生性地体现为一种普通民众对权威合法性表示认同的政治文化[1]，嵌入习俗、传统和行为准则中的非正式约束可能是刻意的、政策难以改变的[2]。因此，在制度和观念的双重形塑下，地方党政系统虽然推出各种创新实践，但囿于观念系统及成本，很有可能依然采取旧制度安排而对新制度弃之不用。

第二，压力型体制[3]。在压力型体制下，基层干部会按照自身的利益诉求有选择性地执行上级任务。[4] 当压力型体制的目标设置和激励强度与基层政权组织的能力不相匹配时，容易诱导基层政权组织以造假、"共谋"和"摆平"等非正式权力技术来应对各种高指标。[5] 其中，议题重要性、问题严重性和领导偏好往往影响着地方党政领导人的注意力分配。[6] "政治锦标赛"[7] 又会迫使地方干部千方百计地通过能够容易被领导看到的经济成就表现自己的政绩[8]，地方政府以本地社会治理创新实践被诸如党报党刊报道作为新的"政绩诉求"，从而造成基层行政负担过重与创新的同质化、泡沫化。

第三，集体行动的困境。在基层自治的过程中，能使人们超脱私利

---

[1] 吴晓霞、关海庭：《中国基层协商治理的内生性演化逻辑：基于观念、动力和系统的分析》，《天津行政学院学报》，2019年第3期，第11-17页。

[2] 道格拉斯·C.诺思：《制度、制度变迁与经济绩效》，杭行译，上海：格致出版社，2008年，第7页。

[3] 荣敬本、崔之元、王拴正等：《从压力型体制向民主合作体制的转变：县乡两级政治体制改革》，北京：中央编译出版社，1998年。

[4] O'Brien, K. J. & Li, L. J. Selective policy implementation in rural China. *Comparative Politics*, 1999(2), pp. 167-186.

[5] 欧阳静：《压力型体制与乡镇的策略主义逻辑》，《经济社会体制比较》，2011年第3期，第116-122页。

[6] 陈思丞、孟庆国：《领导人注意力变动机制探究——基于毛泽东年谱中2614段批示的研究》，《公共行政评论》，2016年第3期，第148-176页。

[7] 周黎安：《转型中的地方政府：官员激励与治理》，上海：格致出版社，2008年。

[8] Cai, Y. S. Irresponsible state: Local cadres and image-building in China. *Journal of Communist Studies and Transition Politics*, 2004(4), pp. 20-41.

而进行合作的条件是十分苛刻的[1][2]，寻求短利者很容易搭别人的"便车"[3]和造成公地悲剧[4]。奥斯特罗姆提出以自组织治理来解决"公共池塘"资源问题[5]，但当下基层自组织资源的羸弱加剧了基层治理创新"内卷化"的风险。

三、S区"红色管家"项目试点前期的"内卷化"挑战

（一）项目的启动

S区是第二批"全国社区治理和服务创新实验区"，其下辖的148个社区主要包括都市商住型社区、人才集聚型社区和过渡型社区这三类，其中都市商住型社区和人才集聚型社区人口以新市民、年轻一代、高知识人群为主，也包含一定的外籍人士、随迁老人等，整体素质较高，社区事务的参与能力、个人维权意识等都较为突出。在治理体制上，S区下辖4个社工委（涉及都市商住型社区和人才集聚型社区）和4个街道（涉及都市商住型社区和过渡型社区），并通过社区"两委"开展基层社会治理工作。

该项目背景主要有三点。一是中共中央加强基层党建的政策要求。S区党工委期望"深入落实全国城市基层党建工作会议精神……建立基层党组织与党员发挥作用的长效机制，激活社区发展的内生动力，实现党的领导与政府治理、社会调节、居民自治良性互动，不断满足居民日益增长的美好生活需要"[6]。二是地方治理创新竞争。S区在基层治理创新上一直处于全国前列，在外地推出诸如"红色物业"等类似项目并得到中央媒体肯定后，客观上构成了对S区的创新压力。三是社会问题

---

[1] Putnam, R. D., Leonardi, R. & Nanetti, R. Y. *Making Democracy Work: Civic Traditions in Modern Italy*. Princeton, New Jersey: Princeton University Press, 1993, p.177.

[2] Elster, J. *The Cement of Society: A Study of Social Order*. Cambridge: Cambridge University Press, 1989, p.132.

[3] Olson, M. *The Logic of Collective Action*. Cambridge. Massachusetts: Harvard University Press, 1965.

[4] Hardin, G. The tragedy of the commons. *Science*, 1968, 162, pp.1243-1248.

[5] Ostrom, E. *Governing the Commons: The Evolution of Institutions for Collective Action*. Cambridge: Cambridge University Press, 2015.

[6] 来自S区党工委组织部文件（2018）。

"倒逼"。S区由于其辖区内邻避冲突、停车难、环境整治等问题频发，现有治理平台在应对这些问题时力有不逮。

因此，S区于2018年年初正式出台文件，在6个社区试推"红管"。试推阶段的项目推进会上，与会人员中包括S区党工委组织部领导、社会创新发展中心工作人员、"红管"线上平台技术开发人员、居委会主任、业委会主任、物业经理、楼道小组长与居民代表等各利益相关方。后续S区党工委组织部还对各社区"红管"项目具体负责人进行了培训。项目试推6个月后，试点推广到全区57个社区。

（二）试点初期的"内卷化"风险

对于S区党工委组织部来说，"红管"项目推行要能落地见效，最终的具体实施是由社区党支部书记/居委会主任[1]领导，业委会与物业辅助配合。调研发现，一开始社区层面对该项目存在相当大的顾虑和质疑，但上级要求又必须执行，于是在试点阶段一是"诉苦"，二是"要钱要人"，项目初期就面临了"内卷化"风险。

1. 上级主导的观念"内卷化"风险

观念体系是地方核心行动者所具备的基本价值取向、职业追求和认知模式。S区党工委组织部领导作为"红管"项目创新的"政策企业家"，拥有显著的公共资源优势，在该项目的推进上具有积极进取的精神，却反而加速了项目初期"内卷化"困境的出现。

第一，"红管"项目从酝酿到出台，再到试点，不到半年的时间，项目周期很难说已进入成熟期。甚至项目组内部成员也认为时间太赶，担心如果没有一个比较成熟的机制设计，一旦大规模推行会遇到各种问题，其持续性会出现断裂。

第二，通过项目初期的走访调研，区党工委认为社会问题复杂，社会自主管理能力弱，政府应当介入，这强化了上级主导项目推进的惯性思维。

第三，S区党工委对"红管"项目存在较高的预期，认为该项目有

---

[1] 近年来，根据中共中央组织部的政策要求，多数都市商住社区的社区党支部书记和居委会主任已实现了"一肩挑"。

助于在社区层面解决诸多矛盾，从而减轻上级工作压力，这使得S区党工委有更强的动机无视基层抵制和质疑，强力推进项目。

2. 社区行动者的利益"内卷化"风险

当S区党工委组织部设定目标与任务后，各试点社区抓住与上级领导沟通的机会，开始集中"诉苦"。

第一，居委会"诉苦"之社区问题复杂多样。本质上还是担心社区居民把所有问题都集中在"红管"，该平台一旦解决不了，这些问题最终还是会堆积到社区两委。

> 一是车位问题比较严重。对于这方面的问题，目前是物业在协调，业委会也在参与，我们居委会也在做一些疏导。二是违章建筑问题，如有的住户在院子里搭玻璃房，居委会、业委会等上门调解都没有解决。（某社区书记，LLW-2018年3月20日）

如果社区工作遇到极个别上访"钉子户"，社区治理成本就会无限制上升。

> 自从这个大叔搬到我们这个社区来，因为垃圾场的问题，社区2/3的人已经"认栽"了。为了他一个人开了不下十几次会议！然后各种投诉，我们社区2/3的投诉都是他投诉的，投诉到"寒山闻钟"与"12345"热线。还有更棘手的是还要让他满意。然后社工委逼着我们处理，直到他满意为止！今天他又去信访局了，要求垃圾房不许用！说这个垃圾谁弄，他就死给谁看！（某社区书记，RY-2018年3月24日）

第二，业委会诉"委屈"之没有实权。针对将居民诉求分流到业委会去解决的这一运作流程，业委会主任认为：

> 业委会实际上说穿了，我们也学习了一下，啥都不是。大家都是圈内的，都知道的，这也别谦虚，你也不要过分压制自己。我们只不过是业主有什么想法，我们操作一下。只能是这样讲。大家可能组织稍微参与一下，但是我们没有权力。（某小区业委会主任，XCN-2018年3月14日）

第三,"要人要钱"。有试点社区就居民诉求回复的时效性提出意见,有希望上面给社区链接社会组织资源的,还有从考评角度提出意见的:

> 我们社区不能对上面职能部门进行考评,他们本身要对我们进行考评的,我们再对他们进行考评,这算怎么回事?(某社区主任,OD-2018 年 3 月 13 日)

再比如,如果"红管"负责人不受社区书记管理,那么谁才能体现党的领导?更多的问题集中在一旦实施这个项目了,是否发放专项补贴及配置专门人员的问题。

> 我做事,我是觉得我会尽心地把这个事情做出来,尽量能够出彩;第二个,要让我做事,钱和人,我是要问领导要的,要不然的话你让我又要马儿跑得快,又让马儿不吃草,这个其实真的是蛮难的!(某社区主任,OD-2018 年 3 月 13 日)

各试点社区的"一把手"在面对项目试点时有一种默契,即在该项目未推行之前,尽可能地跟上级提各种要求,通过"讨价还价"来拓展自身的角色收益,各利益相关者均期望将自身利益内嵌于制度结构中。因此,"红管"在项目初期试点阶段即面临着利益"内卷化"的挑战。

3. 治理平台的组织"内卷化"风险

在"红管"项目之前,部分社工委已通过组建相关治理平台来解决社区问题,比如社区协商平台、社区治理委员会与社区建设理事会等协商议事平台,以及省里推出的全要素网格化管理平台。因此,该项目也面临着组织(制度)"内卷化"的风险。

> 2019 年可能会有一个全要素网格化管理,我们主任也跟我商量说,全要素跟"红色管家"其实是两个平台,但是它好像也能兼容"红色管家",我们主任在私底下说,就看上面的领导哪个大了,因为那个网格化管理是省推的,"红色管家"只是 S 区党工委组织部推的。("红色管家"负责人,RY-2019 年 11 月 5 日)

（三）项目的初步成效

尽管"红管"项目在试点初期遭遇了顾虑和质疑，从而面临着"内卷化"风险，但从其后至今的执行效果来看，不但在社区治理绩效提升上发挥了日益重要的积极作用，而且实现了其创新持续和扩散，开始从57个试点社区扩散到全区所有社工委/街道所辖社区，成功摆脱了项目的"内卷化"风险。

第一，试点阶段项目共计覆盖57个社区（78个小区），服务居民超过了15万人，共处理居民诉求4 304个，获得居民的广泛好评，并最终从全国4 000件基层治理创新项目中脱颖而出，获评全国城市基层党建创新项目优秀案例的称号。[1] 而在2020年年初的新冠肺炎疫情社区防控一线，"红管"也发挥了重要作用。

> 我觉得在平常没有发生大的事情，没法突出"红色管家"在社区治理方面的效果。但是一旦遇到像疫情这种百年难遇的重大突发事件，特别考验一个社区的治理能力和党支部领导能力。由于我们社区有一个确诊病例，所以工作比较难做。但是依托这个平台，我们各方面动员起来很快，效率很高，党支部、物业、业委会与社区居民等多方主体迅速联合起来，及时防疫、隔离并安抚居民的恐慌情绪，取得了非常好的效果。[2]（RY-2020年3月14日）

第二，从项目实施成本来看，除了在项目方案初期委托项目的经费投入，后续并未追加相关经费。在实施过程中，也没有另外支出专职人员费用，而是将项目运作纳入日常的"党建为民服务项目"支出中，相当于是对社区党建引领下治理体制存量的激活。项目在产生正向收益的同时，却没有额外产生大规模的增量成本。"红管"平台所发挥的社区治理枢纽作用有效撬动了社区治理中的多方主体，降低了社区治理的成

---

[1] 获奖案例见中国共产党新闻网：http://dangjian.people.com.cn/n1/2019/0920/c117092-31363966-3.html，访问于2019年9月20日。

[2] 该社区由于在疫情防控方面的突出表现，被区党工委组织部通报表扬。本次共评选出10家社区，其中8家社区推行"红色管家"，2家社区没有推行。

本，实现了协同治理与低投入高收益的创新目标。

那么，相较于其他陷入"内卷化"困境的基层治理创新项目，"红管"又是怎样成功规避了创新"内卷化"的风险的呢？

四、使"红色管家"运转起来：一个创新"内卷化"风险破解的解释

通过连续三个月的田野调查，以及后续一年多来的持续跟踪研究，我们发现从其项目成效、可持续性和扩散性三个方面看，"红管"在其项目生命周期的第一阶段（创新与扩散），在区域化党建格局下，通过意识形态宣传、技术治理、制度与观念形塑和注意力分配形成四维机制具有的独特优势，实现了对社区及基层行政的整合，最终凭借上述优势破解了项目初期"内卷化"的风险。区域化党建作为一种新型党建模式，能够与协同治理的理念相契合，其主要功效表现为优化结构功效、整合社会功效、统筹资源功效与服务群众功效。[1] 意识形态宣传凭借其强大的组织动员能力破除集体行动困境；技术治理数量化、指标化居民诉求，以提升基层治理效率与效能；制度化的设计促使政府与居民观念和治理形态发生转变；压力型体制下上级领导的持续关注则为该项目的可持续提供了关键保障。"红色管家"破除"内卷化"逻辑如图1所示。

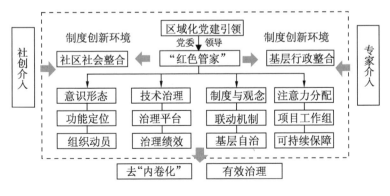

图1 "红色管家"破除"内卷化"逻辑

---

[1] 谢方意：《区域化党建：内生逻辑、功效与路径》，《探索》，2011年第4期，第48-53页。

(一) 意识形态的组织动员作用

以政党为核心整合中国社会、推动中国的现代化与民主化发展，是现代化逻辑在中国社会的具体体现。[1] 舒曼指出，中国共产党的意识形态是现代世界最伟大的组织意识形态之一[2]，其中意识形态分为纯粹意识形态（pure ideology）与实践意识形态（practical ideology）两部分。如果说纯粹意识形态是组织整体意识形态的核心，那么实践意识形态则是组织整体意识形态的行动工具。[3] 舒曼指出，中国共产党缔造出来的组织化社会既是对传统也是对现代官僚组织的挑战，其意识形态能唤醒组织成员的忠诚并促使其相互之间更加融合，这对克服组织的理性化、协调官僚部门之间冲突、塑造基层干部和发动群众的主动性具有关键作用，从而有效破除集体行动的困境。舒曼提出的组织的三层结构有助于我们理解党的意识形态工具是如何激活了"红管"在社区治理中的动员功能的。意识形态在组织结构中的作用如图2所示。

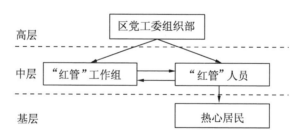

图2　意识形态在组织结构中的作用

首先，意识形态构成了基层党建的基本维度——党的思想建设，是党的基层组织建设中"强基固本"的基本要求，是保障党组织凝聚力和战斗力的观念基础。"党的先锋引领作用"突出体现为社区基层党组织和普通党员的行为准则，尤其是在新冠肺炎疫情防控期间，这成为动员社区党员干部战斗在抗疫一线的有效激励。

---

［1］　林尚立：《中国共产党与国家建设》，天津：天津人民出版社，2009年。
［2］　Schurmann, F. *Ideology and Organization in Communist China*. Berkeley：University of California Press, 1966, p.19.
［3］　Schurmann, F. *Ideology and Organization in Communist China*. Berkeley：University of California Press, 1966, pp. 24-38.

其次，区党工委组织部下设"红管"工作组，专门负责与社区对接和基层调研，并将调研问题反馈给领导。"红管"人员是指在社区现有基层党组织架构中专门设置的相关岗位履行相关职责的社区党支部委员或专职党务副书记，承担着信息员、协调员与宣传员的三重角色，具体职责是广泛收集并梳理民意诉求，组织整合社区资源解决居民诉求，督促跟进居民诉求流转落实与开展社区党建宣传活动，培育和发展社区特色文化。

最后，社区楼道长、网格员与志愿者等在"红管"的召集下完成对社区居民参与社区治理的动员。在这个过程中，每个社区都会举办"红管"启动仪式，居委会、社区外围路灯等明显地方张贴"红管"的标志及标语——"红色管家，帮您到家"，工作人员还要专门穿上"红管"马甲，并印制"红管"手册供宣传、告知和推广使用。"红管"以极具亲和力和贴近民生需求的方式，完成了其在社区居民中的认同、动员和资源整合。

（二）基层治理创新中的技术治理

技术治理的应用与现代科学技术的飞速发展息息相关，它已成为中国基层治理创新中很常见的一种治理手段，包括网格化管理、数字下乡、智慧政务等。正如渠敬东等指出，改革前的总体性支配权力已然被一种技术化的治理权力所替代。[1] 某种程度上，它已成为当前中国社会治理领域改革和政策实践的主导逻辑，基本特征是强调风险控制、事本主义原则，以及工具主义的社会动员。[2] 当然它也招致很多批评，不同于西方学者认为技术治理由于其本身过度理性化，会导致人的异化、技术对人的控制及对民主造成消解，中国学者普遍探讨技术治理在应用过程中所出现的偏轨、意外与问题，以期优化与完善技术治理的应用。比如在科层结构的国家治理体制中，上下级的信息不对称会导致数

---

[1] 渠敬东、周飞舟、应星：《从总体支配到技术治理——基于中国30年改革经验的社会学分析》，《中国社会科学》，2009年第6期，第104-127页。

[2] 黄晓春、嵇欣：《技术治理的极限及其超越》，《社会科学》，2016年第11期，第72-79页。

字悬浮于基层社会治理过程和村庄社会生活。[1] 但我们不可否认，它仍然是当代全球社会治理的一个重要趋势[2]，将在很长一段时期内成为我国地方治理的重要手段之一。"红管"项目建立了"社区—社工委（或街道）—S区职能部门"联动机制，遵循"相同职能合并，不同职能分开"的原则，试图打破行政膨胀的僵化逻辑。

根据其功能定位，"红管"将居民诉求分为四大类：政务类、市场类、公益类与民主自治类。当居民诉求到达"红管"时，系统会要求居民将自己的诉求归为某一方责任体（分为社区居委会、业委会、物业和S区职能部门），当然，如果居民勾选错误，"红管"专员也会在后台进行重新勾选。这样做的目的是让居民知道自己的这个诉求该归谁负责，避免将所有问题都归于社区"两委"。这一设置是为了消除当时有居委会主任认为居民会把所有问题都抛给自己的顾虑。社区中日常民生问题的相关诉求借助"红管"项目中建立的社区资源库，尽可能通过技术性手段解决。在技术性手段解决不了的情况下，再通过线下社区协商平台去沟通。线下协商平台有社区建设理事会、社区治理委员会等。其中政务类与民主自治类诉求如果在社区层面解决不了，则传递到上级部门。

以政务类诉求为例，其诉求流程为居民诉求→"红管"负责人→社区书记→社工委→S区组织部→S区职能部门。这样对问题层层分解，同时明确不同层级政府的职责，能在社区层面解决的诉求尽量在社区层面解决，社区层面解决不了将上升到上级政府或相关职能部门。通过多层级多部门协同联动，有效破除信息不对称所造成的"流程梗阻"，从而实现基层党建引领的整体治理。"红色管家"处理居民诉求流程如图3所示。

---

[1] 王雨磊：《数字下乡：农村精准扶贫中的技术治理》，《社会学研究》，2016年第6期，第119-142页。

[2] 刘永谋：《技术治理的逻辑》，《中国人民大学学报》，2016年第6期，第118-127页。

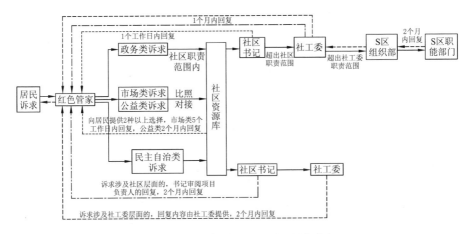

图3 "红色管家"处理居民诉求流程

(三)"红色管家"的制度设计与观念的互相形塑

"红管"项目在框架设计和论证阶段积极引入了智库专家,与社会创新发展中心协同,共同设计出"一个核心引领,两个平台助力(线上SIP公众号与线下社区协商平台),三种角色(信息员、协调员与宣传员)功能定位"的制度体系,以期实现组织党员、整合资源、宣传引导、培育文化,达到凝心聚力、服务群众的目的,促进党建引领与社区治理的有效融合。其中,线上有SIP"红色管家"微信公众号,居民在线上可以提出自己的诉求,使共性问题显示出来,这样社区居民需求与"红管"的服务实现"无缝对接"。线下有社区协商议事平台,给社区提供了一个多元主体关系协调、协商对话的机会,也发挥了社区上情下达、下情上通的沟通作用,由此实现了对社区利益的聚合与居民参与的有效动员。可见,其组织结构与项目过程的协同化是最为关键的要素。

1. 组织结构协同化

合理的结构能够使平台高效运行,各部分搭配和安排有效衔接。为使"红管"的结构优化,在项目制度设计阶段,争论焦点在于:其一,是引入新的社工人员来专门负责"红管",还是以原来社区内的工作人员为基础?其二,如果借助于社区"两委"现有结构,以嵌入方式设置"红管"岗位,那么这一角色与社区书记之间是一种什么关系?经过多轮的协商讨论,最终确定具体的组织架构是"党组织领导+社区副书记+

八大主体"（图4）。社区书记为第一责任人，项目专员为直接责任人，项目专员直接向社区书记报告工作；在社区党组织领导下将社区不同主体纳入其中，实现社区利益、需求和资源的整合。

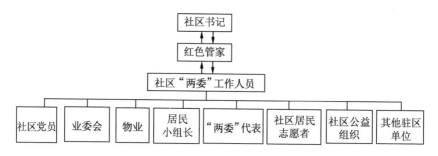

图4 "红色管家"在社区层面的组织架构

2. 项目过程协同化

目前，城市社区协商治理创新实践多以党领群治联动型协商为主[1]，通过协同技术创新重塑相关主体的利益偏好、改变行动者力量对比等机制，促进协同制度或模式的变迁，以期重塑基层治理社会协同模式[2]。"红管"以线上与线下平台这两个途径，通过基层党建引领"三社联动"，充分挖掘与激活社区社会资本，逐步引导社区治理各方行动者形成社区自治的共识，促成多方参与，助力社会治理重心下移，实现社区赋权、增能与"善治"。其具体运行逻辑是以社区居民生活需求为导向，以各社区"红管"团队为核心，通过对接社会组织公益服务、培育社区草根社团等方式，实现"红管"项目团队与各类社会组织的有效互联、互动、互补和协作，更好地满足社区居民需求，引导社区公益事业，培育社区文化，推动实现政府、社会与居民的良性互动。"红色管家"与社会组织联动机制如图5所示。

---

[1] 陈荣卓、李梦兰：《政社互动视角下城市社区协商实践创新的差异性和趋势性研究——基于2013—2015年度"中国社区治理十大创新成果"的案例分析》，《中共中央党校学报》，2017年第3期，第54-64页。

[2] 陈慧荣、张煜：《基层社会协同治理的技术与制度：以上海市A区城市综合治理"大联动"为例》，《公共行政评论》，2015年第1期，第100-116页。

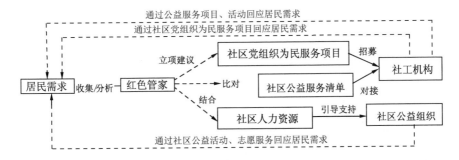

图 5 "红色管家"与社会组织联动机制示意及说明

(四) 党政领导的注意力分配

对于管理目标的实现而言,信息爆炸时代,最宝贵的资源是注意力而不是信息。[1] 作为"政策企业家"的地方党政领导,要兼顾政治、经济、社会与环境等多方面的问题,其注意力分配是有限的。[2][3][4] 党政领导的注意力分配对于政策与基层治理创新实践及其可持续性具有重要的保障作用。"红管"自推行以来便一直受到区党工委的高度重视,2019 年 11 月 15 日,"红管"实现各社工委/街道的全覆盖。在本次疫情的社区防控中,"红管"更是发挥了关键性的作用,J 省委常委、S 市委书记就指出:"要以改革破解疫情防控中遇到的现实性难题,进一步深化改革,完善'苏城码'管理服务机制,用好 S 区'红色管家'等基层创新经验,进一步织好防疫、复工'双面绣'。"[5] 这说明"红色管家"项目获得了更高一级党政领导的积极评价和认可,从而获得了更大范围的创新空间,也为项目的可持续性和进一步扩散提供了政策支持。

---

[1] 练宏:《注意力分配——基于跨学科视角的理论述评》,《社会学研究》,2015 年第 4 期,第 215-241 页。

[2] 赖诗攀:《强激励效应扩张:科层组织注意力分配与中国城市市政支出的"上下"竞争(1999—2010)》,《公共行政评论》,2020 年第 1 期,第 43-62 页。

[3] 陶鹏、初春:《府际结构下领导注意力的议题分配与优先:基于公开批示的分析》,《公共行政评论》,2020 年第 1 期,第 63-78+197 页。

[4] 张程:《数字治理下的"风险压力—组织协同"逻辑与领导注意力分配——以 A 市"市长信箱"为例》,《公共行政评论》,2020 年第 1 期,第 79-98+197-198 页。

[5] 苏州日报. 蓝绍敏主持召开市委深改委第五次会 [N]. 中共江苏省新闻:http://www.zgjssw.gov.cn/shixianchuanzhen/suzhou/202003/t20200303_6539598.shtml,2020-03-03.

五、基层治理创新中的政党嵌入：建构合作主义

所谓合作主义（corporatism，又译"法团主义"），是指社会组织"被组合进一个有明确责任（义务）的、数量限定的、非竞争性的、有层级秩序的、功能分明的结构安排之中。它们得到国家的认可（如果不是由国家建立的话），被授权给予本领域内的代表地位。作为交换，它们的需求表达、领袖选择、组织支持等方面受到国家的一定控制"[1]，当代中国的情境在诸多方面同法团主义国家与社会融合的特征相契合[2][3]；不过，也有学者认为当下的中国缺乏合作主义所必需的社会组织基础[4][5]。

"红管"项目对基层治理创新"内卷化"风险的成功规避，给我们提供了一种理解中国当代国家治理变迁的新视角，即政党主导国家与社会关系的重塑。本案例中，政党—国家在"试点"阶段对基层采取动员、行政压力与行政包干制的政治统合策略[6]，而社区层面通过前期的"诉苦"，即以妥协的策略将自身利益诉求嵌入"红管"项目规划中，政党—国家与社会通过前期"试点"不断进行互动与磨合。在政党—国家与社会有效互动的前提下，创新行动者在项目方案上尽可能充分考量和包容社区行动者的利益诉求及居民的实际需求，社区干部也能够通过"诉苦"和"质疑"表达自身利益诉求。

一方面，试点阶段的"红管"项目会形塑上下级党组织之间的关系，使其达到有效互动，从而避免出现政策"空转"和基层精英"合

---

[1] Schmitter, P.C. Still the century of corporatism? *The Review of Politics*, 1974(1), pp. 85-131.

[2] 陈剩勇、马斌：《温州民间商会：民主的价值与民主发展的困境》，《开放时代》，2004年第1期，第138-149页。

[3] 陈家建：《法团主义与当代中国社会》，《社会学研究》，2010年第2期，第30-43+243页。

[4] 吴建平：《理解法团主义——兼论其在中国国家与社会关系研究中的适用性》，《社会学研究》，2012年第1期，第174-198+245-246页。

[5] 张紧跟：《从结构论争到行动分析：海外中国NGO研究述评》，《社会》，2012年第3期，第198-223页。

[6] 欧阳静：《政治统合制及其运行基础——以县域治理为视角》，《开放时代》，2019年第2期，第184-198页。

谋"而导致的"内卷化"风险;另一方面,试点阶段的"红管"在经过两者之间的"磨合"之后,其正式机制也得以完善,在区域化党建大框架下,项目过程中的正式机制对协同化的强调,增进了两者之间的共识、信任与合作,构建起一种党建引领下的新合作主义(图6)。这正是米格代尔所提倡的国家与社会相互赋权(mutual empowerment)和相互形构(mutual transformation)[1]。

作为一项基层治理创新实践,"红管"之所以能够规避基层治理创新"内卷化"的风险,是因为得益于区域化党建的引领、党的意识形态强大的组织动员能力、技术治理的应用、制度化的设计与党政领导注意力的持续分配。景跃进指出,国家与社会关系在中国场景具体运用中的政党进路构成了一个颇具学术潜力的视角。[2]"红管"项目成功最关键的要素在于通过基层党建的引领,形塑了一种突破原有基于国家与社会二元互动基础上的新型合作主义(new corporatism),即由政党嵌入实现公共事务治理中国家与社会的协同与合作。党建引领基层治理创新已经成为今后中国国家治理体系和治理能力现代化的一项重要命题,其背后的潜在溢出效益能够促进国家与社会关系的重构。

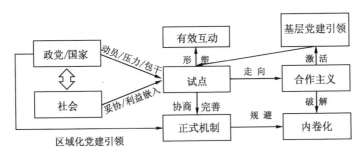

图6 国家与社会走向合作主义建构逻辑

六、结语

近年来,全国各地的基层治理创新实践常常陷入"伪创新"困境,

---

[1] Migdal, J. S. *State in Society: Studying How States and Societies Transform and Constitute One Another*. Cambridge: Cambridge University Press, 2001.

[2] 景跃进:《将政党带进来——国家与社会关系范畴的反思与重构》,《探索与争鸣》, 2019年第8期,第85-100页。

这不但无法有效达成给社区减负、增能、提效的目标，反而进一步加剧了社区治理的"内卷化"。现有"技术+网格"的管控式基层治理模式，其在2020年年初这场疫情防控带给中国国家治理的挑战中被证明行之有效，但其是以基层党政干部和社区工作者"透支"式的投入以及应急状态下政府"输血"式的大规模财政支出作为前提的，其可持续性是存疑的，也和"强国家—强社会"的现代国家治理背道而驰。基层治理的常态，仍须回到政党—国家—社会平衡关系的建立这一轨道上来。

因此，本案例价值正在于此："红管"项目能够规避"内卷化"的风险而有效运转起来，其关键要素在于政党—国家—社会在项目试点阶段的充分沟通和有效互动，并在这一过程中实现多方行动者的信任、合作与协同，以及在此基础上完成过程与机制的优化。对于中国未来新合作主义国家治理体系的建构，执政党的基层组织在协作治理网络建构中的"编织人"角色能够被激活，才是解决问题的关键。基层协作治理的实现，多元主体的协同互动，如同一支乐队，不是各吹各号，最关键的还是那个乐队的指挥。每位乐手都不可替代，但乐队的指挥才是整支乐队的灵魂。

作者简介：张晨，苏州大学政治与公共管理学院暨江苏省新型城镇化与
　　　　　社会治理协同创新中心教授，上海交通大学公共管理博士后；
　　　　　刘育宛，厦门大学公共事务学院硕士研究生。

第十一章 城市化、基础权力与政治稳定*

谢 岳 葛 阳

一、研究的问题与解释的工具

城市化是众多发展中国家实现工业化、促进经济增长、摆脱贫困的常见的战略选择,不过,城市化不可避免地伴随着一定的社会动荡和政治的相对不稳定。由于城市化带来了人口在城市的高度聚集,城市人口集群行动的条件相对于农村人口更加便利,因此,大众集会造成的社会不稳定的因素就大大增加,在一定的条件下,城市大规模抗议、集会一定程度上冲击着社会秩序。于是,有学者提出,城市规模越大,城市人口越密集,带来的政治不稳定的可能性就越大。[1] 为了避免城市化可能造成的稳定隐患,发展中国家通常采取"城市偏向"(urban bias)的再分配策略,以此来缩小社会差距和降低社会不满情绪。[2] 但是,跨国的比较研究发现,从长期来看,这种策略却又削弱了国家城市化的初始目标,诱使更多的农村人口涌向城市,从而进一步提高了人口聚集的

---

* 本章内容最初刊于《政治学研究》,2017 年第 3 期,第 75-89+127 页。
[1] Wallace, J. Cities, redistribution, and authoritarian regime survival. *The Journal of Politics*, 2013 (3), pp. 632-645.
[2] Bates, R.H. *Markets and States in Tropical Africa*. Berkeley: University of California Press, 1981.

密集程度，换句话说，"城市偏向"的政策并没有降低城市化的威胁。[1]

当代中国的城市化是经济改革的一个重要组成部分，起步于20世纪80年代，过去20年，是城市化的腾飞阶段。令人费解的是，虽然中国城市化进程惊人、城市人口密集度居高不下、基础设施不断完善，但是，由城市化带来的聚集并没有对政治稳定构成实质性的威胁。在庞大的农村人口越来越顺畅地进入城市生活的情况下，城市保持了一定的社会秩序，那些小规模的集会多是追求物质补偿的地方区域诉求，既难以形成持续性，更没有形成跨群体的举动。[2] 对此，我们运用国家基础权力理论（infrastructural power），从四个维度揭示城市化对政治稳定的积极效应。

国家的基础权力指的是国家对社会的渗透能力以及在社会当中贯彻政策的能力。[3] 这种能力既是现代民族国家不可或缺的，也是现代国家区别于传统国家的一个重要特征，后者更加依赖于专制的权力（despotic power）。迈克尔·曼的概念性研究在近期得到了拓展。国家基础权力不仅仅被赋予了新的功能，而且那些权力的再生产机制也被不断地挖掘出来。除了提供公共安全等传统的公共产品，通过提升财政能力、加强人口控制等机制，基础权力对政权的存续和政治稳定发挥着根本性的作用。[4] 国家基础权力首先来自国家的能力，这种能力不同于韦伯意义上的科层制的能力，而是强调国家对社会的抽取、规制和控制能力。[5] 其次，国家的基础权力来自国家对人口的控制程度，控制的范围越广、越巩固，基础权力越强大；国家基础权力对社会的影响既来自

---

[1] Wallace, J. Cities, redistribution, and authoritarian regime survival. *The Journal of Politics*, 2013 (3), pp. 632–645.

[2] Perry, E. J. Permanent rebellion? Continuities and discontinuities in Chinese protest, in Kevin O'Brien(eds.) *Popular Protest in China*. Cambridge, Mass. : Harvard University Press, 2008.

[3] Mann, M. The autonomous power of the state: Its origins, mechanisms and results. *European Journal of Sociology*, 1984(2), pp. 185–213.

[4] Slater, D. & Fenner, S. State power and staying power: Infrastructural mechanisms and authoritarian durability. *Journal of International Affairs*, 2011(1), pp. 15–29.

[5] Soifer, H. & vom Hau, M. Unpacking the strength of the state: The utility of state infrastructural power. *Studies in Comparative International Development*, 2008(3), pp. 219–230.

自身有目的性的努力,也来自那些非直接目的性的间接行动。[1] 再次,基础权力概念并非将国家与社会对立起来,相反,强调将国家与社会整合起来;基础权力的力量正是来自国家有效地维持对社会活动参与者的政治联系。[2] 最后,政治稳定取决于国家在微观基础上的影响力,取决于国家在多大程度上将各种细微的矛盾和纠纷消解掉。[3]

在回答中国的城市化为什么没有造成社会动荡的时候,国家基础权力相对于其他理论而言,能够更加恰当地对应上城市化带来的社会变化;这些变化对国家而言是潜在的政治动荡因素。

二、城市集聚的财政效应

城市化本身就是经济增长的一个重要引擎,增长来自资源(如人口、土地、产业聚集等)相对高效率的集中利用。[4] 长期以来,我国的城市化幅度滞后于工业化和世界城市化的平均水平,低城市化水平不仅造成了巨大的效率损耗[5],也导致了城乡收入差距不断扩大[6]。这种低水平的城市化的问题在过去30年里得到了逐步的改善,城市规模不断扩大,人口不断增加。城市化本身对国家财政能力的提升具有直接的正面效果。

城市化的第一个积极方面在于,通过资源的集聚能够带来经济繁荣,因为城市化伴随着人口密度的增加、投资的增加、产业集中、更大规模的消费等。推进城市化、实现工业化的一个重要手段是改变行政区

---

[1] Soifer, H. State infrastructural power: Approaches to conceptualization and measurement. *Studies in Comparative International Development*, 2008(3), pp. 231-251.

[2] Soifer, H. & vom Hau, M. Unpacking the strength of the state: The utility of state infrastructural power. *Studies in Comparative International Development*, 2008(3), pp. 219-230.

[3] Lee, C. K. & Zhang, Y. H. The power of instability: Unraveling the microfoundations of bargained authoritarianism in China. *American Journal of Sociology*, 2013(6), pp. 1475-1508.

[4] Davis, J. C. & Henderson, J. V. Evidence on the political economy of the urbanization process. *Journal of urban economics*, 2003(1), pp. 98-125.

[5] Au, C. C. & Henderson, J. V. Are Chinese cities too small? *The Review of Economic Studies*, 2006(3), pp. 549-576.

[6] Yang, D. T. & Cai, F. The political economy of China's rural-urban divide, in Hope, N. C., Yang, D. T. & Li, M. Y. (eds.) *How Far Across the River: Chinese Policy Reform at the Millennium*. Stanford: Stanford University Press, 2003, pp. 389-416.

划,以此来扩大城市规模。从 1980 年至 1997 年,扩大城市规模的行政办法是"撤县设市",全国总共新设立县级市的数目由 1980 年的 110 个增加到 1996 年高峰时的 445 个。不过,经济学家指出,这个政策并没有实现促进城市化和工业化的预期目标,到了 1997 年年末,基本不再执行了。[1] 1998 年之后,"撤县设区"的政策代替了"撤县设市"的办法,总的趋势是县级行政单位(县级市、县、自治县)在逐渐减少,市辖区(县级)的行政单位在逐渐增加。2002 年,全国共有县级行政单位 2 030 个,到了 2014 年,这个数量减少到 1 957 个;相应地,2002 年和 2014 年,全国共有市辖区分别为 830 个和 857 个,总共增加了 27 个。"撤县设区"打破了原有的行政界限,在城市规划、产业布局和基础设施等方面实现统一决策。经济学家发现:"撤县设区"的基本目标是促进我国城市人口的集聚;"撤县设区"促进了人口在本县(区)和省外人口迁移的显著变动,推动了本县(区)内人口的城镇化和农村劳动力的跨省迁移;市场潜力越大,经济发展潜力越大,"撤县设区"带来的人口增长效应就越高。[2]

城市规模的扩大反映在建设土地的使用上,而土地使用的偏好反映了城市化对于工业建设和房地产市场的带动作用。1988 年,国有土地使用权的有偿转让被写进了新修订的宪法,为后来城市化的发展提供了法律条件,为土地市场化提供了保障,同时解决了工业生产、住宅建设、交通等基础设施用地瓶颈问题。建设用地的大规模使用,在 20 世纪 90 年代后期明显增长。在表 1 中,国有建设用地量在 2004 年至 2015 年期间,不仅投入的总量在不断增加,而且这些新增加的土地供应(部分来自农业耕地)绝大多数优先用于工业投资、房地产住宅和交通基础设施项目。工矿用地在 2004 年至 2007 年之间所占比重较大,其中 2004 年和 2006 年均达到 40% 以上,随后保持在 21% ~ 36% 之间;房地产和住宅用地量比较稳定,波动较小,但总体上保持一个相对大的用地总量;基础

---

[1] Fan, S.G., Li, L.X., & Zhang, X.B. Challenges of creating cities in China: Lessons from a short-lived county-to-city upgrading policy. *Journal of Comparative Economics*, 2012(3), pp.476–491.

[2] 唐为、王媛:《行政区划调整与人口城市化:来自撤县设区的经验证据》,《经济研究》,2015 年第 9 期,第 72—85 页。

设施的用地量总体比重较高，但是，不同于工矿用地，基础设施用地在不断增加，2014年和2015年其比重甚至超过了50%。建设用地的使用偏好不仅满足了工业化的需求和城市生活的消费需求，也直接地产生了经济效益。虽然已有的数据难以说明建设用地对工业发展的贡献率，但是表1中的每年建设用地使用权的出让收入还是能够有力地说明以土地为指标的城市规模的扩大所带来的财政收益：土地供应量年平均增长率为6.47%，而土地出让收入的年平均增长率高达15.87%。

表1　2004—2005年全国建设用地年度供应量、用途构成与出让收入

年份	项目				
	工矿用地/%	房地产与住宅用地/%	基础设施用地/%	供应总量/万公顷	出让收入/亿元
2004	46.71	21.1	33.1	26.78	5 894
2005	34.98	22.73	24.9	43.2	5 505
2006	44.38	22.49	24.01	32.9	7 676
2007	37.54	18.72	15.82	39.50	12 200
2008	27.4	14.4	29.5	38.35	10 200
2009	21.5	10.8	35	57.6	15 900
2010	35.7	26.7	28.6	48.45	28 197
2011	31.22	20.76	37.27	61.17	31 500
2012	29.48	16.05	47.31	69.04	26 900
2013	28.75	18.90	43.44	73.05	39 073
2014	24.15	16.59	51.02	60.99	33 952
2015	28.39	15.48	54.18	53.36	29 800

数据来源：2004—2015年的《中国国土资源公报》；2004—2009年的土地出让收入数据参考2005—2010年的《中国国土资源统计年鉴》。

土地与住房市场的形成及1994年分税制改革为地方财政收入的大发展创造了极好的机会，土地出让收入对地方政府的财政增长做出了很大贡献。如图1所示，财政收入与土地出让收入总体而言保持了增长的趋势，而且，从2003年开始，土地出让收入对财政收入的贡献率始终保持着较高的比例，截止到2014年，年平均贡献率达到48.56%。2002

年，全国地方政府土地出让收入为 2 420 亿元，而 2013 年，出让收入的规模飙升到近 40 000 亿元，增幅达十多倍。在很大程度上，地方财政的大幅度增长得益于城镇化，而财政的增长反过来又促进了城市化的进程，因为在财政分权的背景之下，城市基础设施、社会福利、公共安全等地方性公共开支对土地财政的依赖度很高。

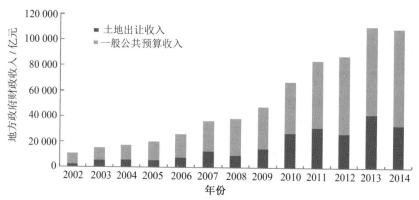

图 1 2002—2014 年地方政府财政收入的基本构成

数据来源：地方政府土地出让收入来自 2002—2014 年的《中国国土资源公报》；地方政府财政收入来自 2003—2015 年的《中国统计年鉴》。

土地供应的增加所产生的经济效应，还可以通过房地产市场的繁荣得到证实。从表 2 可以发现，2005—2014 年，国家对城市房地产用地保持了稳中有降的调控政策，用地总量适中；房地产用地的价格在逐年增长，在建设用地转让收入中所占比例较高，贡献率较大，年平均达到 35.96%；房地产对建设用地转让收入的贡献率缓慢降低，从 2005 年的 59.38% 降低到 2014 年的 29.51%。房地产市场的繁荣一方面反映了城市人口规模的扩大，另一方面也反映了人们对住房消费的需求在增加。

表 2 2005—2014 年房地产用地对土地收入的贡献率

年份	项目			
	房地产用地比例/%	房地产用地成交价款/亿元	建设用地成交价款/亿元	房地产对土地收入的贡献率/%
2005	22.73	3 269	5 505	59.38
2006	22.49	3 318	7 676	43.23
2007	18.72	4 573	12 200	37.48

续表

年份	项目			
	房地产用地比例/%	房地产用地成交价款/亿元	建设用地成交价款/亿元	房地产对土地收入的贡献率/%
2008	14.4	4 831	10 200	47.36
2009	10.8	5 150	15 900	32.39
2010	26.7	8 206	28 197	29.10
2011	20.76	8 894	31 500	28.23
2012	16.05	7 409	26 900	27.54
2013	18.90	9 918	39 073	25.38
2014	16.59	10 020	33 952	29.51

数据来源：2006—2015年的《中国统计年鉴》。

从上述数据中，我们可以很清楚地发现，在城市规模不断扩大的过程中，各级政府从城市化当中得到的经济收益是显著增加的。即使撇开城市化带来的其他外部效应，仅仅在土地供应这一项上，城市化对于提升政府财政能力的作用已经再明显不过了。

三、在城市新空间嵌入国家元素

社会是否稳定取决于一个基本的条件，那就是国家对社会的控制能力，包括对新兴的空间和新出现的人群的控制；凡是国家组织难以覆盖的范围，往往成为社会不稳定滋生的土壤。[1] 改革开放不仅仅是一项经济改革，也是一项完善社会的系统工程。在社会主义市场经济的前提下，城市的社会结构和居住模式发生了巨大的变化。在20世纪80年代，城市人口主要由"单位"分配福利性住房，居住格局也通常以"单位"为单元，在工作背景、社会地位及其他阶层特质方面，居民的同质性很高；人口管理的大部分职能由"单位"代管。[2]

到了20世纪90年代中后期，随着城市国有企业的转制以及单位观

---

[1] Shue, V. *The Reach of the State: Sketches of the Chinese Body Politic*. Palo Alto: Stanford University Press, 1990.

[2] Walder, A. G. *Communist Neo-traditionalism: Work and Authority in Chinese Industry*. Berkeley: University of California Press, 1988.

念的逐渐弱化，计划经济下的"单位"逐渐停止了对城市职工的福利性分配房屋，已有的"单位"房屋在职工上缴一部分款项之后，转变为个人拥有的产权房，被称为"售后公房"；随着"单位人"转变为"社会人"，"售后公房"也逐渐从"单位"管理向社会管理转变，直至实行属地化管理。[1] 在土地市场和商品房市场形成之后，经济条件较好的城市人口出于改善居住条件的目的而购买品质更为优越的商品房。这些拥有私人产权的商品房实行封闭式管理，居民来源和背景异质性很强，流动性大，房屋居住状况复杂（自住或出租）。这种居住小区被称为"商品房住宅"。在大城市中，"售后公房"与"商品房"是住宅构成的主体，大多数人口居住在这两类房屋当中。[2] 在表3中，无论是东部超大城市北京、上海，还是中西部大城市武汉、昆明和西安，在房屋市场化改革之后，大多数城市居民（拥有本地户籍）居住在拥有私人产权的两类房屋中，其中，广州的商品房比例最高（57.2%），北京的售后公房比例最高（42.1%）。

表3　2012年全国主要城市居民拥有"售后公房"与"商品房"的百分比/%

房屋类型	北京	上海	昆明	广州	西安	武汉
商品房	35	42.7	37.68	57.2	37.55	43.1
售后公房	42.1	38.7	39.34	32	39.84	38.5
合计	77.1	81.4	77.02	89.2	77.39	81.6

数据来源：参考以上各个城市2013年出版的统计年鉴。

房屋产权私人化创造了新的城市空间并引起了新兴人群的形成，城市基层社区的利益结构与人际互动的模式也发生了变化，从而也为新型阶层的集体行动创造了制度条件。[3] 在私人的城市空间，个人产权与公共利益等问题成为社会矛盾的一个焦点。在20世纪90年代初期，由

---

[1] Zhou, M. & Logan, J. R. Market transition and the commodification of housing in urban China. *International Journal of Urban and Regional Research*, 1996(3), pp. 400-421.

[2] 例如，2012年，上海每百户居民中38.7户的居民居住在"售后公房"当中，42.7户居住在"商品房"当中——参见《上海统计年鉴（2013）》。

[3] Pickvance, C. G. Environmental and housing movements in cities after socialism: The cases of Budapest and Moscow, in Gregory Andrusz, et al (eds.) *Cities after Socialism*. Oxford: Blackwell Publishers, 1996, pp. 232-267.

于房屋市场化刚刚起步,有关房屋产权的相关制度没能及时跟进,物业管理服务也很匮乏,例如,1994年,只有10%的小区提供物业管理的服务。[1] 当住宅小区物业管理制度化之后,物业管理公司迅速地发展起来,它们的出现满足了住宅市场的服务需求。不过,房屋的私人特性导致新居民经常利用法律来捍卫自己的财产权。[2] 业主们常常会因为支付物业管理费后得不到相应水平的服务而产生不满;他们也会因为房屋开发商不遵守合同而采取集体抵制行为;涉及环境污染问题时,业主们还会采取跨小区的联合行动。[3][4] 房屋产权的私人化还带来了人们权力自主要求的提高,业主们不仅按照自己的喜好来选择生活方式,而且具备了抵制国家动员的条件和能力;在许多城市社区,这种自主权有时会演变为落实国家政策的障碍;相对于其他群体,中产阶层的行为表现得更加不配合。[5]

如何让城市新成员在新的居住空间中既能保障自己的权益又能维持社区的和谐,是国家面临的一项新任务。国家迫切地需要将自己的力量渗透到新的空间和新的人群。国家在城市基层社区的渗透,是通过安排一套制度来实现的。2003年9月1日,国务院通过的《物业管理条例》在全国范围内实施。这个制度赋予了房屋业主的自治权,社区里的公共事务实行自我管理。业主的自治通过直接民主的方式实施:全体业主组成业主大会,讨论、决定业主的各项重大事项,如选聘、解聘物业管理企业;业主大会选举产生业主委员会,负责全体业主的日常工作;业主委员会代表全体业主,监督物业管理企业的合同履行情况。业主自治不仅能够减轻政府的治理成本,而且还能够培养居民的自我管理能力与公

---

[1] Wang, Y.P. & Murie, A. Commercial housing development in urban China. *Urban Studies*, 1999(9), pp. 1475-1494.

[2] Zhang, L. *In Search of Paradise: Middle-Class Living in a Metropolis*. Ithaca: Cornell University Press, 2010.

[3] Cai, Y. S. China's moderate middle class: the case of homeowners' resistance. *Asian Survey*, 2005(5), pp. 777-799.

[4] Read, B. L. Democratizing the neighbourhood? New private housing and home-owner self-organization in urban China. *The China Journal*, 2003, 49, pp. 31-59.

[5] Wasserstrom, J. N. Middle-class mobilization. *Journal of Democracy*, 2009(3), pp. 29-32.

共参与意识。[1][2]

业主自治的制度设计嵌入了市场机制。考虑到物业管理是城市社区的核心内容，国家在推行这套制度的过程中，强调居民区以业养业，通过居民自筹和小区公共收益，在市场上购买更好的物业服务，以便满足不同层次的社会需求。政府规定，小区的物业管理费、停车费及其他收入归业主委员会自我管理和自我经营，结余部分属于全体业主所有，不足部分由业主协商筹集。业主大会根据业主的经济能力和服务需求，决定选聘什么样的物业公司，签订承包合同。物业管理的市场化机制适应了小区业主不同的购买能力和多样化的服务需求，从而避免了由政府大包大揽带来的服务单一、效率低下的问题。让城市业主自我管理，同时利用市场机制提供较好的物业管理服务，容易在城市中产阶层当中建立起更高的政治认同，因为在城市业主看来，政府在捍卫他们新获得的权利。[3]

业主自治的制度设计赋予了政府的规制功能。正如前文所提及，城市中产阶层具有更强的社会秩序的冲击力，如果业主自治制度的设计忽略了国家的规制作用，业主的行动有可能超出居住的范围，小区内的不满可能升级为大街上的公开抗议。在业主自治的制度要素中，区/县政府的房管部门扮演着管理与监督业委会和业主大会的角色，既有权决定它们做出的决定是否有效，又有权决定选举产生的业委会是否合法。政府的规制作用还体现在，业主大会和业委会的活动范围，即必须与物业管理相关。笔者在上海的调研中发现，部分业主大会和业委会误读了业主自治的权限，根据自己的理解修改业主大会和业委会的议事规则和议事章程，或者扩大业委会主任的个人权力，或者授予业委会委员更多的权力，等等。这些案例在实践当中大多被当地政府劝阻和纠正。

在业主自治的制度当中，居委会被赋予了联系国家与城市新居民的

---

[1] Zhang, L. *In Search of Paradise: Middle-Class Living in a Metropolis*. Ithaca: Cornell University Press, 2010, p.19.

[2] Chen, J. & Lu, C. L. Social capital in urban China: Attitudinal and behavioral effects on grassroots self-government. *Social Science Quarterly*, 2007(2), pp. 422–442.

[3] Tomba, L. *The Government Next Door: Neighborhood Politics in Urban China*. Ithaca: Cornell University Press, 2014, p. 60.

"传送带"与"润滑剂"的功能。2000年前后，居委会在城市治理中的作用得到重新重视和强化，过去许多由单位执行的功能开始向居委会转移，如社区治安、养老服务、扶贫救助等。[1] 在规范层面上，居委会负责对业委会工作的指导和监督；在实践层面上，业委会的工作离不开居委会的支持。[2] 居委会对业委会的作用首先表现在，物色可靠的业委会成员，向政府推荐这些人选。居委会挑选委员会成员的一个重要标准就是，这些候选人是否中共党员；同时，居委会干部也会把学历、工作经历、人品等因素考虑在内，确保业委会成员当选之后能够真正甘心为业主服务，不谋私心，顾全大局。[3] 如果居委会能够物色到一个称职的业委会班子，居委会在小区内的工作也会更加得力，工作目标更加容易实现。[4] 居委会在小区内部的动员依靠两部分力量：一是退休业主党员组成的党组织；二是居委会在居民楼中建立的楼组长网络。上述两个群体的力量在居委会指导业委会工作的过程中扮演着举足轻重的角色，既是志愿者的"储备库"，又是党和政府在基层社区的依靠力量，更重要的是，他们在很大程度上是居委会指导业委会选举结果的重要保障。[5]

由于新的业主文化素质和维权意识较高，"协商民主"成为居委会处理业主维权行动的有效形式。[6] 居委会解决矛盾的通常做法是将矛盾处理过程尽量公开，由居委会牵头，将当事人、业委会、街道政府和区/县房管部门找到一起，面对面地陈述案情，多方讨论，最后拿出一个大家都能接受的方案。居委会还利用多种手段向全体业主提供知情的机会，动员业主们对社区事务展开充分讨论，减少矛盾。"协商民主"的形式不仅减少了矛盾，也塑造了业主维权的参与模式：一方面，业主

---

[1] Read, B. L. Revitalizing the state's urban "nerve tips". *The China Quarterly*, 2000(163), pp. 806-820.

[2] 于显洋：《城市社区管理与自治组织的发展》，《浙江学刊》，2002年第2期，第25-31页。

[3] 对某位居委会书记的访谈，2016年5月6日，上海。

[4] 对某位业委会主任的访谈，2016年5月12日，上海。

[5] Heberer, T. & Göbel, C. *The Politics of Community Building in Urban China*. New York: Routledge, 2011, pp. 77-98.

[6] Tang, B. B. Deliberating governance in Chinese urban communities. *China Journal*, 2015(73), pp. 84-107.

维权更多地依靠居委会这个政府与居民之间的"传送带"的作用,将不满情绪和诉求有序地通过居委会向上报告;另一方面,业主在维权当中逐渐地学会了如何在维持社会和谐的大前提下满足个体的要求。[1]

四、迈向共享型城市化

尽管"城市偏向"的政策由于资源聚集而有利于城市的经济繁荣,不过,如果国家(如非洲和南美洲的部分国家)缺乏有效的干预,城市化势必会带来社会不平等问题,从而为政治不稳定"埋下了伏笔"。[2][3] 事实上,自从20世纪80年代开始,我国的城市化就吸取了其他发展中国家的经验教训,借助于国家的力量,采取"去城市偏向"的政策,运用再分配等手段,将城乡、贫富差距控制在相对合理的水平,有效地降低了不平等对政治秩序的潜在压力。[4] "去城市偏向"政策体现在:一是,实施大都市的郊区化政策,为贫困人口和流动人口提供均等的城市公共服务;二是,在农村地区推行小型城镇化政策,既减轻大都市的人口压力,又可以让更多的农民分享城市生活;三是,在城市贫困人口和农村人口中间建立起基本社会保障制度,缩小人口之间的贫富差距,降低贫困人口在市场竞争中的社会风险。

大都市的郊区化政策在改革开放的初始阶段就开始执行了。郊区化政策的目的一方面是拓展工业化的发展空间、实现产业的合理布局,另一方面是避免物理空间过于拥挤而产生的种种"城市病"。大都市的郊区化意味着,中心城区的人口密度逐年下降,近郊区和远郊区的人口密度逐年增加。城市人口不断地迁入郊区,受到几个重要因素的影响:首先,郊区化是经济增长的一个重要动力,产业向郊区迁移既有利于工业发展,又带动了人口的流动;其次,吸引人口向郊区流动的一个基本条

---

[1] Tomba, L. *The Government Next Door: Neighborhood Politics in Urban China*. Ithaca: Cornell University Press, 2014, pp.141-164.

[2] Bates, R. H. *Markets and States in Tropical Africa*. Berkeley: University of California Press, 1981.

[3] Bratton, M. & van de Walle, N. *Democratic Experiments in Africa: Regime Transitions in Comparative Perspective*. Cambridge: Cambridge University Press, 1997.

[4] Wallace, J. L. *Cities and Stability: Urbanization, Redistribution, and Regime Survival in China*. New York: Oxford University Press, 2014, pp.122-158.

件是加大对近远郊地区基础设施建设的投入，缩短郊区与中心城区的差距；再次，培育充足的住宅市场，以便满足人口迁移的居住需求；最后，人口郊区化政策还依赖户籍制度的改革，允许郊区农民转变为市民，同时，允许外来人口享有当地市民同等的户籍待遇。

上海是实施大都市郊区化政策的一个典型。20 世纪 90 年代以来，上海人口变化显著，中心城区范围扩大，人口密度显著下降，中心城核心区人口绝对数量减少，中心城边缘区和郊区人口大量涌入。在 1990 年至 2004 年期间，上海中心城核心区人口净减少 60.97 万人，减少了 23.01%；中心城边缘区和近郊区分别增加了 50.55 万人和 94.26 万人，增加幅度达到 13.86% 和 31.01%。上海人口变动的郊区化趋势来自经济因素的巨大推力，其中，人均国内生产总值（GDP）的增长、城市基础设施投资和住宅投资的快速增长发挥了关键作用。[1] 上海的郊区化政策使得农业人口的数量逐年减少、非农业人口逐年增加，非农业人口占总人口的比例逐年提高，从 1978 年的 58.7% 上升到 2011 年的 89.3%（表4）。农业人口转变为非农业人口意味着，原来因户籍制而造成的人口之间的福利差别消失了，身份不平等的问题得到了解决。

表4　1978—2011 年上海市农业、非农业人口变化趋势

项目	年份							
	1978	1983	1988	1993	1998	2003	2008	2011
农业人口/万人	453.05	448.15	423.49	401.28	352.93	300.38	174.48	151.60
非农业人口/万人	645.23	745.86	838.93	893.46	953.65	1 041.39	1 216.56	1 267.76
非农业人口占总人口比例/%	58.7	62.5	66.5	69	73	77.6	87.5	89.3

数据来源：《上海市统计年鉴》（2012）。

缩小城乡之间的差距还体现在国家在农村地区推行的小型城镇化政

---

[1] 高向东、孙文慧、郑敏：《上海城市人口郊区化的经济因素分析》，《中国人口·资源与环境》，2006 年第 3 期，第 62—65 页。

策。在过去十多年里,通过合并和撤销农村行政建制、实行城镇行政建制,调整行政区划,越来越多的农民迁入规模较小但基础设施较好的城镇,既增加了就业机会,又改善了生活条件。在小型城镇化的建设过程中,乡镇和行政村的数量明显减少:1996 年,全国乡镇数量为 45 484 个,到了 2013 年,减少到了 32 929 个(图 2)。基层自治组织的变化反映了小型城镇化的发展趋势,2005 年以来,农民自我管理的组织(村委会)逐年减少,而城镇居民自我管理的组织(居委会)则逐年增加:2005 年,全国村委会总数高达 62.9 万个,2014 年减少至 58.5 万个;2005 年,全国城镇居委会总数为 79 947 个,2014 年增加至 96 693 个(图 3)。

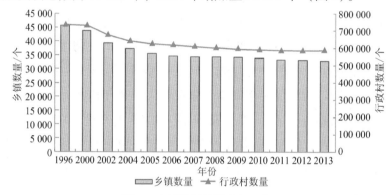

图 2　全国镇村数量变化趋势

数据来源:1997 年、2001 年、2003 年、2005—2014 年的《中国统计年鉴》

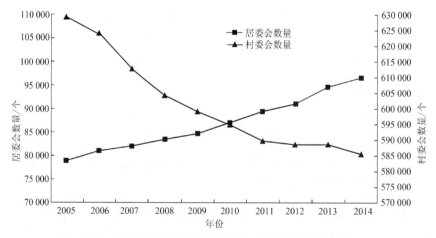

图 3　2005—2014 年全国居委会、村委会的发展趋势

数据来源:中华人民共和国民政部发布的 2014 年《社会服务发展统计公报》

乡镇和行政村数量的减少，目的是扩大县级和县级以下城镇的规模，发挥居住的聚散效应；村委会减少和居委会显著增加的趋势表明，越来越多的农民从散居的村庄迁入城镇居住和就业。

通过转移支付等财政手段，国家在城市和农村的贫困人口中间逐步建立起较为完善的基本社会保障制度，确保他们的基本生活水平，缩短城乡差距。自20世纪90年代中期以来，在大量国有企业工人下岗而面临生活困境的背景之下，各个地区先后推出了最低生活保障制度，政府提供的生活保障金水平逐年提高。

截至2014年年底，全国共有城市低保对象1 877万人，而2001年只有1 170.7万人，增幅达60%以上；在农村，2001年只有304.6万人享受最低生活保障补贴，但是，到了2014年，5 207.2万人被纳入低保范畴，增长了16.1倍（图4）。另一方面，无论是城市人口还是农村人口，他们的最低生活保障的标准都在逐年提高。2008年，全国各级政府用于城市最低生活保障的投资达393.4亿元，人均生活保障金205.3元/月，到了2014年，各级财政共支出城市低保资金721.7亿元，低保人均标准411元/月；在农村，2008年，全国各级政府总共投入了228.7亿元用于农民的最低生活保障，人均标准82.3元/月，2014年，各级财政共支出农村低保资金870.3亿元，人均补助水平129元/月。

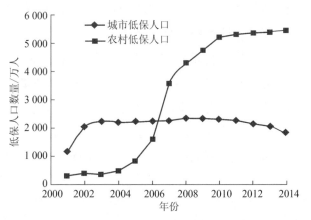

图4　2001—2014年全国城市与农村享受最低生活保障的人口数量

数据来源：2001—2009年的《社会民政事业发展统计公报》和2001—2014年的《社会服务发展统计公报》

城镇居民基本医疗保险制度和农村新型合作医疗基金制度的建立既是城市化的一项重要内容,也是均等化城市与农村公共服务的重要举措。此项制度的建立总体而言,覆盖范围越来越广,支出标准愈来愈高,政府投入的规模也越来越大。在城镇,那些没有就业的人口享受了政府不断完善的医疗福利。2007年,城镇居民共有4 291万人享受基本医疗保险制度,到了2011年,这个人数增加到22 066万人;在农村,2004年,全国只有333个县/区试点新型农村合作医疗制度,共有8 000万人被纳入医疗救助的范围,而到了2011年,全国共有2 637个县/区开展新型合作医疗制度,参保人数高达83 000多万,是2004年的10倍。[1] 在大幅度提高医疗保险覆盖范围的背景之下,政府逐年增加财政开支是一个重要基础。仅仅就民政医疗救助为例,2008年,全年医疗救助支出68亿元,其中,资助参加新型农村合作医疗和城镇居民基本医疗保险资金11亿元、大病救助资金48.8亿元,年人均资助参合水平20.7元和参保水平60.5元。[2] 2014年,政府支出医疗救助资金252.6亿元,其中,资助参保参合48.4亿元、住院救助204.2亿元,资助参合水平和资助参保水平分别达到年人均72元和186元。[3]

五、城市秩序的整体治理

由于人口流动的加剧、利益诉求的变化及价值观念的转变,城市化不可避免地会伴随着各种各样的社会矛盾;尽管绝大多数矛盾属于人民内部矛盾,不过,少数社会矛盾在一定条件下会演变成为群体性事件,在一定程度上困扰着城市的公共生活和社会秩序。对于城市社会秩序的治理,早在20世纪80年代初期,中央初步提出,通过实施社会治安综合治理,建立新型有效的社会控制体系,以应对社会转型带来的社会失序的问题。经过30多年的创新与实践,综合治理的政策内涵得到了不

---

[1] 中华人民共和国卫生部:《中国卫生统计年鉴》,北京:中国协和医科大学出版社,2005年、2012年。

[2] 中华人民共和国民政部:《社会民政事业发展统计公报(2008)》,[2009-05-22],http://www.mca.gov.cn/article/sj/tjgb/200906/200906150317629.shtml.

[3] 中华人民共和国民政部民政部:《社会服务发展统计公报(2014)》,[2015-06-10],http://www.mca.gov.cn/article/sj/tjgb/201506/201506158324399.shtml.

断丰富，政策体系的合理性显著提升，维护社会稳定的能力也因此得到极大的提高。社会治安综合治理是一种整体治理，强调系统性、协调性、基层性。[1] 以社会治安综合治理为主要政策的城市整体治理，从根本上讲，政策的良好绩效取决于三大关键机制的有效运转。

第一个关键机制是，政府在城市社区向下延伸公共安全职能机构，扩大管理的范围，提升国家对城市人口的管理水平。职能部门的向下延伸集中地反映在警察部门和法院的结构与职能的变化上面。对于警察机关来说，城市公共场所的治安巡逻和社区警务是变化的主要形式与内容。

1993年，为了消除警察在办公室坐等事情发生的被动执勤的弊端，公安部要求所有大城市成立治安巡逻队伍，开始在街道上巡逻。承担街道巡逻任务的警力不再是交巡警各自为政，而是由交巡警合一构成的机构。这个合一的机构设置在市、县（区）一级的公安机关，多数地方称为巡逻大队，巡逻大队下设若干个巡逻中队，规模不等。在街面上，参与巡逻任务的队伍还包括公安内部的其他警种，除了巡警之外，特警和刑警是另外两支重要的力量，前者主要负责处置紧急治安事件，例如，群体性事件，而后者负责日常的刑事案件的侦查和调查。2002年起，北京市将参与街面治安巡逻防范的专业民警、派出所治安民警、派出所社区民警、武警、交警、保安员、联防员、协管员等八种力量统一纳入巡逻防控网络，初步形成了以巡逻业务主管部门为龙头，以派出所巡逻民警为主体，以派出所社区民警为基础，以社会治安辅助力量为补充，与交警和武警紧密结合、协同作战的动态巡逻控制网络。[2]

街道巡逻与防控只是涉及治安预防的"线"上的事情，而社区警务则关系到治安预防的"点"与"面"，它是国家精心设计的防控系统的重要一环。自1997年以来，公安部强化了基层派出所的功能，推行社

---

[1] 习近平：《在中共中央政治局第二十三次集体学习上的讲话》，[2015-05-30]，http://news.xinhuanet.com/politics/2015-05/30/c_1115459659.htm.

[2] 马振川：《确立巡逻在公安工作中的主业地位 努力提高首都社会面动态控制能力》，《公安研究》，2003年第3期，第16-19+23页。

区警务工作,将派出所的功能向防范、管理与群众工作转移。[1] 各级城市政府以派出所为中心,对基层警务工作进行改革,建立了大量的组织与制度,动员越来越多的人参与到基层的治安防范工作当中。不同于街道巡逻,社区警务不仅要从事社区内的治安巡逻,更重要的是,需要更大的精力进行治安的排查。为此,社区警务的改革强调三个方面的变化:一是,赋予派出所在辖区内治安巡逻的功能;二是,在城市社区建立各种警务室;三是,在基层社区派出大量的警察,从事治安巡查工作。[2]

2006年以来,公安部在全国公安系统中推行了为期三年的"抓基层、打基础、苦练基本功"的"三基工程",工程的基本目标是精简机关、充实基层、下沉警力。一项重要决定是,在派出所内部,公安机关增设了巡警编制,以确保有专人负责治安巡逻任务。派出所巡警主要负责派出所辖区内主次干道、公共复杂地区、治安秩序混乱场所等的巡防工作。为了提高社区警务的效率与能力,2006年9月,公安部下发了《关于实施社区与农村警务战略的决定》(以下简称《决定》)。《决定》要求,各级公安机关在城市社区建立警务室。警务室的建立遵循以下原则:"在城市,原则上以社区为单位划分警务区。对于规模较小、治安平稳的警务区,实行一区一警,并以相邻警务区联勤的形式,加强协作配合;对于规模较大、治安复杂的警务区,实行一区多警……有条件的地方,特别是对于城镇化水平比较高、治安复杂的地区,可以实行一区多警。"除了"巡逻守护"之外,社区民警还要从事治安形势的"走访调查"工作,"走进社区,深入机关、学校、企事业单位和居民家中,详细登记、了解实有人口、行业场所、出租房屋等情况;组建信息员队伍,建立群众性情报信息网络;掌握重点人员的现实表现与动态;对发案的单位、居民进行回访,了解最新线索,征求意见和建议"。[3]

---

[1] 吴志明:《构建打防控一体化社会治安防控体系,提高大城市公安机关驾驭社会治安能力》,《公安研究》,2002年第10期,第5-8页。

[2] 谢岳:《维稳的政治逻辑》,香港:清华书局,2013年,第80页。

[3] 公安部:《关于实施社区与农村警务战略的决定》,[2006-10-19],http://www.gov.cn/gzdt/2006-10/09/content_407675.htm.

法院的设置在城市基层向下延伸，在原则上和功能上都类似于公安机关，既强调司法工作的主动性，又突出基层工作的重要性。在现有的司法体系结构中，法院或法庭向下只设置到城市的街道一级。这些基层司法机构通常只有几名办案法官，而管辖的人口却数量众多。大量的社会矛盾由于司法能力的不足而游离在国家的控制之外，有些矛盾经过长时间的累积而演变升级为社会冲突。在"司法为民"的大背景之下，司法机构向下延伸的目的就是要解决基层社会控制薄弱的问题。全国性的司法扩张从2009年开始。基层法院的主要做法是，在城市社区派驻法官，设立法官工作室，采取"一个社区，一个法官"的模式。例如，2012年，陕西省在短短三个月之内，在1 988个城市社区设立法官工作室14 855个。[1]下派法官、设立社区法官工作室对于化解矛盾、防止矛盾升级扩散具有十分重要的价值，因为从司法实践看，有不少民间矛盾之所以从小到大、最终发展成矛盾激化的人命案，是因为在矛盾伊始没有得到及时化解，而"法官工作室"设到老百姓身边，有了问题和矛盾，老百姓一抬腿的工夫就能找法官说事儿，即使发生了有激化苗头的事件，法官也是一抬腿的工夫就能赶到，从而赢得化解民间矛盾的最佳时机。[2]

第二个关键机制是，在城市社区，国家建立起专门的社会矛盾化解机构。在过去，由于部门分散、权属职责不清等结构性问题，政府处理社会矛盾的效率普遍不高，导致人民群众的诉求无处申诉、无法申诉的难题。结果，周期性上访和群体性事件也成为困扰各级政府的一大难题。针对这种情况，国家尝试在基层政府建立专门负责接收与处理社会矛盾的机构，将这种机构的工作目标定位在及时化解社会矛盾上面。因此，在实践当中，这种专门机构通常存在两种设置模式，一个是"大调解"模式，另一个则是以法院为中心的"三调联动"模式（图5）。两种模式的共同特点包括：以调解的方式化解社会矛盾；将人民调解、行政调解与司法调解合并在一起；资源共享，既分工又协作。在"大调解"

---

[1] 李燕萍、王琪轩：《"一村一法官"与群众越来越近》，《陕西日报》，2012-12-31。
[2] 陈有根：《为"法官工作室"叫好》，《人民法院报》，2010-02-01。

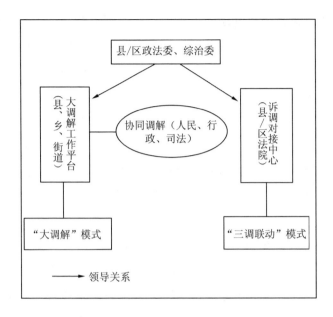

图 5　社会矛盾化解机构的两大模式及其工作机制

资料来源:"大调解"模式和"三调联动"模式分别整理自中共中央综合治理委员会等《关于深入推进矛盾纠纷大调解工作的指导意见》(2011年)和最高人民法院《关于建立健全诉讼与非诉讼相衔接的矛盾纠纷解决机制的若干意见》(2009)。

的模式中,县/区政法委、综治委牵头建立工作平台。尽管各地工作平台的名称不同,例如,社会矛盾调解处理中心(江苏)、社会治安综合治理服务中心(上海),但是,工作平台一般由司法局牵头(江苏、上海),少数地方由信访局牵头(河南),并且在街道设立分支机构。在"三调联动"模式中,各级县/区法院都成立了诉讼调解对接中心,中心隶属于法院,不设立分支机构。

第三个关键机制是,在社会矛盾治理机构之间建立起更加紧密而有效的协作关系。整体性治理(holistic governance)理论特别强调政府部门之间的协同行动,只有这样,政府才有可能提供一站式与可持续的公共服务。[1] 在社会矛盾专业机构的设置当中,国家考虑到部门协同的重要性,对相关机构的权力关系予以制度化。在图 5 中,"大调解"模

---

[1] 周志忍、蒋敏娟:《整体政府下的政策协同:理论与发达国家的当代实践》,《国家行政学院学报》,2010 年第 6 期,第 28-33 页。

式与"三调联动"模式都具有协同调解的机制。在这种机制下,法院、司法行政机关、地方政府及有关机构组织能够致力于通过分工与协调,建构一个多元化的纠纷解决机制,发挥人民调解、司法调解、行政调解及社会调解的综合优势。[1]

制度化的协作机制集中地反映在法院与人民调解组织和行政部门之间的关系变化上面。考虑到由于调解协议对当事人没有多少约束力而导致人民调解效力低下的问题,2009年,最高人民法院在全国范围内允许基层法院行使一项新的功能,即对通过人民调解达成的协议,进行司法确认,提高人民调解的法律效力和权威,明确了人民调解协议具有民事合同的性质和法律约束力。[2] 2010年,这个功能被写进了《人民调解法》。该法第33条规定,"人民法院依法确认调解协议有效,一方当事人拒绝履行或者未全部履行的,对方当事人可以向人民法院申请强制执行"。仅仅在2014年,全国法院依照当事人申请司法确认的人民调解协议有16.1万余件,占达成调解协议案件总数的1.8%。[3] 法院行使司法确认权一方面提高了人民调解的解纠能力,另一方面也减轻了法院的办案负担。为了避免类似于人民调解因权威不足而带来的调解能力低下的困境,最高人民法院采取了同样的办法,规定:由行政机关做出的调解协议,如果双方同意并认可,法院也支持这种协议具有民事合同效力,并且,如果涉及的是经济纠纷,当事人还可以凭借双方达成的行政调解协议向法院申请强制执行。[1]

法院与行政机关和人民调解组织之间的协作关系还采取委托调解的形式,也就是说,法院会对那些案情简单、事实清楚的案件,授权给行政调解、人民调解甚至社会专业调解组织。委托调解的一大优势是,纠纷化解的效率被大大提高了。

2009年,浙江省余杭区法院,全省第一个实行委托调解的基层法

---

[1] 范愉:《社会转型中的人民调解制度——以上海市长宁区人民调解组织改革的经验为视点》,《中国司法》,2004年第10期,第55—62页。

[2] 最高人民法院:《关于建立健全诉讼与非诉讼相衔接的矛盾纠纷解决机制的若干意见》,[2009-08-05],http://www.npc.gov.cn/zgrdw/npc/xinwen/fztd/sfjs/2009-08/05/content_1512589.htm.

[3] 李娜:《目前全国共设立驻法院人民调解组织3382个》,《法制日报》,2015-04-08。

院，共向人民调解组织委托了 2 484 件纠纷，平均结案时间只有 3.3 天，大大地缩短了办案周期。[1] 委托调解的另一大优势还在于能够发挥社会和谐的功能。相对于法院诉讼或司法调解，社会调解机构具有非对抗性、常识性、协商性的优势，能够发挥心理治疗、协调人际关系等功能。[2]

六、结束语

在一个人口庞大、工业化基础较为薄弱的大国推行快速的、大规模的城市化，是一项亘古未有的社会实验。这项兼具政治、经济和社会发展等多重目标的实验不仅成功地实现了城市化的核心指标，而且实现目标的政治成本非常低，没有发生过具有政治挑战性的不稳定事件。中国的城市化案例挑战了一个经典的政治学命题：发展中国家在城市化过程中政治社会不稳定厄运的同生，大规模的抗议绵延不绝，以至于政权的解体崩溃。

本研究运用历史社会学家对国家基础权力理论的重要发现，从国家的治理能力、国家对社会的控制范围和国家统治的微观基础三个维度，解释中国的城市化为什么能够维持政治稳定。不同于其他国家，中国城市化对于国家能力特别是财政能力发挥了十分积极的影响，提高而不是削弱了国家的财政能力。国家财政能力的增强会直接影响到国家其他能力的水平，如文中讨论的再分配能力和国家在基层的动员能力。影响到政治稳定的另一个重要因素是社会的离心化，一旦国家被新生长的空间和人口隔离在外，国家政策就难以有效地在该社会一定区域内得到贯彻，社会就会萌生政治不稳定的因素。中国城市化的动力主要来自那些已经积累了一定财富的中产阶层，经济自主能力的提升促进了中产阶层的独立性、权利意识与行动能力的提升。城市中产阶层之所以表现出很高的政治支持热情，离不开国家所付出的政治努力，其中，允许中产阶层的自我管理以及向城市人口提供及时有效的化解社会矛盾的公共服

---

[1] 雷子君：《委托调解的案件 3 天就能结案》，《浙江法制报》，2012-10-11。
[2] 范愉：《委托调解比较研究——兼论先行调解》，《清华法学》，2013 年第 3 期，第 57-74 页。

务，起到了重要作用。中国以较低政治成本成功推行城市化政策的另一个经验，来自国家将基础权力的获得与巩固建立在对基层社会的政治建设之上。无论是国家在城市新空间的权力扩张，还是在福利上向底层人口倾斜，抑或通过制度建设向城市弱势群体提供国家救济，都是基于国家关于政治稳定的重要性而做出的理性决定。

　　城市化只是现代化的一个方面，还有众多领域（宏观的、中观的或微观的）共同构成中国现代化的完整图景。一个值得深思的问题是，国家基础权力对中国城市化做出积极贡献的经验，是否能够被复制到其他领域呢？中国在过去 30 多年里已经验证了"没有国家，就没有发展"的命题，中国是否可以支持"没有国家，就没有稳定"的未知命题呢？这个未知命题有待未来广泛的实证研究。

作者简介：谢岳，苏州大学中国特色城镇化研究中心副主任，上海交通
　　　　　大学政治经济研究院常务副院长、教授；
　　　　　葛阳，上海交通大学公共管理学博士。